唐潮

李永志——著

唐人的不厭世生活與流行

自序

寫這本書是源於我給女兒輔導歷史課。當時，我發現一個問題，她對歷史教科書的學習僅停留在淺淺的「表層」：要麼是熱門影視劇或穿越小說中的「偽歷史」，要麼是教科書需死記硬背的「知識點」。實際上，這種情況下的學習效果並不好，不僅無法認識歷史事實，還可能對歷史事實「知其然不知其所以然」。

於是，這讓我產生了一個盡力還原歷朝歷代百姓生活的想法，能更好地認識和理解當時的社會。而首選唐朝是因為，在教科書和影視節目的宣傳下，大眾比較熟悉和喜愛唐朝，如疆域廣闊、麗質華服、開放自由的繁榮印象，詩酒風流、包容自信、女性意識覺醒的文化氣質，以及武則天、李白、杜甫、白居易等熟悉的歷史人物等等。這些內容看似熟悉，卻像一堆冷冰冰的標籤，讓身處現代社會的我們如同旁觀者，無法引起更多共鳴。

穿越古今，放眼世界，唐朝被世界公認為中國歷史上最強盛的王朝之一。從李淵建唐後的近三百年間，唐朝的疆域總面積最大時達到一千二百多萬平方公里。一度拓展到東至朝鮮半島，西到中亞鹹海以西的西亞，南達越南順化，北接北冰洋一帶。唐朝在政治、經濟、文化、外交、軍事等綜合國力方面也備受後世稱頌，就如著名思想家王夫之所言：「開元之盛，漢宋莫及。」

唐朝初年，隨著開朝幾任皇帝休養生息政策的貫徹實施，「貞觀之治」、「開元盛世」在中國歷史上留下了輝煌的篇章。在唐朝，外來文化大量湧入，中外文化交融。絲綢之路的起點長安城，有許多外國人進入大唐，交易不斷，大量的外來物品傳入大唐，豐富了人們的日常生活。一些外國人甚至扎根大唐，帶來了各地不同的生活習俗，也傳播了大唐的文化、物品和風俗，當時的人們在美食、服飾、出行、婚喪嫁娶等方面都或多或少受到了外來文化的影響。漢族與邊疆少數民族的往來也更加密切，民族融合進一步發展。

如此大唐氣象，讓我們不能不鍾情於它。

我在編輯老師的鼓勵下，開始有了這本書的框架和內容。這裡有美食，有穿搭，有居家，有出行，有家庭，有婚戀，有職場，有教育，有娛樂，有佳節風俗，有城市建設，有制度建設和外交。這些都與普通百姓有著直接關係，也與那個時代息息相關。例如：

唐人餐桌上，哪些肉類備受歡迎？與現代人的吃法一樣嗎？

唐人也是非常注重個人衛生，他們如何搞定個人衛生，例如怎麼刷牙？

現代的「剩女」現象，在唐朝有嗎？如果有，唐朝是如何解決「剩女」問題的呢？

男子娶妻的過程是否特別複雜，都有哪些規矩呢？

士農工商等工作有哪些做事講究？

沒有飛機、汽車與高鐵，唐人是如何遊走世界的？

唐人也喜歡晒娃，他們究竟是如何做的？

唐朝的孩子們是如何學習的呢？他們的啟蒙教育有哪些內容？

沒有自媒體，沒有直播，唐朝詩人是如何傳播自己的詩歌？

唐朝公務員有哪些優雅的退休方式？

唐朝大臣們上朝喜歡跳舞，他們為什麼這麼做呢？……

還要說明的是，這是一本歷史知識普及讀本，希望讓更多人瞭解到唐人與我們當下生活相關的歷史。

這本書的資料來源有《舊唐書》、《新唐書》、《太平廣記》、《全唐詩》、《開元天寶遺事》、《明皇雜錄》、《資治通鑑》、《唐代墓誌彙編》、《唐會要》、《唐六典》、《唐語林》等史料。雖然書中用了一些通俗的描寫方法和表達方式，但其中所涉資料均有據可查。

因我有本職工作，僅能在晚上或者週末閒暇時寫作，這次把「唐朝之旅」集結成書是對自己十年來業餘歷史研究的總結，誠惶誠恐。雖已盡力，但謬誤不可避免，懇請大家寬容諒解和批評指正。

即為序。

李永志

目錄

第三章　出行寶典

第四章 家庭生活

第五章　人際職場

第六章　文教娛樂

第八章　城市管理

第九章 制度保障

第十章　友鄰邦交

第一章
飲食文化

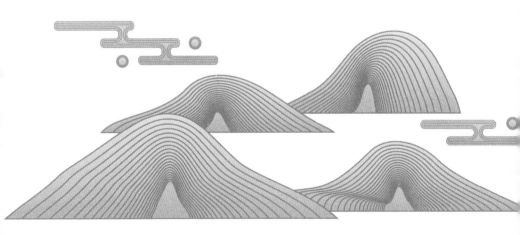

一、古人餐桌上的肉食擔當是什麼？
——唐人舌尖上的美味肉食

民以食為天，肉為食之先。人類的食生活離不開肉食。肉類在唐人日常飲食中的種類多樣，是唐人食饌中不可或缺的「硬菜」。

令許多現代人沒想到的是，我們現在食用較多的豬肉，在唐朝不太受歡迎，羊肉則是唐人最愛的肉食，而我們偶爾吃的生魚片在唐朝深受人們喜愛。

唐人不喜歡吃豬肉

宋朝以前的歷史，可以說是一部豬肉和羊肉的餐桌「爭寵」史。

豬肉，又稱為彘肉、豚肉。秦漢時期，豬肉是人們日常的食用肉類。《史記．貨殖列傳》中有「澤中千足彘」的說法，講述古人在有水的地方養了二百五十頭豬。「澤」是水聚集的地方。這些描述或能從側面說明，秦漢時期的養豬業有了一定規模，規模養殖為人們食用豬肉提供了穩定的肉食供應來源。與此同時，在秦漢出土文物中，也常出現陶瓷豬等物件，佐證了那段時期豬已普遍被馴養的史實。魏晉到南北朝時期，豬的飼養規模逐漸下降，已然落到羊的後面，羊肉在與豬肉爭寵中站穩了腳跟，繼而影響了其後幾百年主要的肉食歷史。

在唐人飯桌上，羊肉是人們餐桌上的主力擔當。「羊羔美酒」常見於唐代詩人筆端，在《太平廣記》中有關羊肉的記載約是豬肉的四倍多，唐人對羊肉的熱愛已成為美食時尚。

據後世猜測，唐人不喜歡吃豬肉與詩人杜牧有一定關係。杜牧有位特別愛吃豬肉的朋友，名叫邢群，邢群一天要吃兩三頓豬肉。由於古人養豬，常將豬圈和廁所靠在一起，甚至相通。於是，人們很容易將豬和不乾淨的東西聯想在一起。所以，杜牧對邢群愛吃豬肉這件事實在看不下去，於是寫信勸阻。杜牧告訴邢群說，吃豬肉對身體不好，「能閉血脈，弱筋骨，壯風氣，嗜之者必病風」。杜牧所述的「病風」，就是我們現代人常見的慢性病高血壓。稍有一點健康常識的人都知道，高血壓與長期飲食油膩有直接關係，從健康角度看，杜牧的說法有一定道理。後來，邢群確實因病去世。我們無法從史料中得知吃豬肉是否是其病逝的直接原因，但杜牧堅持認為吃豬肉是他的朋友發病和死亡的誘因。於是，在邢群的碑文《唐故歙州刺史邢君墓誌》上，杜牧把前因後果說了一遍，就這樣使得唐人和後世瞭解到，吃豬肉容易得「病風」。

以上說法或能幫助我們瞭解唐人較少吃豬肉的原因。從歷史發展趨勢來看，我們認為最關鍵的原因是彼（羊）長此（豬）消，因為到了唐朝，羊肉的供給量遠遠大於豬肉。魏晉以後，草原民族入主中原，中原地區進入了中國歷史上一個非常重要的民族融合時期。匈奴、羯、氐、羌、鮮卑等北方少數民族向中原大量遷徙，漢族和少數民族開始了雜居生活，生活方式、社會經濟、政治等方面，也出現了融合和相互借鑑的情況，而民族融合客觀上推動了畜牧業的長足發展。唐朝宰相張說在《大唐開元十三年隴右監牧頌德碑》寫道，開元年間，隴右地區飼養的羊從一開始的十一萬二千隻，發展到二十八萬六千隻。從隴右地區畜牧業快速增長的程度，大致可以推斷出唐朝養羊產業呈現大發展、規模化的趨勢。

唐朝養羊產業繁榮，供應鏈規模化，這些都帶來了唐人餐桌上的變化，豐富的羊肉原材料，再加上豬肉不受歡迎，羊肉水到渠成地成為肉食「新寵」。

雖然豬肉失去了餐桌的肉食主導地位，但因為經濟拮据等原因，仍有民眾食用豬肉補充肉食需求。那時人們吃豬肉的方式以蒸為主，「饋以蒸豚頭，食之甚美」，這是唐人蒸豬頭的吃法[1]。《北戶錄》還記載了一種唐人烹飪豬肉的方法：將帶皮豬肉切成五寸左右，燉熟後，再放一升豬油、二升酒、三升鹽，小火煮半天，再把豬肉放甕裡，待想要吃時再用水煮一下。

順便提一下，豬肉從宋朝的蘇東坡自創的「東坡肉」開始，其美味被人們重新認識，並受到普遍歡迎。到了明末清初，從達官貴人的飲食中可以看到，豬肉的消耗量開始增加，把羊肉拋在了後面。據記載，乾隆年間的除夕宴會所用肉類食材中，豬肉六十五斤，羊肉二十斤左右。可見，豬肉重新奪回了餐桌肉食的寵愛，擁有重要地位。到了現代社會，豬肉價格的上漲已上升到影響民生的程度了，豬肉對民眾的生活極其重要。

羊肉是唐朝肉食的「扛霸子」

到了唐朝，羊肉在北方已成為從王公貴族到普通百姓偏愛的主要肉食。《齊民要術》中記載了不少以羊肉為主料或者配料的肉食加工方法，如肉醬法、脯臘法、羹、奧肉法、糟肉法、苞肉法等。因缺乏較為詳實的史料描述，我們只能從文字中推測，唐人在羊肉吃法上方式較多。至今，唐人有幾種流傳於世的做法，包括「紅羊枝杖」、「渾羊歿忽」、「過廳羊」、「緋羊」、「古樓子」等。具體記載如下：

唐中宗景龍年間，長安城的世家子弟韋巨源在自己家中宴請唐中宗，留下一冊《燒尾宴食單》。這張宴食單中有一味菜叫作「紅羊枝杖」，「枝」有支持之意，「杖」有扶持一說。

---

1 豚為豬，參見《全唐詩補編．第三編．全唐詩續補遺》之「蒸豚」篇。作者在文中談到吃豬頭的好處，故事的主人公還要求一邊吃豬頭一邊作詩（「公令賦蒸豚詩」）。詩曰：嘴長毛短淺含膘，久向山中食藥苗。蒸處已將蕉葉裡，熟時兼用杏漿澆。紅鮮雅稱食盤飣，軟熟真堪玉箸挑。若把膻根來比並，膻根只合吃籐條。

大意為四隻羊蹄支撐羊的軀體，這可能就是「烤全羊」吧。

晚唐人盧言在《盧氏雜說．御廚》中提到，在唐朝較為流行的「渾羊歿忽」的做法，這是比烤全羊更複雜的吃法：取與客人人數等同的童子鵝，用開水燙童子鵝後去毛，取出鵝的五臟，這時往鵝肚裡填上肉和糯米飯，再用各種佐料調好。以上事情準備好後，將一頭羊剝皮去毛，取出五臟，將已備好的童子鵝放入羊的肚中並縫合好，再放到火上烤。待羊肉烤熟將羊剝去，取出羊腹中的童子鵝分給眾人捧在手中吃。

唐朝曾有一種叫作「過廳羊」的羊肉吃法，與「渾羊歿忽」的奢侈不同，它顯得很是精緻和貼心。後唐馮贄的《雲仙雜記》記載，有一個叫熊翻的人，每次請客時都會宰殺一頭羊，並請客人依據自己的喜好割下指定位置的羊肉，用彩帶繫好作為記號後送入廚房蒸熟，再端到廳堂，由客人認領自己剛才指定位置的羊肉，用刀切而食之。據說，這種吃法在唐朝文人圈裡非常盛行。

不過，要論吃羊肉工藝的精細程度，要數「緋羊」的做法。宋朝文人陶穀撰寫的《清異錄》有這樣的記載：「以紅麴（即酒糟）煮肉，緊捲石鎮，深入酒骨淹透，切如紙薄，乃進。」唐人使用酒糟燉肉，然後捲成卷，並使用石頭壓著肉，這樣才能將酒味壓到肉裡，吃時將壓好的肉切成像紙一樣的薄片，類似火鍋店的羊肉卷。紅麴，又名赤麴，通常以秈稻、粳稻、糯米等稻米為原料發酵，是酒糟的一種，可以「主治消食活血，健脾燥胃」。如此說來，唐朝的「緋羊」還真有保健作用。

羊肉還有與大餅結合的吃法。據《唐語林．卷五．補遺》，唐朝的一些豪門，把一斤羊肉放至胡餅中，再放一種叫作椒豉的調料，然後將它放在爐火中燒，待肉半熟就可以吃了。唐人將餅和羊肉結合的餐食叫作「古樓子」。羊肉吃法繁多，極受唐人歡迎。封建王朝，官員的飲食情況是當時主流社會飲食的風向球。據《唐六典》記載，朝廷每個月要給親王「羊二十口，豬肉六十斤，魚三十頭」。每頭羊按三十斤計算，每月提供羊肉需六百斤，豬肉才六十斤，羊肉供給是豬肉的十倍。很明顯，羊肉相較豬肉、魚肉，在唐朝官員肉類飲食中占據主導地位。有人據此推斷，唐朝貴族是吃豬肉的，但是越來越多的史料顯示，這些豬肉主要是給親王府中的奴婢食用。此外，朝廷給三品至五品官員只供羊肉，三品官每月給羊十二隻，四品官和五品官每月給羊九隻。另據《舊唐書》記載，朝廷向百歲以上老人賞賜的物品中有羊和酒，「百歲以上，賜米五石，絹二匹，綿一屯，羊、酒……」。

除了官場上流行發羊肉福利，我們也可以從販售場所瞭解到羊肉受普通百姓歡迎的程度。在唐朝，胡姬酒肆中有羊肉食品的販賣。唐朝詩人賀朝的《贈酒店胡姬》寫到：「胡姬春酒店，弦管夜鏘鏘。……玉盤初膾鯉，金鼎正烹羊。」有一個夜晚，在一家酒店中，胡姬們向客人獻上「金鼎烹羊」的胡人特色菜。因為胡姬酒肆普遍存在於唐朝的主要城市中，他們的販售帶動了吃羊肉的生活習俗，也說明人們在日常生活中對羊肉的偏愛。人們聚餐時也以羊肉為主要下酒菜。據《太平廣記》載，很多道士在冬夜裡暢想著吃羊肉喝美酒，「冬之夜，霰雪方甚，二三道士圍爐，有肥羜美醞之羨」。這說明唐朝羊肉的普及率相當高。

羊肉已成為上自朝廷下至百姓餐桌上的主流肉食，並從北方拓展到南方，形成了唐人食用羊肉的風潮。那麼，南方的肉食中除了羊肉，還有哪些呢？

唐人愛吃生魚片

唐人愛吃羊肉的風俗從北方逐漸南移，南方人喜歡吃魚的習慣也逐漸北遷，形成南北肉食習俗的融合。

詩人張籍的「秋田多良苗，野水多游魚」，描述了唐朝魚類的豐富。魚因取材方便和肉質鮮嫩，使其在唐人餐桌上占有一席之地，食魚之風盛行，甚至在一些地區存在「無魚不成宴」的習俗，這習俗在當今的中國南方仍有保留。因為唐朝的漁業發達，朝廷專門設有「魚師」，為皇室供魚，並管理全國漁業。在民間，漁民專事打魚，是除了農民外，非常龐大和重要的一個工作群體。

魚在唐朝還有寄託感情的社交屬性，例如，皇帝賞賜魚來褒獎臣子，普通人之間也會把魚作為相互餽贈的禮物。唐代詩人孟浩然就曾寫下「欲濟無舟楫，端居恥聖明。坐觀垂釣者，徒有羨魚情」的詩句，以魚寓意對得到張九齡賞識的期待，也表達了想要有一番作為的志向。

在魚的吃法上，唐朝形成了多種烹製魚的方法，例如膾、蒸、煎、煮、炮等，其中最有代表性的是「膾」——把魚細切成絲或片生吃。制膾、食膾就是想辦法製作生魚片。

對於生魚片深受唐人喜歡的原因，在白居易《想東遊五十韻》一詩中可以找到，其中寫道：「鱠縷鮮仍細，蓴絲滑且柔。」點出了生魚片鮮、細、滑、柔的四大特點。吃過生魚片的現代人能理解這四點，這也恰是生魚片吸引人之處。

做生魚片的魚類品種如何選擇呢？《酉陽雜俎》記載：「膾法，鯉一尺，鯽八寸。」意思是說，做生魚片，原始材料最好是一尺長的鯉魚，或者八寸長的鯽魚。唐朝楊曄在《膳夫經手錄》中提到適合做生魚片的魚類：「鱠，莫先於鯽魚，鯿、魴、鯛、鱸次之，鱭、鯚、鮯、黃、竹五種為下。」楊曄寫的《膳夫經手錄》成書於西元八五六年，在書中沒有提鯉魚，或與唐朝的避李姓國諱有關係。而《酉陽雜俎》的作者為晚唐時期人，對鯉魚避諱這事並不在意，從這些史料推測，唐朝晚期對吃鯉魚並未嚴格限制。

生魚片的做法，有一種叫作「金齏玉膾」。據《隋唐嘉話》記載，他們在生魚片中加入佐料後，再將橙子撕成一條一條的，加入其中攪拌。王昌齡用「青魚雪落鱠橙齏」描述了這種做法。

唐人愛吃生魚片，但生魚片吃多了不易消化，也容易生寄生蟲。吃生魚片雖可滿足味蕾，但也存在一定的健康風險。李時珍在《本草綱目》中警告世人，吃生魚片容易得病，「為症瘕，為痼疾，為奇病」，容易患上難以治癒甚至致死的疾病。到了明清，隨著魚類烹飪技術的發展，熟魚已逐漸取代了生魚片，每每餐食，無魚不歡，吃魚成為人們生活飲食中不可或缺的部分。

除了羊和魚以外，現代人喜歡吃的牛肉，唐人喜歡吃嗎?答：唐朝能吃到牛肉的人少之又少，因為朝廷禁止吃牛肉。在農耕社會，牛跟人一樣，是非常重要的勞動力。往前代追溯，自漢代開始禁屠牛，唐朝嚴格執行禁屠牛政令。由此，人們大張旗鼓吃牛肉的可能性比較小。在此等大環境下，牛肉雖好，但仍無法成為唐人餐桌上的主流肉食。

二、唐朝的主食與現代有什麼差異?

——唐人的主食之旅

每個時代的飲食習慣或多或少能反映當時的社會發展情況，就唐人的餐桌飲食豐富程度來看，唐朝民眾的整體生活水準較前朝有了極大改善，這一點在主食上的表現較為突出。唐人的主食有哪些呢？唐人主食發生了哪些變化呢？與現代人的主食結構相比有哪些差異？

粟米、稻和小麥三足鼎立

中原民眾一直把穀物作為主食來源，這是從古至今的傳統和生活方式。到了唐朝，逐步形成粟米、稻和小麥三足鼎立的主食來源結構，這一點與現代幾無差別。

唐朝之前，人們的主食種類較少，北方地區廣泛種植粟米（又稱小米），粟米飯就是人們的主食。到了唐朝，上流社會的主食是粳米，而粟米飯是底層民眾的「家常飯」。從先秦到唐前期，粟米占據了餐桌主食寶座長達千年。人們之所以選擇粟米作為主食，主要是因為粟米適合北方種植，耐旱耐貧、產量高且穩定。唐初的稅收政策中，明確規定唐人用粟繳租，「每丁歲入粟二石」，這也說明了在唐朝主食序列中，粟米有不可替代的地位。

隨著全民的休養生息，唐朝農業經濟快速發展，在穀物的種類有所增加的情況下，北方糧食以粟、麥為主。此外，唐朝的稻米地位也在持續上升，但因未大面積種植，稻米價格要比粟米、小麥貴一點。簡而言之，在唐朝，最終形成了粟、麥、稻三足鼎立的主食結構。

唐人是「餅控」

唐代的餅花樣繁多，種類有：胡餅、煎餅、蒸餅、湯餅、燒餅、髓餅、乳餅、膏環、薄餅、籠餅……，唐人製作餅類的豐富程度遠超我們想像，最有代表性的是蒸餅、煎餅、湯餅和胡餅。

據趙璘所撰文言筆記小說集《因話錄》記載，唐人「世重餅啖」，這是唐人愛餅的真實論斷。餅對於唐人而言，絕對是主食擔當。他們可以單獨吃餅，也可以餅配菜。白居易說的「午齋何儉潔，餅與蔬而已」，反映了唐人麵食和蔬菜搭配的吃法。

蒸餅在唐朝是十分受歡迎的主食之一，「籠蒸而食者呼為蒸餅」。對於唐人而言，蒸餅是用籠蒸熟的麵食，包子和饅頭均屬於這一類。這是上自達官貴人，下到平民百姓都喜歡的主食。《太平廣記》中記載了唐朝姓崔的一家人吃飯的情形，做的是蒸餅，有六、七碟小菜和酒搭配。這是唐人的日常生活。

唐代有販售蒸餅的店鋪。據《桂苑叢談》載，唐高宗時期有位外號「鄒駱駝」的商販，家住長安城靠近西市的懷德坊。他天生殘疾，兩肩高聳，背部彎曲，家境貧寒，靠賣蒸餅為生，每天黎明時分推小車賣蒸餅。這些普遍販售的商業交易情況，說明蒸餅的流行度較高。

除了蒸餅，唐人還喜歡吃煎餅。據《太平廣記》載，一個名叫孫光憲的人，一邊吃著家人製作的煎餅，一邊在爐火邊取暖。這則軼事說明在家做煎餅是唐人家庭的一項烹飪技能。不僅百姓在家中製作煎餅，朝廷對煎餅也很重視，官府有給官員的煎餅福利。在《唐六典》中有記載，光祿寺為百官配置的膳食中，就有在正月七日、三月三日配發的煎餅。

唐朝還有一種湯湯水水的餅類，被稱為「湯餅」，例如水煮麵條、麵片等。歐陽修對湯餅的研究結論是：湯餅，唐人謂之為不托。這「不托」，有點類似現代拉麵或者刀削麵。唐詩中常有關於湯餅的記載，例如「菊花辟惡酒，湯餅茱萸香」，描述了吃湯餅的情景。當然，湯餅也在唐朝食肆中販售。據《太平廣記》載，「……宿一村店，其日雪甚，令主人造湯餅。」意思是在一個雪天，有位唐人露宿一個村莊的旅店，他要這家旅店的主人給他來點湯餅。

湯餅可以解決溫飽問題，吃湯餅也是唐人特定時期的風俗。在生日時，唐人喜歡用湯餅來慶祝。清金埴《巾箱說》中記載，「今人生朝，設湯餅宴客，在唐時已行之。」說明了清朝人過生日時吃湯餅的風俗，可追溯到唐朝。同時，唐朝醫生認為湯餅可以作為保健品使用。唐朝的醫學書籍《食醫心鑑》中，提到以飯養胃，可用湯餅治療脾胃氣弱、見到食物嘔吐和瘦弱無力的狀況。這體現了「藥食同源」的飲食思想。

此外，在大唐還流行胡餅這類時尚主食。胡餅是自漢朝起由西域傳入，到了唐朝，胡餅有點類似在某種容器中烤熟的餅。白居易《寄胡餅與楊萬州》所言：「胡麻餅樣學京都，麵脆油香新出爐。」說明胡餅是用火爐烘烤而成。

對於唐人愛吃胡餅的記載非常多。據《入唐求法巡禮行記》：「開成六年正月六日，立春節，賜胡餅、寺粥。時行胡餅，俗家亦然。」說的是在寺廟裡和民眾中都流行吃胡餅。唐人偏愛胡餅的原因有二，一是胡餅耐儲存，容易攜帶外出，不會動輒壞掉。白居易把胡餅寄給遠方的朋友即說明這個道理。二是吃起來容易飽，耐飢餓。

食物的交融是一種文化傳承，唐朝的一些主食也都帶著「胡」的特色，如胡餅、胡麻飯等，可見人們對外來物種的接受程度高，而外來的人們也把唐朝的食物吃法帶回自己的國家，就這樣不斷催生新的食物種類。

唐人的餅類製作越發精緻。例如，在《酉陽雜俎》中記載一種五色餅，具體的製作方式為：「刻木蓮花，藉禽獸形按成之，合中累積五色豎作道，名為斗釘。色作一合者，皆糖蜜。」五色餅的製作從形狀、顏色到配料，字裡行間都讓人感受到一種特別精緻的味道，這份精緻已遠超過當時人們對溫飽的追求。

米食的愛好

除了小麥做成的餅類，米食在唐人看來也是不可或缺的。飯是將穀物顆粒煮熟或蒸熟，不同產區的穀物顆粒也不同，稻米產區多以稻米為主，粟米產區多是粟米飯或黃米飯。唐人吃飯時一般都會配有菜餚，有的喜歡將米食與魚產品搭配，王建在《荊門行》提到「看炊紅米煮白魚，夜向雞鳴店家宿」，許渾在《夜歸驛樓》中提到「早炊香稻待鱸鱠，南渚未明尋釣翁」，說的就是南方「飯稻羹魚」的傳統飲食習俗。

稻米飯所含營養成分相對較高，口感較好，屬於精糧，在唐人飯類食品中占據高位。但是，由於初期稻米產量較小，並非平民百姓的經濟條件所能負擔得起。我們從唐朝稻米與粟米的價格差異上，也可看出稻米在唐人餐桌上的貴重程度。《入唐求法巡禮行記》多次記載了僧人圓仁所見的糧市及糧價情況，萊州「城外西南置市，粟米一斗五十文，粳米一斗九十文」。吃上一頓白米飯，對於普通平民百姓來說是一種奢侈，而粟米作為平民百姓經常食用的主食品種，經常出現在唐朝史料中。《入唐求法巡禮行記》中提到，「山村縣人，飡物麁硬，愛吃鹽茶粟飯」，即為此證。

除稻米飯、粟米飯外，唐人也會吃什錦飯。唐人製作什錦飯的選料比較豐富，他們將魚、肉、菜、奶等料一起燴煮。當時，廣西流行的什錦飯多以荷包飯的形式出現。它把米飯、雜魚、肉等以荷葉包裹，使用蒸的烹飪方法，飯香味美。

唐人食用粥的情況非常普遍。粥一般是顆粒食物，有的以整個顆粒進行熬製，也有的碾碎成粉再進行熬製。「粥美嘗新米」的白居易即是喝粥達人。在唐人看來，喝粥不僅能填飽肚子，還有養胃等食療作用。例如，用梨熬粥，可治療煩躁。又如《全唐詩》中記載了白居易的食療方法，「……乳和地黃粥。豈惟厭饞口，亦可調病腹」。這段內容，說的是唐人用黃牛或水牛的乳汁與粥一起熬製，能治病。李時珍的《本草綱目》中也提到了喝粥可以「補益勞損，潤大腸，治氣痢，除黃疸」。

中國古代的飲食文化到了唐朝，已進入一個花樣百出、推陳出新、精緻製作的時期，主食的變化尤能體現時代的變化。

三、進餐方式在唐朝發生哪些轉變？

——唐朝社會的會食風俗

唐玄宗開元年間，宰相盧懷慎自認為才幹不如另一位宰相姚崇，於是事事聽從姚崇的決斷（「每事推之」），時人稱盧懷慎為「伴食宰相」，譏諷他碌碌無為，只有陪伴姚崇「會食」的能力。事實上，史書中對盧懷慎的評價還是較為正面的，認為他是唐朝比較清廉的宰相。其中提到的會食，是唐人的一種飲食方式，對後世影響較大。唐朝是我們從分餐制轉變為聚集會餐的一個重要階段。

那麼，唐朝的會食是什麼樣的？為什麼能延續至今？

唐朝開啟千年「會食」

在唐朝之前，人們分餐飲食，席地而坐，面前擺著一張低矮的食案，一人一案，食案上有餐具。到了唐朝，人們圍桌就餐，但仍延續「分餐」的辦法，各菜分到每個盤裡，這是唐人的會食方式。宋朝以後，人們聚餐，無論在家中還是在餐館，一般圍桌就餐，一邊談論交流一邊享受美食。這種在一個盤子中共餐的方式，成為中國的飲食傳統。

唐人的會食方式或是從官場衍生出來的。《唐會要》記載：「貞觀四年十二月，詔所司於外廊置食一頓。」外廊置食，被認為是食堂就餐的雛形，是唐朝的官場「會食」。還有記載稱唐太宗李世民非常勤勉，忙於政務，退朝時已到中午，由於那時官員們上朝太早，政務繁多，上班時間被拖長。就這樣，大家誤餐了。於是，李世民下令，官員們下朝後可享受一頓免費工作餐，這也是會食的由來。唐太宗時期，會食方式從中央推行到地方州縣，演化為唐朝的食堂訂制。這樣有利於解決官員工作時用餐不便的問題，還有利於官員交流，藉此議論非正式的話題。晚唐蔡詞立的《虔州孔目院食堂記》記載：「京百司至於天下郡府，有曹

甘肅敦煌四七三窟出土的墓室壁畫《野宴圖》[2]

署者，則有公廚。」從作者所在年代可見，從初唐到晚唐，官員食堂未曾荒廢，並為此後的朝代提供了參考。

故可知，官場的「會食」是指官員在工作餐時間圍在一起吃飯，一邊吃飯，一邊討論政務。「會食」既解決餓肚子問題，又成為工作的另外一種延伸。

為什麼會食能在唐朝開始流行？史料記載李世民推行免費工作餐或是官場會食的一個由頭，具備一定的偶然性，而我們認為最主要的原因是餐桌的變化改變了人們的飲食方式。在分餐飲食方式中，人們使用低矮桌子就餐。唐朝出現了高足的長桌和長凳，這些傢俱的產生，衝擊和改變了唐人的就餐方式。於是人們從跪姿、席地而坐的方式改為坐姿，從分散改為聚集到一起，形成了會食的飲食方式。

從出土的墓室壁畫中可以發現，唐人圍著一個長桌就餐，桌子兩面各有一條長凳，人們一起坐在凳子上。從墓室的時間推斷，最晚在唐朝中期，唐人已有人拋棄席地而坐的分餐方式，採用了壁畫中所示的會食方式，這樣的方式沿襲至今。從以上分析判斷，餐飲傢俱的演變是會食習俗的重要推手。

不過，唐朝的會食與現在的聚餐仍有差異。唐人的就餐方式是大家在一張桌子上，或者距離靠近一點，但是保持一人一份食物的分餐習慣，即「會食為名，分餐為實」。在二〇二〇年疫情期間，就有專家呼籲恢復唐人的此種會食方式，既有衛生保障，也不影響人們的社交關係。如今很多城市提倡使用公筷夾菜到自己的餐具中，再使用自己的私筷就餐，就這樣實現了社交和衛生的兩全其美。

官員會食的功效

唐朝的官員在食堂會食中，除了進行日常交流，更重要的任務是討論政務，「因食而集，評議公事」。食堂制度推廣開以後，從中央機構到地方機關，都為官員們提供了非正式的評議公事的聚會場所。官員們在一起吃飯，同時也能在輕鬆氛圍下討論政事。

2　該圖描繪多人在一張長桌前準備進食的場面，每人面前都擺著匕和箸。

翻閱唐朝會食方面的記載，討論的內容較為瑣碎，討論工作的偏多。他們會討論有疑點的事情，也會討論可能冤枉的官司，還討論治下風俗未開化的事；當然，也會討論存在弊病的官吏治理事宜，該表揚的、未表揚的人或事，或者沒有處理掉的壞事等等。對於官員們來說，會食之處實則另一處討論政務的工作場所。

除了審議政務，在食堂吃飯也有禮儀教化的作用。唐朝的官場和民間，均非常重視吃穿住行等各方面的禮儀教化。正如柳宗元在《盩厔縣新食堂記》中所言，要求就餐過程中「升降坐起，以班先後，始正位秩之敘」，坐有坐相，吃有吃相，不能亂坐，不能亂說話。從飲食方面判別一個人，在吃穿住行中教化人，吃列第一位。「由飲食以觀禮，由禮以觀禍福」，這就是唐人認為會食的禮儀教化作用。

當然，會食也有社交目的，職場上把這叫作「建立小圈子」。人們圍坐在一起吃飯，輕鬆交流感情，有了同僚之樂，便能獲得更多的訊息。

會食標準和資金來源

唐朝不同品級官員的會食待遇標準不一樣，從高到低逐級下調。據《唐六典》記載，四品至五品的會食標準是菜餚七盤、細米二升、麵二升三合、酒一升半、羊肉三分、瓜兩顆；六至九品的會食標準是菜餚五盤、白米二升、麵一升一合、油三勺等。數量多寡暫且不論，從白米和細米的差異就可以看出品級差異。按種類來分，會食餐大致分為宰相會食餐和普通官員餐兩大類。

自唐朝開始，宰相不是一個人，而是一群人參與決策，即所謂群相制，宰相會食人數也根據當時宰相人數確定，宰相們聚集在一起享受工作餐。很明顯，按規定，宰相的堂食規格要遠遠高於普通公廚的飯食，於是，有的官員發起「議減其料」彈劾，認為宰相的會食奢侈，待遇偏高，須進行削減，但史料未見下調宰相待遇的文字。

宰相的會食規矩的確多。《新唐書》記載，「初，政事堂會食，有巨床」，宰相在政事堂等辦公地點就餐，且須在全體宰相到齊後才能動筷，不應無故缺席；此外，百官在宰相會食期間不得謁見。而百官的會食，就如同大雜燴，會食地點基本集中在官府的公堂或者食堂，也沒有那麼多規矩。

那麼，會食的費用來自哪裡呢？據《唐六典》，百官會食的供應單位為光祿寺，食料全部由國家供給。平時每日三隻羊，六參日[3]加羊一隻，每正冬寒食三節，皆給餅……。柳宗元的《盩厔縣新食堂記》就記錄了一個新食堂建成用於會食的事情。唐中期前，朝廷撥款給地方作為會食的本錢叫作「食本」，可以理解為「吃飯的錢」。一般情況下，這「食本」會

---

3 唐朝制度規定，凡武官五品以上及折衝當番者五天一次朝見皇帝，一月計六次，故稱六參。

進入各地的「公廚」經營管理，由公廚負責部門自行放貸，由官府營運高利貸收取利息作為會食的成本。

官府放高利貸，有營運較好的，那麼此地官員們的會食待遇標準可能會提升；也存在營運出現虧損的，這將影響此地官員餐飲品質。在虧損發生後，經州縣向上申請，朝廷或能添加點「食本」彌補漏洞。

唐後期，戰亂導致經濟滑坡，國家財政無力額外補貼會食費用，地方官員的公廚費用由地方官府自行籌備，不再由朝廷撥款。這吃得好與壞，與當地財政情況緊密相連。

四、如果回到唐朝喝茶，你會習慣嗎？

——唐人喝茶的風雅學問

茶是唐人除酒之外的另一重要飲品。中國人飲茶之風歷史悠久，起源於漢晉而興於唐，這與唐人茶葉種植、南茶北調和茶產業鏈的發展有著密切關係。唐人喝茶蔚然成風，帶動了種植、生產、銷售等一連串重要產業，茶也成為唐朝商人向周邊國家傾銷的重要物資。那麼，唐人如何喝茶的呢？唐人的喝茶文化又是什麼？

茶道大行其道

《全唐詩》記載的有關茶的詩有五百九十二首，說明唐人對茶之偏愛。

晚唐楊曄在《膳夫經手錄》說道：「開元、天寶之間，稍稍有茶；至德、大曆遂多，建中以後盛。」這為唐朝喝茶之風興盛的時間段提供了參考。

喝茶這件事南北差異較大，南方人愛喝茶，北方人卻不甚喜歡。隨著交通運輸的發展，南北交流的加強，茶葉貿易的繁榮對茶道推廣有加速作用。到了開元、天寶年間，北方人開始向南方人學習喝茶，逐漸掀起了喝茶高潮。那時茶商活躍在唐朝各地的茶葉交易中，白居易《琵琶行》一詩中的「商人重利輕別離，前月浮梁買茶去」，即說的是商人們因為利潤巨大，離家外出，投入轟轟烈烈的茶葉交易中。唐代筆記小說集《封氏聞見記》中有「其茶自江淮而來，舟車相繼，所在山積，色額甚多」這樣的內容，描述了從南方向北方運輸茶業的場景。

陸羽《茶經》面世是古人喝茶的分水嶺，這本書首次對茶道進行系統化描述，從起源、工具、製作、使用器皿、烹煮、飲用等方面，高品位、全方位地指導世人喝茶。

但是，唐人喝茶與現代人喝茶方式差異較大，茶水不用沸水沖泡，而是採用煎茶法，即在水中加入薑、鹽、蔥、橘皮、棗、茱萸一起煮，也有人喜歡在茶中加入酥椒等。唐代詩人用自己的文筆記錄了唐朝的煎茶佐料，薛能在《蜀州鄭史君寄鳥觜茶，因以贈答八韻》中提到：「鹽損添常誠，薑宜著更誇。」可見在茶中添薑在當時比較流行。唐中期後，陸羽認為加入佐料對茶原本的味道是有損失的，提倡不加佐料的精煎細烹，只是加點鹽調調味。之後，放辛辣佐料的煎茶做法越來越少。

喝茶是唐人休閒、見客、會友、宴席的首選，張謂用「喝茶勝喝酒，聊以送君歸」來表達自己對朋友的深情厚誼。文人之間也會相互寄送茶葉，表達感情和分享心得。例如柳宗元有《巽上人以竹間自採新茶見贈，酬之以詩》，一首詩和一些茶葉的往來，成為詩人們之間的雅事。從諸多贈茶的詩作中也能看出，那時喝茶、贈茶已成為唐代文化人生活圈中常見的現象。

茶是唐人家中的常備用品，自唐起飲茶成風。《舊唐書．李玨傳》記載，在唐朝，茶如同人們日常生活中的米、鹽一樣，已成為不可缺少的物資，就連田間農家也嗜好喝茶。

唐朝政府的貢茶制度在客觀上推動了茶葉的流通。唐朝的貢茶制度要求分散在各地的茶場每年定期上供優質茶葉，結果是朝廷喜歡的東西，民間必定趨之若鶩，喝茶之風得以傳播。事實上，喝茶也是養生修身之事，這與茶的功效有關。

茶之療效

泱泱中華，有數千年的飲茶史，相傳起於神農氏。陸羽在《茶經》中載：「茶之為飲，發乎神農氏。」《神農本草經》曰：「神農嘗百草，日遇七十二毒，得茶而解。」茶，從發現之初就是作為一種良藥使用的。在唐之前，人們不習慣飲茶，喝茶多是為了治病，例如在南北朝時期就有這樣一則關於喝茶的故事：有一位叫王蒙的人愛喝茶，還特別好客，喜歡邀請別人喝茶，一旦有人經過他家門口都要邀請去喝茶。但是，被邀請的人未必喜歡喝茶，覺得沒病沒災喝什麼茶，但是礙於面子也隨王蒙進屋喝了點。後來，被王蒙邀請喝茶的人總是打趣他說，你又要遭受水厄（即水難）。從這個故事可以看出，那時的人們並沒有把茶當成飲料。

到了唐朝，陸羽等人認為茶有洗滌自身、祛除煩惱的作用，喝茶的各種功效被逐漸挖掘出來。唐人在精神層面對茶的功效進行拔高闡述，認為「茶為滌煩子，酒為忘憂君」，這是白居易好朋友施肩吾的觀點。唐人斐汶對茶性的體驗為「其性精清，其味浩潔，其用滌煩，其功致和」，這更應和了唐人在茶道上的精神追求。在嗜茶人看來，喝茶可以祛除心中的鬱悶，帶來全新的心理感受。

除此之外，唐人得出了茶有提神、減肥、止咳祛痰、明目的功效。提神比較容易理解，且備受唐人重視。李德裕在《故人寄茶》中提到的「六腑睡神去，數朝詩思清」，說的是詩人喝了茶後感覺提神，睡意全無，才思湧動。唐朝醫書提到「久食令人瘦，去人脂」，說明唐人認識到了喝茶有減肥的功效。

茶的產業鏈

唐朝的茶樹，起初種植在寺院。寺院占了天時地利，其在深山老林的地理位置和茶樹的生長環境契合，武夷茶、普陀茶均為寺院茶葉的代表。而未能在民間種植、種植量少是唐初茶未能全面推廣的原因。到了晚唐時期，民間有了大規模的茶樹種植，人工栽培的茶樹已遍布十四個省。

此外，交通是制約茶業發展的重要原因之一。茶葉有了，唐朝運輸困難問題也得到大幅度緩解。例如，隋煬帝開鑿的大運河在唐朝被充分利用，廣通渠、永濟渠、通濟渠、邗溝及江南河等五條運河，與長江流域打通。這樣，整個內陸水域基本上連通，物資運輸方便，極大地推動了茶葉的流通。

為了喝茶方便，唐人除了在家使用喝茶的器具，還會在一些人口密集的地方建立茶館、茶肆、茶室、茶房。就這樣，唐朝社會的飲食界添了新寵，大唐人也有了除喝酒之外的另一種文雅所在。《舊唐書》記載的「永昌里茶肆」即說明茶肆在當時已出現，而日本圓仁和尚更是以一名外邦人的身分，在《入唐求法巡禮行記》中把大唐茶肆分布情況記錄在案，有「……遂於土店裡任喫茶」之句。

茶樹種植從寺廟到民間，茶葉運輸從南方到北方，從生產到銷售，從銷售到服務，茶葉產業鏈為唐人的喝茶生活奠定基礎。就這樣，茶葉走進了大唐人的生活中。

唐朝的喝茶風氣興盛，這與茶本身寓意有關，與唐朝政府的倡導有關，與交通便利有關，與文人雅士的推動有關，與陸羽《茶經》有關。一切的偶然和必然，裹挾著茶文化，成就茶的傳承。在唐朝，茶已不再是單純的飲料，也不僅僅是柴米油鹽之類的家庭日用必備品。唐人把喝茶的意義上升到自我修養的層面，稱其為茶道或茶藝。在他們的眼裡，喝茶的實用性重要，但是審美更加重要，水的準備、器皿、流程、色味等每一個環節都要追求極致，這寄託了人們在飲食溫飽之外對個性與精神世界的追求。

五、無酒不歡的唐人是如何喝酒的呢？

——大唐的酒風酒俗

在中華五千年的歷史文化中，酒和酒文化占據了一席之地。人們的生活中離不開酒，在唐朝，酒是排在茶水前的首選飲品。

其實，唐人喝酒這件事與現代還是有差異的。他們有著無酒不歡的態度，秉承了豪邁開放的時代風格；他們的家釀酒備受歡迎，碾壓了官方出品；他們喜歡喝米酒，也會嘗試葡萄酒，更偏愛自己特製的酒；敬酒、陪侍和酒令這些酒俗為唐人的酒局更添了風采。

家釀、官釀、民營

唐朝人的生活中離不開酒，飲酒是當時一種非常普遍的社會現象。唐朝的釀酒技術已逐步成型，到了宋朝基本定型。在釀酒的發展史中，唐人的家釀、官釀和民營三種方式都占有一席之地。

家釀情況較為普遍，在農業社會中，用糧食釀酒是很多人家裡極為容易掌握的技術。除了專業釀酒的店鋪，一些官宦之家和富有人家，會在自己家搭建釀酒設備，自己釀酒。

唐人多喝家釀的主要原因是，用糧食釀酒本身技術含量不高，家釀又是給自己家飲用，不存在偷工減料的情況，品質也較好。

例如，有一位叫作焦革的人善於釀酒，他的頂頭上司王績原來非焦革的頂頭上司，為了喝到焦革釀的酒，王績特地調動了職位。在焦革去世後，王績立杜康祠，祠堂內以焦革配享。「何以解憂，唯有杜康」，這杜康祠的設立，實則是對擅長家釀酒的焦革的高度褒揚。唐人也經常用家釀招待貴客，如劉禹錫有詩句「若傾家釀招來客」。

官釀是由朝廷或各級地方官府負責的。唐朝在政權成立之初就設置了負責釀酒和酒務的官員，這些官員負責朝廷、地方的公務招待用酒。招待用酒分為御酒和地方官酒，其中，御酒主要供皇帝日常飲用，也會用在皇族家宴、宮宴和賞賜等場合，其品質必須優先保證。地方官釀的品質可能參差不齊，元稹用詩句「官醪半清濁，夷饌雜腥膻」說出了有些地方官釀品質低劣的事實，白居易則用「濁水」形容它。

顧名思義，民營釀酒是民間釀酒和銷售的統稱，一般酒肆、酒樓中具備釀酒條件的，都會自家釀酒，打上標牌，成為店裡的特色營業項目。民營釀酒數量眾多，採購方便，占據了商業用酒的市場，人們也可以根據自己的經濟情況和需求採購不同品質的酒。

米酒、果酒、特製酒

唐朝的酒大致可分為三大類：米酒、果酒和特製酒。三者的飲用區別在於米酒等級低且產量多，果酒等級高但適用範圍窄，而特製酒有特定用途。

米酒作為穀物發酵酒，即我們現代人經常提到的黃酒。米酒又分為清酒和濁酒。民眾喝工藝粗糙的濁酒，而對於文人雅士、達官貴人而言，黃酒是佳選。濁酒中渾濁的東西就是酒渣，所謂「綠蟻」可能是濁酒中的微生物。白居易詩中提到「綠蟻新醅酒，紅泥小火爐」，應是指唐朝市面流行的酒。有的唐人透過加溫、過濾等方式改變濁酒的喝法。

從味覺角度來看，唐朝米酒甜度高，酒精度低，屬大眾酒。唐人喝米酒可用斗來計算，喝多少斗而不醉，是衡量酒量的評價指標。例如，李適之「喝酒一斗不亂」，崔恭禮「喝酒過斗」，都是對唐朝人酒量的描寫。

唐朝的果酒與現代葡萄酒口感比較接近，對於唐人來說，這絕對是稀罕貨。王之渙的「葡萄美酒夜光杯」中，夜光杯是玻璃製品中的高檔貨，價值不菲，用這麼高級的杯子喝的酒，也應貴重。葡萄酒來自西域，李白也曾說「葡萄酒，金叵羅，吳姬十五細馬馱」，側面說明了此酒的珍貴。唐太宗李世民攻破了高昌國，得到葡萄種子，便種在皇宮中，葡萄酒的釀造技術也被帶到了中原。

此外，唐人喜歡喝特製酒。所謂特製酒，是在米酒的基礎上，加入藥材、香料等調製出的酒。藥酒是特製酒的一種，起源於商朝，歷史悠久；到了隋唐，藥酒才被廣泛應用，這或與孫思邈的研究成果有關，僅他的醫藥著作《千金翼方》中就有八十多次提到藥酒。藥酒除了能治病，也是養生、交友的佳飲。「客來初夜裡，藥酒自開封」，說的就是用藥酒招待客人的事情。

特製酒中，還有一種與松樹有關的。唐人喜歡用松樹的球花釀出松花酒，「何時故山里，卻醉松花釀」，表達了那時的人們對松花酒的神往。松針和酒配置釀酒，松針中揮發的油和乙酸龍腦酯（松木香氣，有樟腦似的提神作用）混合，香氣撲鼻，被唐人用來提神醒腦。除此之外，唐人也會使用松脂釀酒。總體來說，特製酒的搭配花樣較多。

敬酒、陪侍、酒令等唐朝酒俗

唐人喝酒成風，酒俗逐漸發展成型。宴飲中，有敬酒、陪侍、酒令，還有詩詞歌賦伴酒，這些構成了唐人的酒俗。

唐人宴飲與現代人一樣，赴宴者落坐之前都會相互謙讓一番，待按次序落坐後，開個場敬酒。唐人保留了少數民族「蘸甲」的敬酒風氣，他們將手指伸入酒杯中微微一蘸，然後彈酒，以此表達敬意。若到過內蒙古的蒙古包參加宴飲，你也可能會「享受」到這樣熱烈的敬酒方式。這種在現代人看來或許不那麼衛生的做法，盛行於唐朝。「蘸甲」的酒俗在《全唐詩》有記載，例如「南鄰酒熟愛相招，蘸甲傾來綠滿瓢」、「十分蘸甲酌，瀲灩滿銀盂」。

唐人好夜飲。在唐中期前，宵禁嚴格時期，他們只能在坊內玩耍，喝到通宵達旦的情況較為普遍。唐朝的文人雅士喜歡邀女性陪侍，男女間隔，這些女子被稱為飲妓。京中飲妓歸屬教坊，但凡官方有宴飲，這些女子要走個程序，獲得通行證，參加宴飲。在日常教坊培訓中，主要在於培養她們全方位的能力，要求她們有一定學識，可以陪酒，也要善於歌舞。事實上，飲妓的參與不僅使得喝酒氣氛活躍，甚至也時常發生借酒興挑逗女子的情況。《酒譜》中記載了一件事：唐朝的進士劉遇、劉參、郭保衡、王仲、張道隱，每年春天都會選妓三五人，乘小車，裸袒園中，叫笑自若。他們把這個叫作「顛飲」。

唐人透過酒令將喝酒這件事提升到雅俗共賞的高度。酒令始於先秦，兩漢時期逐步發展，到了唐朝達到鼎盛。這是一種將喝酒、娛樂、遊戲、文化融合的娛樂方式。

唐人為了讓酒令按規矩進行，避免混亂，設置了許多酒令職位。例如明府，是在行酒令前推選一個人負責酒令事宜，先由明府說酒令的內容、方法。明府也會要求選一至二名助手。除明府外，還有錄事（酒糾）。錄事是維持宴席秩序的人，熟悉宴席的各種規矩，對違規的人進行處罰，凡在酒席上言語失序、行令失誤以及作假逃酒，都會受到制裁。朱灣在《奉使設宴戲擲籠籌》中說：「今日陪樽俎，良籌復在茲。獻酬君有禮，賞罰我無私。莫怪斜相向，還將正自持。一朝權入手，看取令行時。」詩人活靈活現地描述了同時代唐人行酒令的場景，詩中的「獻酬」是相互勸酒，詩人作為「酒糾」主持了酒宴的酒令，表示自己要行使酒糾的權力，賞罰無私。

從酒令方式來說，主要有雅令和通令兩種。雅令，相對文雅，考量的是才思、文采，是文人雅士之間的遊戲。而通令更加大眾化，以划拳、扔骰子、抽籤、猜數這些不費腦細胞的遊戲為主。通令因簡單接地氣，更容易活躍氣氛，故以民間流傳為主。《全唐詩》對酒令記載得非常多。白居易的詩句「花時同醉破春愁，醉折花枝作酒籌」提到了酒籌，類似的還有籌箸，均為唐人發明的酒令器具。

六、古人科舉高中後有哪些宴席？

——唐人新科進士的宴會文化

唐人喜歡辦聚會、辦宴席，特別是上流社會更加講究，有各種名目，規格也高。自隋唐開科舉之後，普通學子有機會通過考試進入官場，這對他們而言是人生的重要事件，自然少不了宴席。讓我們來看看唐人中舉後和初入職場的宴會風俗。

鄉試中榜的鹿鳴宴

隋朝大業四年（六〇八年），隋煬帝開創了選拔人才的科舉考試。到了唐朝，科舉考試分為地方考試和京師考試，其中，地方考試也被稱為解試，元朝起才改為鄉試。唐朝時，解試時間為三天，與現在中國的高考時間相仿。解試結束後，一般於放榜次日，地方州縣官員會宴請考官、學政和中榜學子，舉辦祝賀考中貢生或舉人的「鄉飲酒」宴會。杜佑的《通典》中，將此等宴請稱為「行鄉飲酒禮」。也就是說，唐人將這種宴請視為一種禮儀。在這樣的宴會上，人們會吟唱起《詩經》中的《小雅．鹿鳴》，這可能就是該宴會被稱為「鹿鳴宴」的原因。

唐朝的「鹿鳴宴」有一些限制。他們對參與者有身分上的要求，即要求參加宴會的必須是應試合格者，落榜學子不在其列，這是其一。其二是餞行。宴請後，地方官員與學子（也稱為舉人）一同進京，繼續赴考。據史料推測，同行赴考也有資助路費的色彩。除了《小雅．鹿鳴》的吟唱外，在宴會上還增加了《詩經》的《四牡》、《皇皇者華》與《節南山》

等篇章。

「鹿鳴宴」更像是統治者表達對學子的態度。唐朝的鹿鳴宴，體現了統治者和官府對儒家文化的重視，雖因耗費巨大，在南宋曾有一段時間幾近廢弛，但該活動在封建社會的教育文化體系中延續近千年，於清末才退出歷史的舞臺。

新科進士聞喜宴

進京赴考的學子，經殿試後中榜為新科進士，在禮部發榜後，敕令發下來舉辦的一系列宴會，被稱為「聞喜宴」，也叫「敕下宴」。顧名思義，聞之則喜。聞喜宴在皇帝詔命下達之後在曲江之畔舉行，為官方出錢並主持的敕賜形式，因「醵錢」宴樂於曲江亭子，又被稱為「曲江宴」。

聞喜宴本是新科進士們的私宴，新科進士們以「醵罰」（合錢飲酒為醵）的方式集資，類似現代社會的湊分子、「AA制」吃飯的意思。據《舊五代史》卷三十八：「敕新及第進士有聞喜宴、春關宴，逐年賜錢四十萬。」說明也有朝廷贊助的情形，但官方贊助似乎也未成為定例，唐朝的聞喜宴仍以私宴為主，間或官方贊助。而直至宋朝，朝廷才對聞喜宴進行贊助，將其正式轉變為官方活動。自此，聞喜宴不再是民間習俗，成了國宴。

那麼，為何在宋朝出現了聞喜宴主體的變化呢？這與當時的風氣有一定關係。進士宴會吸引了多方勢力參與，即將走上仕途的進士們自然成為他們拉攏的對象，相互攀附，結成各種私人關係，形成小集團。這樣的勢力一旦產生，容易引起皇家的不安。在統治者看來，任由民間活動，對自己可能會形成不小的威脅。據宋朝王栐的《燕翼詒謀錄》記載，自唐以來存在「進士皆為知舉門生，恩出私門，不復知有人主」的社會現象，所以出現了「除賜宴外，不得輒有率斂，別謀歡會」的聲音。由私宴改為國宴是統治需要，為了解決私宴本有的攀附風氣的弊端，從此讓它打上了皇家的烙印。

而聞喜宴的舉辦地點和時間也是時常調整的。它在當時被稱為曲江宴，主要是因為在曲江這地多次舉辦而已，由此沿襲其叫法。實際上聞喜宴的舉辦地點多次調整，有時在瓊林苑，有時在公園，舉辦的時間要根據皇帝下詔時間確定，更像是臨時性的宴會。

進入官場前的關宴

在唐朝，科舉及第學子的宴會活動有很多，與聞喜宴相呼應的是「關宴」。這是新科進士在京城的最後一次大規模聚會，費用全部由學子自掏腰包，由專業人士進行張羅。

關宴的舉辦地通常在杏園，據傅璇琮的《唐代科舉與文學》考證，杏園在曲江之西，又與慈恩寺南北相望。唐詩《曲江紅杏》中「女郎折得殷勤看，道是春風及第花」的「及第花」指的是杏花。杏花二月開花，報春早，選在杏園舉辦關宴或有此意。這是唐朝進士們進入官場前的告別宴會。學子們從全國各地到京師，宴後各奔東西，按古代的交通狀況，此別對於很多人而言將成為永別。

告別宴會讓參與者能用心其中，但僅告別這一項活動，仍不能將宴會推到重要位置，還有一個重要的原因是，宴會的社交屬性讓宴會備受重視。《唐摭言》載：「曲江之宴，行市羅列，長安幾於半空。公卿家率以其日揀選東床，車馬填塞，莫可殫述。」新科進士是這次宴會的主體，但是積極參與者，除了他們還有京城的達官貴人，他們家裡有妙齡待嫁女子的，會藉此機會物色女婿。這一天，長安城空了一半，達官貴人帶人去挑女婿，普通民眾去看熱鬧，道路擁擠，盛況空前。《唐摭言・慈恩寺題名遊賞賦詠雜記》記載：「……公卿家傾城縱觀於此，有若中東床之選者，十八九鈿車珠鞍，櫛比而至。」

告別、選婿這些活動使宴會獲得了社會的廣泛關注，但是宴會的助興活動，例如探花活動，更加博人眼球。吳融在《海棠二首》中有「太尉園林兩樹春，年年奔走探花人」的詩句，提到了探花活動。顧名思義，探花活動是事先選擇同榜進士中最年輕且英俊的兩人為探花使，探花人騎馬遍遊曲江附近或長安各處的名園，沿途採摘鮮花後在瓊林苑賦詩，用採摘的鮮花迎接新科狀元。該活動最重要的工作是選擇探花人，要求人要長得俊朗，這與唐人選官員既看能力也要看外貌的觀點一脈相承。

實際上，不管是告別、選婿，還是活動中的探花，都寄託了唐人對進士的希望，也表達了進士們登科後的喜悅、對未來的憧憬。

鹿鳴宴、聞喜宴、關宴僅是唐人眾多新科進士宴會的剪影，但因為時間節點的原因，備受人們重視。史料記載，唐朝進士宴從存在到黃巢起義軍進入長安為止，歷時一百七十餘年。這些宴會活動不僅是聚會，對新科進士來說，也是一次擴充人脈、建立圈子的機會。因此，唐人樂此不疲。

第二章
服裝居家

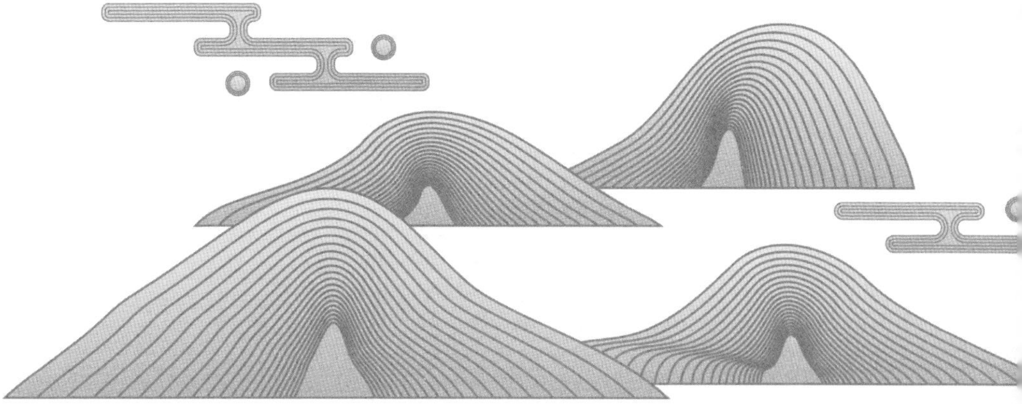

一、為何唐人不能亂穿衣服？

——「以色識人」的唐人服裝

現代人可憑個人愛好和經濟條件，身著自己喜歡的服裝，即便是奇裝異服，最壞的後果不過是引發議論，並不會影響到人身安全。可是，隨意搭配衣服這件事要是擱在唐朝，就有可能會被處罰。為什麼會這樣呢？原來，什麼階層穿什麼衣服，什麼場合穿什麼衣服，在唐朝是有規定的，這被稱為「服制」。唐朝官府認為，服裝不僅有遮蔽和保暖的作用，還是區分不同社會角色和階層的重要標誌之一。這就如同在飯店後廚，大廚的服裝和其他小廚的有明顯差異，如果亂穿，會被視為違規。唐朝服制中的服裝包括冠服和常服，使用場景各有差異。具體來說，唐人的服裝有哪些規定呢？

男子服裝

男子的服制有冠服和常服兩種。

冠服是皇帝和官員在正式場合穿著的服裝。隋煬帝即位後釐革服制，下令明確皇帝、官員、庶人的服裝要求。唐朝禮服制度沿襲和完善隋朝服制，明確皇帝的冠服有十二種，分別是大裘冕、袞冕、鷩冕、毳冕、絺冕、玄冕、通天冠、武弁、黑介幘、白紗帽、平巾幘、白帢，使用和穿著的規制非常繁瑣。唐玄宗對此進行了簡化，通常使用袞冕及通天冠兩種服裝，其他逐步退出了冠服體系。

除了正式場合的冠服，唐人日常穿的是常服。所謂常服，是人們日常生活中穿著的服裝。常服的特點是簡單便利，它在唐前期和中期時鮮有在重要、正式場合使用，到了唐後期，身著常服的唐人會出現在一些正式、重要的場合。

常服並沒有類似冠服的明確等級規定。據《唐會要．章服品第》，唐太宗李世民於貞觀四年（六三〇年）下令改革，「……冠冕制度，已備令文。至於尋常服飾，未為差等」。自此，常服與冠服一樣有了等級區分，形成禮服、常服共用的情況。唐朝開成元年（八三六年）的元正朝會上，唐文宗著常服接受百官上殿朝賀，這表明常服可用在隆重和正式的場合。

隋文帝是服制改革的先鋒，但因隋朝國祚偏短，這些制度如其他制度一樣未能有效執行下去。但是，這項制度對後世影響較大，其中最重要的一點是將服裝的顏色（簡稱「服色」）與官職高低做相互連結，此制度一直延續到明朝。這也是唐朝官員在見面時能大致判斷對方身分的原因。他們可以觀「魚符」或「魚袋」瞭解對方的情況（詳見本書後文），還可以透過對方衣服的顏色判斷官品。例如，身著紫色官服的人，一般都是三品以上的高官。這叫作「以色識人」。

唐朝皇帝的常服一般為黃袍，而大臣們也可以穿黃色的衣服。唐高祖李淵上朝就喜歡穿赭黃色衣服，赭黃即赤黃，這讓赭色成為皇帝的代名詞。因此，朝廷明令禁止百官和百姓著赭色衣服。

服色等於官品，這是唐人共識。唐朝官員按顏色分為紫袍官員、緋袍（紅袍）官員、綠袍官員和青袍官員。按規定，從一品至庶三品可穿紫色、黃色、紅色服裝。紫色可為主色，但黃、紅兩色需為偏色，不能過於正色，如淺黃、秋葉黃、棗紅等。紫袍官員，相當於國家級幹部。四品和五品官員，一般著緋色服裝，四品著深緋服裝，五品著淺緋服裝，相當於省部級、廳局級幹部。六品和七品，一般著綠色服裝，六品著深綠服裝，七品著淺綠服裝，相當於廳局級和縣處級。八品、九品官員一般穿青袍服裝，八品著深青服裝，九品著淺青色，相當於縣處級和科級及以下的官位。

《唐語林》中記有一件名人趣事：顏真卿在做縣尉時對一位尼姑說，希望能得到五品官，身著緋衫，戴銀魚（即銀魚符）。尼姑指著座位上的紫絲布食單說：「顏郎衫色如此，有功業名節皆稱是。」

有規定，自然有違反規定的現象存在。據《唐會要》記載：咸亨五年（六七四年），有百姓在袍衫之內著朱、紫、青、綠等色短衫襖，還有的在公開場合露出不符服制的衣著，導致了「貴賤莫辨」，於是嚴加禁斷。平民百姓其實知道亂穿衣服是違法的，但是出於某種僥倖心理，仍這樣穿了。

除了服色是區分等級的標準，官員衣服上的質地、圖案和花紋也有一些規定。簡單說來，七品以上的官員使用花紋綾，七品以下到九品只能使用絲布和雜小綾，平民百姓沒有資格使用這些質地的布料和圖案。袍上的圖案也有規定，例如尚書袍可配飾雁，左右將軍袍可配飾麒麟，左右武衛袍可配飾老虎……，這些將每個等級都做出嚴格規定的方法，一定程度上發揮了識別對方身分的作用。

女子服裝

在唐朝，命婦（被賜予封號的婦女）服裝的要求較男子服制顯得簡單且有彈性，總的原則是根據丈夫或者女子自身地位而定。

唐朝命婦的服裝分為禮服和宴服兩種。禮服，顧名思義是在參加重要場合、冊封時穿的服裝。此外，根據身分地位的高低，她們的首飾稍有差異，如最高等級的一品，花鈿（一種金銀製作的首飾）九樹，到了第五品，花鈿只能五樹。除了禮服，唐朝命婦的居家服裝按禮制被稱為宴服（類似常服），但其等級不得高於自己的丈夫、兒子品級的服色，即不許超越禮制。然而，實際執行中出現了兩極分化。唐初，大家或能遵守規定，隨著唐朝女性意識覺醒，一些女子在著裝方面也存在突破禮制的情況。

百姓服裝

除品官外，胥吏、農民、商人、士卒也被要求以不同顏色的服裝進行區分。唐高祖時要求，無品級的官吏、庶人、部曲（類似奴婢，地位高於奴婢）、客女（身分較婢女略高的婦女）、奴婢只能穿粗布麻衣，顏色是黃的或白的，可以用銅、鐵製的帶子和飾物，但不得用金銀玉帶。

商人的社會品級最低，官府規定商人與屠夫只能穿皂色（即黑色）衣服。處於底層的奴婢，服裝一般是青色。這與官員的青色是有區別的，主要體現在衣料方面，奴婢等人的服裝用料粗糙。從漢朝開始，青衣開始成為卑賤者的衣服，婢女也被稱為青衣，青色也就成為奴婢的標準衣服顏色。

胥吏、庶民、士人一般可著青色、白色和赤黃色。皇帝允許的黃色並非赭黃，而是赤黃（有時稱為土黃）。入仕之前的韓愈，「白布長衫紫領巾，差科未動是閒人」。在唐朝科舉入選但尚未進入官場的學子也可一生著白衣，世人將他們稱為白衣公卿。於是，唐朝的一些官吏會穿白色衣服宴請客人。從這一點看，白色非貶義。

除了法律要求外，國家大環境也可能影響到人們所穿衣服的顏色。唐朝末年，不論士人、庶人，都脫掉了白色、黃色等淺色衣服，開始流行穿深色衣服。或許在國家動盪時期，人們內心不安、焦慮，為自己和國家的前途擔憂，顏色與心情息息相關，潛移默化中，深色衣服成為主流。

服制是禮儀為先的古人們非常重視的，唐沿隋制，完善服制，把常服納入服制範圍，建立了以色識人的品級體系。雖在今人眼裡有階級分化、歧視的嫌疑，但這種區分未必不是一種適用於當時等級制度的良方。

二、唐朝女子有哪些時尚偏好？

——大唐女子的時尚潮流

現代女子可以隨意混搭，按自己的心意和愛好打扮自己，但這些做法在唐朝則行不通。唐朝重視服制，每一種服裝代表一定階層等級。混搭，隨意越級穿戴，極有可能違反唐律。對於唐人，這根本不是個人自由的問題，而是對抗現任政治和禮儀常識。但是，在規則夾縫中，還是湧現出一些時尚達人，引領一波時尚潮流。

現代人提到大唐女子，有兩個基本印象：一是「以胖為美」，二是「開放袒露」。這主要源於後世自媒體和影視劇對大唐的描述和引導。事實上，唐朝女子的時尚一直都在變化，唐朝女子有哪些時尚潮流呢？與現代女子相比，有哪些差異呢？

女扮男裝時尚

唐朝一些時尚潮流的引領方式與當今世界差不多，一般都是自上而下地由一些有話語權的女子發端。而唐朝宮中女子對時尚潮流發揮了推動作用，例如唐朝流行女子中性風格，恐怕與太平公主有極大關係。

有一則關於太平公主的趣事。在一次家宴中，備受寵愛的太平公主「衣紫袍玉帶，折上巾」，以男子姿態載歌載舞地出現在唐高宗和武則天面前，唐高宗和武則天「大笑」。本是違制的事，因為公主的身分，此事就此揭過去了。宮裡不禁，貴族女子不禁，這風氣就漸在民間傳開。特別愛出行的唐朝女子，也開始學著穿男裝外出。實際上，女子穿男裝，不拘一格，有時尚精神，這樣的著裝，也方便參加社會活動。於是，女子著男裝成為唐朝女子的一股潮流和時尚。

唐朝開元、天寶年間，女子中性風流行起來了。據《中華古今注》記載：「至天寶年中，士人之妻著丈夫靴、衫、鞭、帽，內外一體也。」《舊唐書》也有類似記錄，並言女子穿男子衣服是「尊卑內外，斯一貫矣」。以上史料的相互印證大抵可以說明，唐朝開元、天寶年間的女子中性風流行的說法可信度相當高。

其實，唐朝女著男裝風尚可能受到少數民族服裝影響，詩人元稹認為「女為胡服學胡妝」。唐人女子愛上了胡服的奇異風格，「英姿颯爽猶酣戰」不足為奇，這樣的風俗一直保留到唐朝滅亡。

騎馬時尚

在唐朝還有男女都偏愛的騎馬時尚。在古代，騎馬似乎僅僅是男人享有的專利，少有女子騎馬的事。隋朝起，隨著北方少數民族騎馬風俗興盛的影響，騎馬已不再僅僅是男人專利，女子們也愛上騎馬。至唐朝，對於女子騎馬也有諸多記載，從出土的多件唐人墓葬文物中，也找到了女子騎馬俑的實物予以佐證。在南京六朝博物館中，能觀賞到唐朝女子騎馬的文物，其還原後的女子騎馬的樣子，美倫無比。

女子騎馬與女扮男裝一樣，都是唐朝女子時尚的一種。唐初，宮女可騎馬，但要求戴冪籬，以免被路人看見。到了開元年間，女子騎馬已無須遮蔽。「虢國夫人承主恩，平明騎馬入宮門」，描述了虢國夫人（楊玉環姊）騎馬的情形。那時貴族女子出行騎馬，是生活日常。養馬成本太高了，一般經濟條件的平民百姓家女子，少有騎馬的記載。

除了騎馬出行，唐代女子還喜歡打馬球，參與狩獵活動。打馬球興起於初唐，是那時無論宮內、宮外，無論男女均喜歡的一項運動。試想女子們身著胡服、男裝或戎裝，在球場驅馬奔馳，享受原本屬於男人的體育活動，這絕對是一道靚麗風景線。

唐朝女子衝擊傳統，騎馬是其自由訴求的表達方式，宋朝以後，出土墓葬中已少有女子騎馬俑了。思想封閉和禁錮是一個原因，還有一個原因：重文抑武的宋朝，馬匹數量急劇下降，無馬可騎。

女著男裝、騎馬等時尚反映出唐朝女子放飛自我、追求自由的開放心態，在這非常特殊的年代中，她們找到了屬於自己的生活方式。而令現代人印象深刻的，還有在影視劇中唐朝女子較為暴露的服裝。

服裝裸露時尚

唐朝女子服裝的法令規定較男子簡單，要求不算嚴格，執行也不夠徹底。尤其在武則天時期，女性意識開始覺醒，她們在婚姻、性和日常生活方面都有一定的自主性和自由度，這些內在訴求也體現在服裝的變化上。

唐朝女子服裝的主流有三類：上衫下裙、胡服和男裝。上衫下裙，又由衫、裙、帔等組成。從初唐到盛唐，女子衫的領口越開越低，直至半袒胸乳。她們這樣穿著，絲毫沒有封建時代女子緊裹自己的自覺，也不覺得有何不恰當。

襦裙服是唐朝女子的主要服式。唐朝女子的上襦比較短，襦的領口也在變化，一開始保守，到了盛唐時期，領口低至可見胸前乳溝。總體而言，女子的上衣衫襦呈現三個特點：越來越薄、越來越透、越來越露。翻開《全唐詩》，這群詩人們不惜筆墨，描述這種在古代少見的穿著方式。無論徐夤詩作「別來拭淚遮桃臉，行去包香墜粉胸」，還是方干詩作「粉胸半掩疑晴雪，醉眼斜回小樣刀」，均是描述大唐女子服裝時尚的開放性。有人說這是底層行業的時尚，實則在宮廷中也是如此。

在唐朝詩人的眼中，女子們彷彿一夜之間徹底放開。在這個女性意識覺醒與社會主流觀念衝突的時代，傳統保守和放飛自我並存，前者是封建王朝的根基，後者是時尚標榜。實際上，在唐朝有兩類女子可以穿開胸衫：一類是有身分的人，一類是歌伎、舞姬等需半裸胸以取悅達官貴人的女子。這兩類人中，一般不包括普通百姓家的良民女子。民間良家女子不許半裸胸，但是個別影視劇為了某種表達需要，將所有女子的著裝基本按此模式複製。

初唐到盛唐期間，絲綢之路的發展以及各民族之間互通往來，一定程度上影響了服裝款式的走向，例如服裝袒露，是受到了胡服的影響，這也是唐朝服裝開放性的一種表現。《文獻通考》記載：「天寶初，貴族及士民好為胡服、胡帽。婦人則簪步搖釵，衿袖窄小。」

唐朝女子追求服裝色彩鮮豔，裙子的顏色多以紅、紫、黃、綠為多。紅色在唐朝尤其流行。「眉黛奪將萱草色，紅裙妒殺石榴花」描述色彩鮮豔的紅裙，因其色亮如石榴花，也被稱為石榴裙。除了對色彩的追求，唐朝女子也喜歡加「半臂」。這是一種短袖上衣，始於唐高祖時期，這樣的服裝樣式在現代也常見。

從男子服裝看王朝政治，從女子服裝看時代風尚。唐朝女子的服裝時尚，不僅反映了那個時代的風俗習慣，也影響了後世女性的日常生活，更為唐文化增添了光彩。唐朝是一個璀璨的朝代，它給予女性足夠的空間，把人性中壓抑的部分釋放出來。女著男裝，是在反抗男尊女卑；女子騎馬，本意在走出家門，進入社會圈子；而穿袒露裝，更是一種自我釋放的表達。

只是，歷史似乎開了一個小玩笑。在整個封建王朝，唐朝女子意識的覺醒剛剛有了一個小起點，在後世便衰落了。唯有在唐朝，時尚是習慣，是解放，是她們的個性光芒。

三、古代女子如何走出去看世界？
——唐朝女子的出行之道

走出家門，是人們重要的社交活動，對於唐朝的男人而言可能是公務，也可能是遊山玩水，活動自由度比女性更大一點。出行在某種程度上，是男人的專利。但是，唐朝女子還是希望走出去看看外面的世界。她們是如何做的呢？

女子出行的兩種方式

大唐女子的出行，與現代相比，自由度偏弱，但是出行的情況較前朝多，主要有兩種方式：一是與女伴（類似現代的閨密）出行；二是與家人出行。除了這兩種方式，較少有獨遊的情況。總體來說，是以結伴或以家庭陪伴方式為主。

與閨密一起出行是唐女子常見的出行方式。這裡的閨密或者女伴可能是地位平等的女子，或是家族中的其他女子，也可能是婢女。劉禹錫在《雜曲歌辭・竹枝》中說道：「兩岸山花似雪開，家家春酒滿銀杯。昭君坊中多女伴，永安宮外踏青來。」詩中記載了唐朝女子結伴到永安宮外出行踏青的情形。《太平廣記》中也有女伴出行的記載：「晝簷春燕須同宿，洛浦雙鴛肯獨飛。長恨桃源諸女伴，等閒花裡送郎歸。」在唐朝，單身女子和已出嫁的女子都可能隨同女伴出行。在現代，女伴一般就是閨密了。此等出行方式比較適合郊遊等近途出遊。

除了女伴陪同出行這種情形，絕大部分已婚女子的出行是與家庭綁定在一起的。其中，子女陪同母親外出遊玩的情形較為普遍。百善孝為先，母親想要出行，一般都由子女陪伴。除了子女陪同，女子與丈夫出行的情況也較為常見。每年上元節、清明節、千秋節（皇帝的生日）等主要節日，官府鼓勵百姓走出家門狂歡，已婚女子會選擇與丈夫出行，感受大千世界。這些節日是大唐女子極度盼望的日子。在唐人看來，家庭出行符合封建倫理，體現了家庭和睦。

即便在後世認知中的「自由開放」的大唐，女子獨自一人出行的記載也較少。在時人看來，女子獨自一人拋頭露面，不僅失禮，還會出現迷路、被拐賣、被肆意騷擾等意想不到的情況。例如一名女子在非特定節日隨意走動於朱雀大街，巡街人員便會上前刨根問底：妳是要私奔呢，還是要逃跑的女婢呢？

羃䍦和帷帽遮蓋

冠飾在女子出行中占據了重要的地位，從這個角度可以更多地瞭解到整個唐朝社會對女子出行的態度。簡單說來，唐朝出行冠飾方面的變遷，走的是拋物線模式，即「保守—覺醒—開放—保守」四個階段。唐朝初期比較保守、封閉，女子出行要戴羃䍦，遮蓋全身；而到唐高宗時，女性意識覺醒，在冠飾上人們更願意選擇相對簡短的帷帽，但也需遮蔽頭頸；直到唐玄宗時，女子方可素面示人，後世認為這是大唐女子開放的階段，是她們最閃耀的時刻；隨後，到唐晚期，女子又開始恢復羃䍦，回歸保守和封閉。

初唐對女子出門的要求較多，相對比較保守。社會風俗認為，女子出門須穿戴東西，「不欲途路窺之」，要遮蓋全身。唐貞觀前，宮女騎馬，一般仍遵從隋制。武德、貞觀年間，宮人或女子騎馬外出，須戴羃䍦。「羃䍦」是胡人的風俗服裝裝飾，一種遮蓋頭部的絲巾，通常以黑色三紗羅做成。羃䍦有兩大功能：一是實用功能，路途中防止風沙；二是禮法功能，不能拋頭露面，從西域傳到中原，更多是用於男女大防。

羃䍦能遮蓋女子臉蛋，但是這配飾笨重，戴卸並不方便。在唐朝風氣開放的環境下，到了唐高宗永徽年間，羃䍦逐漸消失，其改進版「帷帽」開始流行。所謂帷帽，是一種將全身遮蓋調整為僅遮蓋臉蛋的女子佩飾，能遮風擋雨，戴卸也較為方便。「拖裙到頸，漸為淺露。」事實上，帷帽並非唐人首創，而是隋朝時由西域少數民族傳到中原，不過在西域，帷帽的使用不分男女，到了中原則成為女子的專用品，從出土文物看，少見男子佩戴。

不過，新事物的發展並非一帆風順。在帷帽佩飾出現初期，一些保守勢力和官府認為女子不能如此拋頭露臉，要求立即停止佩戴帷帽，官府認為這樣的行為有違禮法，須立即禁止。但從女子服裝發展看，帷帽取代冪籬是歷史大勢，一度成為唐朝女子出行的首選冠飾。

露面示人

《舊唐書．輿服志》對唐朝佩飾的變化記載如下：「初婦人施冪籬以身，自永徽中始用帷帽，施裙及頸。武后時帷帽益勝，中宗後乃無復冪籬矣……開元初，從駕宮人騎馬者，皆著胡帽，靚妝露面，無復障蔽。士庶之家，又相仿效……至露髻馳騁而帷帽亦廢。」

隨著女子地位的提升，女子身上的穿戴在從帷幔到帷帽，再到素面示人，女子佩飾的這些改變，體現了社會地位的變化，反映了禮法限制的減弱。女子騎馬、著男裝、部分裸裝等已被社會接受。電視劇中常出現的武則天時期流行的「袒胸裝」，寬袖闊領，體現出女性社會地位的提高，越是貴族婦女，越常穿袒胸裝，但在公開場合，著袒裝一般有遮蔽，與男子交往時，還須隔以障幕。

前文提及，太平公主參加唐高宗和武則天的宮內宴會時，著一身男裝，皇帝對此並不生

吐魯番市阿斯塔那唐墓出土的彩繪泥塑戴帷帽騎馬仕女俑

氣。從宮廷侍女到官宦人家女子，都以著男裝為美。唐朝墓葬中出土的男裝女俑，全身男袍的形象，不僅掩不住女子的婀娜，還展現出了矯健灑脫的颯爽。唐詩《長安少年行十首》中也有「邀遊攜豔妓，裝束似男兒」的描述。在《虢國夫人遊春圖》中出行的女子們，顛覆了過去著襦裙服的穿著打扮，穿起了男裝，帶上了幞頭，登上了烏紗靴，英姿颯爽，挺拔俐落。這些唐朝女子身上再無冪籬、帷帽的束縛，靚妝露面，無復障蔽。

而晚唐時期，女性出行的冠飾又回到覆蓋面部的「面衣」，限制了女子的戶外出行活動。自此，中國封建時代的女性社會地位又一度滑坡。

女子出行是管窺古代禮法的一個小視角，從女子出行方式的依附性和出行時佩飾的變化可以觀察到，唐朝整個社會從封閉、保守到寬鬆、開放，再回到保守，時代特點非常鮮明。

四、古人如何注重個人衛生？

——唐人的沐浴和口腔衛生

疫情到來後，越來越多人意識到個人防護、衛生的重要性，對於現代人而言，洗澡、刷牙、洗臉、口腔清新均是生活中的日常。那麼，唐人是如何注重個人衛生的？

唐人沐浴與現代不一樣

現代人認為洗澡與古人的沐浴是一回事，實則不然。古人在清潔個人衛生上有「沐浴」一說，沐是洗頭髮，浴是洗身體，這些合併到一起才是現代人的洗澡。除此，現代人洗澡的目的是為了清潔和放鬆，古人沐浴算是一種禮儀，從而形成了當時的沐浴文化。

唐人重視沐浴，在他們看來，沐浴不僅是活血通暢的享受，更是蕩滌汙垢、靜心的過程。故唐朝的皇家貴族多喜歡在自己的行宮、住所修建浴池，考古挖掘出華清宮遺址中的星辰湯、尚食湯、蓮花湯等八個浴池建築便是例證。唐朝最著名的浴池便是華清池，「水氣朦朧滿畫梁，一回開殿滿山香」描述了華清池中貴妃沐浴時芬芳四溢的場景。上行下效，受到沐浴文化影響，民間百姓將沐浴當成一種淨身儀式，婚喪嫁娶祭祀等儀式前，一般都會沐浴。這些風俗的產生，並非唐人愛衛生，而是出於對禮儀的尊重，當然客觀上也幫助唐人更注意衛生。

在民間，嬰兒的誕生日中已有沐浴這一說法。唐玄宗李隆基曾為其孫子李豫舉辦了香湯沐浴儀式。宮中每逢嬰兒出生，均在誕生第三日舉辦沐浴儀式，這逐漸變成宮中定制，隨後在民間盛行，被稱為「洗三」。還有一說，提到武則天時期就有「洗三」風俗。洗三風俗中有「洗兒錢」，查閱唐詩，瞭解到王建（七六五年至八三〇年）在詩作中提及「日高殿裡有香煙，萬歲聲長動九天。妃子院中初降誕，內人爭乞洗兒錢。」從詩人出生於唐代宗年間、死於唐文宗年間的時間判斷，他生活的時間為唐朝中晚期。若嚴謹推斷，至少在唐中後期已有在誕生第三日給嬰兒沐浴的「洗三」風俗了。除了「洗三」，在嬰兒滿月也要洗浴，此風俗被稱之為「洗兒會」。

唐人結婚時也有沐浴風俗。新娘新郎在結婚前要沐浴，表示迎接新的生活；新人祭祖前要沐浴，表示對祖先的尊重；新婚次日起床後要沐浴更衣，拜見公婆。所有的環節中，沐浴不再是潔身，而是一種禮儀風俗。唐朝官員的法定假期中有一個叫作沐浴假，是與沐浴有關的假期。官員上班，一般進了辦公地點，吃住在辦公處所，每隔五天才能放假一天，回家洗頭洗澡。對於官員來說，這是難得休息之日，總不能一直在沐浴吧。多數官員除了休息外，還利用這一天走親訪友，喝酒會餐，煮茶品茗，各有活法。劉禹錫詩中寫道：「五日思歸沐，三春羨眾邀。茶爐依綠筍，棋局就紅桃。」可見，五日一休沐在唐朝已成定制。

既然唐人這麼重視沐浴，他們拿什麼來沐浴呢？有肥皂嗎？答案是沒有肥皂，但是有澡豆。這是一種類似肥皂、可以去油脂的東西。澡豆是一種用豆子研成的細末、香料和動物胰臟合製而成的洗滌劑。因有豆子粉末，故被稱為澡豆。唐代名醫孫思邈的《千金翼方》中，就記錄了多達七十多種澡豆的製作方法。據說上等澡豆由上百種藥物搭配，富貴人家會在其中再加入名貴香料，這種澡豆有點後世香皂的意思了。在孫思邈的眼中，澡豆是居家必備的沐浴良品，上自皇親國戚，下至販夫走卒，都會喜歡這東西。

沐浴重要，刷牙這件事對於唐人也非常重要，唐人探索了一些刷牙訣竅。

唐人的刷牙方法

唐人刷牙，有揩齒法、植毛牙刷刷牙兩種方法。

所謂揩齒法，是使用手、楊柳枝或揩齒布，黏上藥在牙壁上擦拭牙齒。晚唐時，唐人將楊柳枝泡入水裡，早晨起來，把它從水裡取出，用牙齒將一端咬軟，楊柳的纖維散開，好像細小的木梳齒，有時也會用手蘸點清潔藥物刷牙。這是古人「晨嚼齒木」的說法。嚼楊柳枝還有十大好處，例如：消宿食、除痰癰、解眾毒、去齒垢、發口香、能明目、潤澤喉嚨、唇無皺裂、增益聲氣、食不爽味。

唐人揩齒刷牙也會用到食鹽。他們將鹽放入口中，用溫水含漱，揩齒及叩齒一百遍，不出五日，牙齒變得牢密。在唐人看來，鹽摩擦牙面，不僅能清潔牙齒，還有殺菌作用，事實證明也能預防蛀牙。除了以食鹽刷牙，唐人還會使用揩齒藥，在天寶年間已有記載。到了中晚唐時期，還有關於刷牙的揩齒布記載，這比樹枝和手指乾淨多了。

唐朝有植毛牙刷。這種牙刷在考古過程中多有發現。考古人員在成都指揮街的唐朝灰坑中發掘出四把骨質牙刷柄。如果排除穿越的可能性，在唐朝末年，人們已發明了植毛牙刷。到了宋、遼、金時期，人們已經普遍使用植毛牙刷。

除了刷牙，唐人如何清新口腔、減少口臭呢？

唐人口腔清新法

唐人注重口腔清新，辦法還比較多。例如，銜丁香以避口臭。唐代著名的本草學家日華子認為，雞舌香可以治口氣。雞舌香即丁香果，在漢朝就有含丁香祛除口臭的記載。唐朝官員向皇帝奏對時，口含丁香果，避免因口臭影響到皇帝對自己的印象。從醫學角度來看，丁香的藥用成分是丁香油中含有的丁香酚，主要作用是抗菌，可以抑制口腔中的細菌。古人還發現，人之所以口臭是因為體寒、積食，丁香果恰有祛除寒氣的功效。王維的詩作「何幸含香奉至尊，多慚未報主人恩」中的「含香」即為含丁香，不過這裡的意思已是「口含丁香，上朝奏對」——成為官員的意思了。

以丁香為原料，孫思邈發明了針對口臭的含香丸方，其配方為：丁香、甘草、細辛、桂心、川芎、荳蔻、藿香、甘松草、當歸、檳榔等，研磨成粉後用蜜煉製成丸子。唐人雖不像現代人有多種口腔清新劑可選擇，大部分人也沒有經濟實力消費、製作複雜的口香丸，但是唐人在口腔清潔這件事上的進步從未停止。

用澡豆洗澡，用樹枝刷牙，用「口香丸」保持口香……，受時代局限，唐人的衛生工具與現代無法相比，但如今的每一步都是由祖先們的每一小步累加、探索出來的。正因為有古人的智慧，才有了今人生活之便利。

五、古人在城市買房容易嗎？

——唐朝也有房地產限購令

如今，買房置產已成為不少在大城市工作的人最大的壓力。能在工作地買一間可供居住的房子，是奮鬥目標，更是男女婚姻的基礎。要是男方沒有房子，女子嫁過去的機率不高。畢竟，能在大城市買房子是有一定經濟基礎的表現，值得依靠。與此同時，高昂價格、限購要求，這些情況下的房地產已成為我們身上的一道緊箍咒。

在今天看來，古人大概很幸福吧——買房這件事應比較容易，人口少，大部分城市不會存在限購和高額房價的問題。而實際情況怎麼樣？我們看看唐人的買房生活。

唐朝也有房奴

在現代社會買房置產有商業和個人貸款，二十年到五十年不等的還款期限，造就了無數房奴。唐朝有房奴嗎？從記載來看，唐朝的房奴並不少。

唐宋八大家之一的韓愈（七六八年至八二四年），官拜京兆尹，相當於現在的北京市市長，這職務應該有錢吧，而且還是在體制內的高官，這權勢、實力必須買得起房子吧？事實上，韓愈到了晚年才擁有屬於自己的一戶房。他發了一通感慨：「始我來京師，止攜一束書，辛勤三十年，以有此屋廬。此屋豈為華，於我自有餘。」[4]大致意思是：我辛勤工作了三十年，才買得起這房子，這房子不華貴，但對於我來說足夠住了。寫得有點寒酸，相信對有「文宗」之名的韓愈來說，這應是其內心的真實寫照。

另外一位買不起房子的名人是「長安物貴，居大不易」這句俗語的主角白居易。話說唐朝詩人白居易（七七二年至八四六年）入仕前在長安拜訪官員顧況，求其幫忙推薦自己，而顧況對這位希望被自己提攜的年輕人說了一句「長安物貴，居大不易」。但在白居易拿出那篇流傳後世的「離離原上草」詩句，顧況驚為天人，並大力舉薦他。之後，白居易得到一份秘書省校書郎的公務員工作，月薪在當時的長安城不足以買房。於是，他在永崇坊的一座道觀居住，後又租了偏遠地區價格便宜的茅屋，因茅屋與工作地點距離過遠，他又買了馬代步。

白居易三十四歲那年，母親和弟弟從安徽宿州到長安投奔他，不得已的情況下，他在陝西渭南縣買了一套房子供一大家居住。那裡在唐朝是農村，房價便宜。白居易平時住在辦公地點或在長安城內租房，放假後回渭南住，過上了「兩地」生活。白居易直到五十歲才賺夠了錢，終於在長安買到屬於自己的一套房子。太遠了，工作不方便；太近了，工資不太「方便」。可以說，唐朝詩人兼官員的白居易這一生都在為房子努力。

從古至今，在我們的生活理念中，安居樂業才是根本，即便成為房奴也可以接受。在這一點上，我們與古人沒有太大差別。不僅是購房心態，還有國家政策，也有很多相似之處，例如限購政策在唐朝就有了。

唐朝的房地產限購

如今我們要買房，在中國一些城市中，首先要看是否是二套房，有沒有貸款資格；還有的城市買房需搖號（編注：即抽籤），其中增加了人才房（編注：為招攬人才而提供價格低的福利性房屋）和普通房的資格評選，具備人才房資格的買房人搖號成功率大於百分之六十，而普通買房人不到百分之三十。有錢未必能買到想要的房，房地產限購令限制了一些人的投資或租房需求。這情況在唐朝也有，唐人買房也有一些限制。

唐朝的房地產業尚不發達，家庭房產以自建房為主，唐朝對房地產的限定主要是對宅基地的管理，要求宅基地與身分要相關。杜佑《通典・食貨二》中，唐玄宗時期的宅基地政策明確：「應給園宅地者，良口三口以下給一畝，每三口加一畝，賤口五口給一畝，每五口加

---

4 見韓愈《示兒》。這首詩作於元和十年（八一五年），這一年，韓愈四十七歲。

一畝……諸買地者，不得過本制。」唐朝政府給平民百姓宅基地（編注：農業人口獲得用來建造住宅的集體建設用地）的大小取決於家庭等級和人口，唐朝百姓分為平民（良口）和賤民（賤口），若是平民家庭，每三口人給一畝宅基地；若是賤民家庭，每五口人給一畝宅基地。以上是朝廷劃撥的宅基地，平民百姓也可以購買宅基地，但是不能超過官府規定上限。平民家庭每三口人，最多能買一畝宅基地，賤民家庭每五口人，最多能購買一畝宅基地，「諸占田過限者，一畝笞十」，超過限定購買的人員，一經查實，按一畝打十大板懲罰。

身分限制是唐人房地產的一大限制。除此，房地產交易也有限制。唐朝的房地產交易要追溯到西漢，漢高祖劉邦曾頒布法令，你要買的房子必須緊挨著你現有的房子。此法令目的在於限定房地產交易，把平民百姓的活動限制在一定區域內，以減少流民。此外還規定，要是平民百姓把官府分配的宅基地給賣掉了，下次就不再分配了。

到了唐朝，朝廷將限購令進一步限制。平民百姓賣房，首先得問問周邊的鄰居或者族人要不要買，如沒有的話，其他人買地買房，不僅要原來的業主同意，還得問問這業主周邊的鄰居和族人。即便業主本人答應，周邊鄰居或者族人不同意也不得交易。後人把此政策叫作「求田問舍，先問親鄰」。

「求田問舍，先問親鄰」的政策一直延續到清朝末期，甚至在民國初期，一些地方仍有因為發生鄰居找麻煩的情況而取消交易。這樣的政策能達到兩個目的：一是透過減少交易，提高遷徙門檻，加強居民控制。二是唐朝房地產尚未私有化，看似是個人的，其實可能是族產。私自賣族產容易引發矛盾，所以，規定在交易中優先鄰居或者族人，要得到大家同意的這種措施是有一定道理的。

除了限購政策，唐朝政府還有哪些方式調控房地產呢？

唐朝的房地產稅

徵收房地產稅是歷朝歷代的調控政策之一。在唐朝，已開始把房地產作為獨立的徵稅對象。徵收房地產稅，好處在於控制了房地產管理權。唐德宗建中四年（七八三年），唐朝政府在全國徵收「間架稅」，類似現代社會的房地產稅。間架稅以平民百姓的房產的占地面積、修築年代及品質好壞作為評判標準。「間」指房屋數量；「架」是前後兩根柱子，兩架即一間，還是指房屋數量。好房子每年每間收兩千錢，普通的房子每年每間收一千錢，差一些房子每年每間收五百錢。

為了防止民間隱匿房地產，官府明確「匿一間，杖六十」，還歡迎鄰居舉報，「告發者賞錢五十貫，由房主負擔賞金」，舉報有獎，查實遭殃。徵收高額房產稅，並沒有達到緩解國家財政壓力的預期目標，反而引發了民間的怨言，「稅間架後，怨聲載道」，這與朝廷預想的不太一樣。唐德宗時期，長安城外的軍隊譁變，打出的口號就是廢除間架稅，得到了廣大平民百姓的支持。叛亂最終被平定，而「間架稅」的發起者唐德宗從長安跑路到乾縣，很是狼狽，唐政權差一點提前告別歷史舞臺。

雖平民百姓不喜「間架稅」，此政策在唐德宗後也未實施，但被後代沿用。明朝將此作為城市房地產稅，時稱「門攤間架稅」，清朝嘉靖年間也收取過。

唐朝的房屋租賃和銷售

大城市買房比較難，房屋租賃市場卻非常活躍。在唐朝長安城的一些坊內有出租房供外地人、胡人使用。房客多是外地商人、應考舉人和一些買不起房子的公務員。白居易有一段時間租的就是長樂坊的房子。

不僅有房出租，也有人專門修建商鋪租或賣，這是房地產開發商的雛形了。但在史料中未見有專職的房地產開發商，或許只是附帶產業。

竇乂是唐朝民間商人中開發房地產的典型。竇乂這人比較聰明，透過賣鞋、賣樹等生意有了人生第一桶金。他看中了西市的一個廢棄的化糞池，低價買下來，填平後在上面蓋了二十間店鋪，租給胡人，日獲利數千錢。竇乂不到四十歲已成為長安首富，外號「竇半城」。這位竇半城是史料記載中最早做房地產生意的古人。

買賣和租賃房租的方式與現代基本上相同，唐朝或已有房地產仲介。西元九二六年，後唐唐明宗下詔令，要求買賣房屋、買賣奴隸、買賣牲口，必須讓仲介經手，違反規定者由類似房產仲介協會的部門進行處罰。換句話說，房地產不能私下交易，要保證每一筆交易有案可查。

唐朝有高價房、限購政策，也有房地產交易。穿越到唐朝，可看到今天的一些情形：即便是如韓愈、白居易這樣的唐朝官員，窮其一生才能買得起房子，不得已只能扮演房奴的角色。在房子這件事上，現代人與唐人幾無差別，用其一生，覓得一地，擋風遮雨，平安喜樂。即便千年後的人們看到史料，也或能發出「居不易」的感慨。

第三章

出行寶典

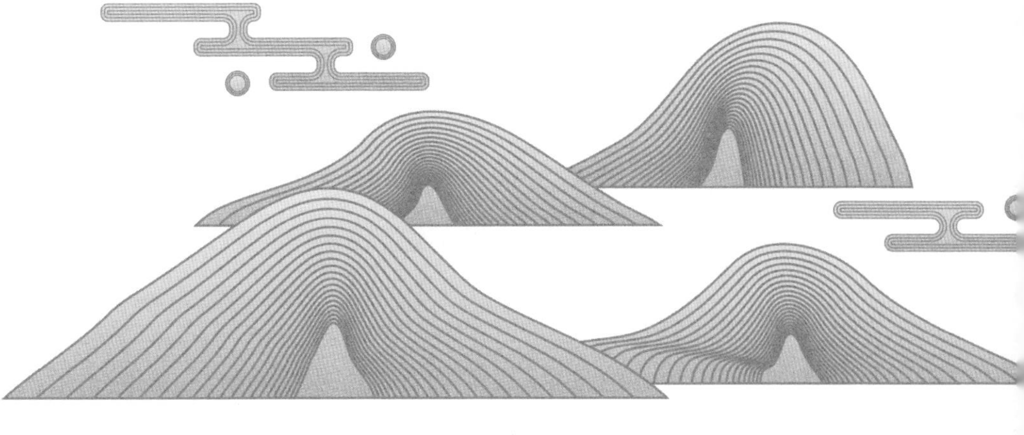

一、唐朝公務員出差住哪裡？

——唐朝的驛館使用指南

據《舊唐書．元稹傳》記載，唐憲宗年間，著名詩人元稹從洛陽回長安，途中入住一家驛館時，一位品級低於他的宦官提出占用元稹雅間的要求，元稹堅決不讓。爭執之下，元稹被宦官的隨從打了。唐中期，宦官得寵，該宦官回京後將元稹告了一狀，皇帝偏向宦官，元稹被貶為江陵府士曹參軍。元稹把這段出差途中的小摩擦記錄了下來，而他入住的這家驛館——敷水驛（即今陝西省華陰市西敷水鎮，為唐代長安與洛陽間陸路交通的重要驛站），也因這個故事在後世小有名氣。故事中提到的驛館，是供唐人公務出行休息的設施。

從古至今，人們因公或因私出行，若是去較遠的地方，總是免不了在途中休息或作再次出行的物資補充。對於現代人來說，這並非什麼難事，但古人經常遇到前不著村後不著店的情況，也沒有便捷快速的交通工具，出行中途憩息的設施就顯得特別重要了。於是，出現了供公事出行的驛館以及私人行旅的旅店。總體來說，唐朝政府重視驛館建設，在巔峰期，驛館遍布大唐全境，成為公務傳遞訊息、安排吃住的關鍵場所。

在唐朝，哪些人有資格使用驛館？朝廷針對官員出行住宿還有哪些規定？

唐驛館概況

驛館作為交通樞紐的重要節點之一，是官府基礎設施的重要組成部分。簡單來說，有兩點重要功能：一是向官員提供公務出行中，吃穿住行一條龍的服務；二是負責傳遞消息。從隋到唐，驛館也有多個別稱，如傳驛、馬遞、驛館、驛傳等。「傳驛」、「馬遞」和「驛傳」的稱謂，更貼合傳遞訊息的功能。

實際上，在唐玄宗開元元年之前，大部分的驛和館是分開的，它們在功能和地點選擇上均有差異。在功能方面，驛提供食宿和交通工具。「客舍也，待賓之舍曰館」，館一般以招待往來官員為主，並非傳遞訊息，也不提供交通工具。在地點的選擇方面，驛和館選擇方案差異較大。為了快速傳遞訊息，驛一般選擇建在路邊；而館一般選擇建在偏僻的地方。到了唐朝中後期，隨著經濟越來越發達，出行人數增多，驛和館的地點選擇出現了趨同趨勢，往往會選擇同一地點。而官府也有意識地淡化兩者的差異，將兩者合併，有史料稱之為「館驛」。為了表述方便，我們統一稱之為驛館。

數量大、分布廣是唐驛館的第一個特色。三十里一驛館，在唐朝並未嚴格執行，可以把三十里理解為概數。實際上，驛館具體設置的位置要根據實際需要，例如，在京城周邊和繁華地段要設置得密集一點；在偏遠地區，使用頻次不高的情況下，為了節約成本，驛館的設置相對稀疏。開元時期，官府設置的驛館共有一千六百四十三所，其中有陸驛一千二百九十七所，水驛二百六十所，其他八十六所是水陸相兼的驛。

唐驛館的第二個特色是規模大、設施齊全和物料豐富。唐朝的大部分驛館的設施中有客房、馬廄、客餐廳、倉庫，大一點的驛館設施更齊全，有的驛館中還有舟船、池沼、竹林，能容納百人住宿，這在古代算是非常寬敞的大型「招待所」了。稍微偏僻的驛館，一般會下調等級。到唐後期，因為戰爭和驛館制度被破壞，一些驛館的設施陳舊，規模壓縮。

驛館是有等級區分的。我們以驛館的交通工具的備貨量來看個中差異。唐朝政府的考量標準為：驛館依繁要與否設定不同的等級，陸驛最高等級的驛館有多達七十五匹驛馬，以此下推到最低等，第七等的驛站僅有七匹馬。水驛分三等，最高等有船四艘，中間的有船三艘，最低等的有船兩艘。在交通要道上的驛館，一般情況下等級較高，例如，從長安到汴州的驛館大部分屬於此類等級。

這麼大規模的驛館，是否所有人都可以使用？唐朝政府在驛館使用上頒布了一些政策，規範其使用。

驛館規章制度

驛館是國家的基礎資源，也是重要的資源。對於資源的使用分配，唐朝政府頒布了一系列政策，規定其使用方案，明確訂立什麼時間、什麼人、可以使用多少免費資源等章程。

唐律傳遞的時效有制度要求。唐朝建立了密集的驛站系統，在此完備的設施基礎上，驛館能發揮重要的「快遞」作用。驛館的功能之一是傳遞公文，有時也傳遞貢物。唐朝陸驛的傳遞時效有日走四驛，急件日行十驛，赦書則日行約十六驛（約五百里）。也有被流貶的官員，罪行稍重的，也要日馳十驛上任。

百官使用驛館的符券證明上有行程安排，例如要經過哪些驛館、大約多少天。百官因為自己的原因耽誤了行程，要被處罰；若是驛使耽誤了，處罰更加嚴重。《唐律疏議》規定，「諸驛使稽程者，一日杖八十，二日加一等，罪止徒二年」。

除以上規定外，唐律對驛館的交通工具使用要求也非常嚴格。公務使用交通工具的依據是職位高低。拿馬作為例子，一品官員的馬匹標準是八匹，以此類推，到七品以下只能給兩匹馬或一匹馬。從此標準推算，那些有十匹、八匹馬的小型驛館接待能力非常有限，一名高官就可能把驛館的家底掏空。

唐律對哪些人可使用驛館等乘驛有相應規定。對於使用人群，唐初的規定是這樣的：

官員出行提供券牒（初期是銅做的傳符），另配置文書，在上面標注要經過的驛館數量、名稱、行程和享受檔次等內容，有點類似「網紅點打卡」的感覺。驛館管理人員憑藉這個予以安排相應待遇。券牒使用後要交回領券處，過期作廢。未按期交回，按律要被按公事耽誤一天笞三十進行處罰，最高可判處兩年有期徒刑。據《唐會要》記載，「外州往來，給券牒」，「鞶革應緣私事，並不許給公券」。說白了，官員非公事的情況下，禁止使用驛館。

元積與宦官劉士元驛館爭執發生後，朝廷頒布詔令，規定中使和御史在館驛的住宿條件以到達的先後順序為準，如御史先至，居上廳，則後到的中使就只能居於別廳。

唐律禁止官員在出行途中繞道回家、探親訪友；由於交通工具的限制，也不允許私自多帶行李或貨物。唐太宗時期，對驛館又做了一些規定，官員不得無故在驛館逗留，要是有家屬陪同，家屬則不得享受免費待遇，找旅店居住或者自己承擔相關費用。

唐朝政府在國家基礎設施的使用上，確定了一系列政策，也給後世驛館的使用和營運確立了範本。在實施過程中，唐前期對官府的政策執行較好，到唐中後期，驛館使用亂象叢生，出現了驛館被節度使掌握的情況。驛館的接待對象、接待方式和接待規格由節度使決定，按唐律規定不該免費入住的人員也入住了，服務範圍擅自擴大了，這也造成驛館的不堪負荷。當然，不堪負荷的還有那些被強迫「就業」的驛長。

捉驛

「凡三十里有驛，驛有長。」每個驛館都有長官，叫作「驛長」，或曰「驛將」。驛館在唐朝交通樞紐中較為關鍵，作為官辦的基礎設置，應由官方派遣人員就職。但實際上，唐朝很長一段時間，驛長職位是透過「攤派」產生的。

據《通典．職官十五》記載，「驛各有將，以州里富強之家主之，以待行李。」意思就是說，唐朝的驛長（驛將）使用的一般都是當地富人家的人。為何要這樣做呢？或有兩方面考慮：一是商人地位不高，追求仕途，容易被控制；二是驛館耗資大，國家無力承擔，劫富（富強之家）濟貧（官府）。於是，朝廷頒布一系列政策，例如被「攤派」的富強之家的人出任驛長，國家承認其是「官」；同時給予優惠政策，免除其賦稅、徭役；再者，允許其在驛路兩邊經營商店、旅店等。在這些政策的吸引下，一些富強之家加入了驛長行列。這樣的政策史稱「捉驛」。

但是，很多被「捉驛」就業的驛長發現無法繼續營運下去。史料記載，從浙東的明州（今浙江省寧波市）到京師長安運送海鮮，四千餘里路程，約計用力夫九千六百餘人，這都需要驛館負責，而行程中所需的錢財和食物，就像一個無底洞。「民貧不堪命」，這是唐朝驛館的一個縮影。

從規章制度上回溯，按規定，驛館的物資由官府和驛長共同提供。其中，官府提供驛馬、驛田、一些本錢等固定且小額的資金，在營運中，這些物資根本就不能滿足要求。額外資金，國家當然不負責，只能由驛長自己想辦法。對於絕大部分商人驛長，進入仕途後，發現失去的東西遠遠大於得到的。他們發現自己被騙了——如果國家打算負責這大額資金，還「捉驛」幹麼？安史之亂後，一些驛長決定不幹了。《新唐書》記載：唐朝發生了一些奇怪的事情，一些驛長跑去做盜賊；甚至一些富貴之家，採取了逃跑、重金買通當權者將富戶身分降為窮人身分等方法，僅是為了避免被任命為驛長。「捉驛」把民眾給嚇壞了，於是捉驛工作進行不下去。唐德宗時期，官府最終接管了驛館，任命官員管理，自此，「捉驛」制度壽終正寢。

驛館制度隨著大唐王朝的衰落而走向沒落。到唐朝中期後，驛館的公器私用情況非常嚴重。在《舊唐書．柳公綽傳》中記載了唐德宗時期官員柳公綽的奏章內容，柳公綽認為驛館存在四個方面的問題：一是驛館缺乏馬匹（不知道去哪裡了）；二是官員行李和人數也沒有限制（管理超標失控）；三是那些管事也不看券牒，隨意安排（不嚴格按照規章制度）；四是更可恨的，馬用完了，就搶奪路人的，「驚擾怨嗟，遠近喧騰」。從柳公綽的奏章可以看到，唐中晚期的驛館管理混亂的情況，危害很大。實際上，柳公綽看到的並非僅是驛館問題，而是整個朝代的沒落。

驛館作為唐朝的重要設施，承擔了全國較為重要的訊息傳遞、物資傳送和公務出行安排等工作。為了保證驛館的營運，朝廷頒布了大量的規章制度，也實施過一些在後世看來有點「病急亂投醫」的「捉驛」政策。整體來說，驛館在歷史上有著非常重要的地位。當然，隨著官方驛館發展，唐朝民間旅店也開始發展起來，他們在大小城鎮和道路附近開設，有一些是在驛館邊上開店。在城市中，因為里坊制度規定，旅店一般情況下不能臨街開店，一般是在「市場」、「坊內」兩個地方。在驛館邊上開設，能保證那些無法入住免費店的人們有一個棲身之所，放在坊內也可以保證外出旅行的客戶或過了宵禁無法外出的客戶的住宿問題。這些旅店，除了提供住宿，還提供食物，類似酒店，個別旅店還增設付費交通工具。驛館服務於官方，旅店服務百姓和那些無法享受官方免費服務的人們，兩者互補，且缺一不可，成為唐人出行設施之一。

二、古人如何證明「你就是你」？
——唐人的身分管理

現代人出門要帶三件物品——身分證、錢包和手機。其中，身分證是國家對個人的身分認定，可用於乘車取票驗票、辦理入住、風景區取票、取款匯款等，無證不行，身分證已成為現代人驗明身分的重要物品。一千多年前的唐人是否也有身分證？如果有，是什麼樣的呢？唐朝在無網路、沒有複雜的電子檢驗設備、沒有防偽技術等高科技的情況下，又如何驗明身分呢？

唐朝身分證變遷歷史

古人把類似身分證的東西叫作「魚符」。魚符分左右兩部分，上有小孔，便於官員隨身攜帶。這「身分證」並非全民所有，大部分為官方使用。

古人認為符是一種契約，用於調配軍隊、派遣官員、頒發政令和識別人員，用來確認身分，避免被冒用。不過，在隋和隋之前的符，形狀像老虎，被稱為「虎符」，公務時攜帶虎

唐以前虎符

唐貞觀年間魚符

武則天時期龜符

符作為信物。到了唐朝，因要避諱唐高祖李淵的祖父李虎，唐朝建立後，李淵停掉隋朝的「符」，頒發銀兔符，沒過多久又將銀兔符改為銅魚符。

鯉魚諧音和寓意為「李」，或許是李唐王朝選擇魚符的一個原因；此外，畢竟魚符的使用群體是官員，取魚躍龍門的寓意；此外，《朝野僉載》中的觀點是，「以鯉魚為符瑞，遂為銅魚符以佩之」。「符」已從單純的調兵遣將功能，演變出證明身分的功能。

不過，武則天時期，龜符取代魚符；唐中宗時期，又將龜符廢除，改為魚符。直到宋朝，「魚符」被廢除，正式退出了歷史舞臺，但是存放魚符的袋子——「魚袋」，有裝飾、身分象徵的功能，依然保留了下來。

到了明朝，「牙牌」是人們身分的證明，上面刻有姓名、職務、履歷和所在的衙門，這樣的訊息如果再加上住家地址，就與現代意義的身分證有點接近了。此時，身分證明也開始向中下階層發展，不再是部分特權貴族、官員的特有物品了。

魚符和魚袋的用處

龜符在唐朝歷史上存在時間較短，其功能與魚符一致。我們就以魚符和魚袋為例，探討它們在歷史長河中的作用。簡而言之，這些物品主要用於官員和公事，其作用有等級身分證明、出入證明、工作變動、調動軍隊和榮譽證明等五類。

魚符是官員權力和身分的證明。在唐朝擁有魚符的人，是真正意義上有身分的人，是「人上人」。唐初，只有五品以上的官員才有資格佩戴魚符，「隨身魚符者，以明貴賤，應召命」。太子持有玉魚符，親王是金魚符，庶官是銅魚符。作為權力象徵的魚符，在唐中宗時期及以後，其權力象徵的意義不斷淡化，等級較低的官員也可以佩戴，魚符成為滿朝文武官員的必備佩飾。此時的魚符，就類似現代人的工作證，以此與陌生人打交道，識別彼此身分，辦理公務，完成私人社交。

除了身分象徵外，魚符的實用功能之一是出入證明。持有魚符的唐人可以憑藉魚符出入相應權限的宮門、城門等。這些出入證明形式多樣，名稱不一，有開門魚符，也有閉門魚符，開門魚符與閉門魚符不能拿來混用。唐律還規定，官員及命婦出入宮門皆有門籍，由監門衛負責，用魚符來驗明身分。針對邊疆地區另有規定，唐朝周邊已歸屬的藩屬國的使者，想要進出大唐境內，必須要檢查魚符。

魚符也是工作變動證明，官員憑藉魚符可以調任。這種官府專用魚符用銅製成，分為左右，左留京師，右給州郡（上任的地方）。新官上任，給官員左魚符，到了上任地方與右魚相勘合，即證明這不是冒牌官員，然後進行官職交接。

當然，對於統治者而言，魚符一直保留的功能是調動軍隊。雖說「將在外君命有所不受」，但控制軍隊，及時發布消息，這是有講究的。史料記載，唐朝已不用虎符了，調兵時使用約定方案，發兵時頒下左符，與軍隊存有的右符進行勘合，如勘合無誤就要馬上發兵。

魚袋成為一種虛榮證明。在《全唐詩》中關於魚袋的詩句較多，例如李廓的詩句「倒插銀魚袋，行隨金犢車」。銀魚袋是長安少年的身分象徵，不過李廓這人也不差，穩穩官二代，元和十三年進士及第，官拜刑部侍郎、刺史。他的另外一個身分，是吟出「鳥宿池邊樹，僧敲月下門」的著名詩人賈島的好朋友。

我們也可把魚符按另一方式分類，分為功能性魚符和隨身攜帶魚符。功能性魚符用於調動軍隊，出入門、出入境、上任等，在需要時與朝廷使臣的另外一半魚符合二為一，驗證後可以使用。而隨身攜帶魚符，更多是一種身分象徵，或是一種時常出入門禁的通行證而已。

魚符和魚袋的使用禁忌

在這三種情況下，官府要對使用魚符的人進行處罰，一是勘合無誤但是未及時發兵，這等同違背命令，判處兩年徒刑；二是左右符不相合而不迅速奏聞（上報）者也判處兩年徒刑；三是要交回的左魚符，違反一定期限沒有歸還的，判處一年徒刑。這左符不能留在軍隊，必須要帶回。

除了魚符，朝廷又增加魚袋的區分方法，不同等級的人攜帶魚袋也有制度要求，不得亂帶，否則視為逾制。魚袋，顧名思義，用來盛放隨身魚符的袋子。韓愈的詩作「不知官高卑，玉帶懸金魚」，言下之意是「金魚」代表了官位高低。在《新唐書》中明確了各等級官員佩戴魚袋的要求：「三品以上飾以金，五品以上飾以銀。」《唐會要》記載：「景雲二年四月二十四日赦文，魚袋，著紫者金裝，著緋者銀裝。」紫者和緋者都是唐朝官服制的一種，紫色用於三品以上官服，緋者用於五品以上的官服，服制、魚袋和官品一一對應，這是唐朝官員衣著與佩戴的規定。

可以說唐朝的魚符、魚袋的等級關聯一直影響到後世，一是身分象徵，二是職務待遇。就如同後世的官場、職場領導人，不同職位不同待遇，不同的出行標準，不同的辦公環境標準，殊途同歸而已。

在唐朝一段時間內，官員去世後，魚袋是要被收回的。到了唐高宗永徽年間，下詔調整這規則。據《唐會要》記載，永徽二年四月，皇帝認為，這些當官的魚袋是用於褒獎大家的，去世了就要收回，「情不可忍」，自此後「五品以上有薨亡者，其隨身魚袋，不須追收」。

魚袋也是唐朝的軍中封賞之物。畢竟，魚袋是稀罕物品，作為軍中有功人士的封賞，在唐朝也是流行的。《唐會要》記載：量軍大小，各封金魚袋一二十枚，銀魚袋五十枚，並委軍將，臨時行賞。

在梳理唐朝魚符資料時發現，唐朝的魚符、魚袋管理規定雖比較詳備，但是也有為了彰顯身分，從別人身上借用的情況。不過，站在千年前，我們看到朝廷全方位營造的等級身分，從衣服配飾，到身分象徵，都在彰顯官員和普通民眾之間的差異，以及官員與官員之間的差異。

三、無飛機、無汽車、無高鐵，唐人如何遊走世界？

——唐人出行交通工具大觀

很多人都會有一個穿越去古代的夢想，帶著超越古人千年的智慧，擁有一個超級厲害的人生，火力全開，智慧碾壓。原本想借穿越之機走遍中國的大好河山，將腳印踏遍曾經的每一寸土地，但日行千里的想法馬上被時代的局限扼殺。因為，在相對落後的古代，出行難度太大了。

古人的世界中，沒有高鐵、沒有汽車，也沒有飛機，人們難以實現日行千里的夢想。然而，唐人出差、自駕遊、走親訪友、上朝上班，或來一場說走就走的旅行，這些需求不會改變，那麼，他們出行有哪些交通工具呢？

高大上的交通工具

出門當然可以走路，但是交通工具不僅能提高出行效率，節省力氣，還是身分的象徵，這一點古今都是一樣。唐人喜歡騎馬，在他們看來，這是非常有面子的出行方式。從唐朝詩人為馬賦詩的數量來看，就足以佐證唐人愛騎馬出行。在《全唐詩》中，可搜索到的「馬」字有五千八百餘處，人們不吝筆墨描述對馬的喜愛和騎馬的感受。那時的唐人擁有一匹好馬，如同現代人擁有一輛豪華轎車，他們對名馬的喜愛不亞於現代人對勞斯萊斯汽車的痴迷。

唐詩就如同現代的自媒體一樣，記載了當時的風俗民情，流傳後世。例如，杜甫在詩歌中記載了自己從騎馬到騎驢的人生境況。年輕時的杜甫，官宦家庭有經濟實力，出行首選騎馬。在《奉贈韋左丞丈二十二韻》中，杜甫寫道：「放蕩齊趙間，裘馬頗清狂。春歌叢臺上，冬獵青丘旁。」裘馬，是輕裘肥馬，用於形容生活富足。少年裘馬，悠然自得，是有經濟實力、有身分的人才可能具備的生活方式。安史之亂後，落魄的杜甫出行被迫選擇騎驢，「騎驢十三載，旅食京華春」、「平明跨驢出，未知適誰門」，人生際遇從交通工具中即可見一斑。個中滋味，古今相通。

在唐朝，馬深受唐人喜愛，有身分、有實力的人喜歡騎馬，包括武官、文官和女子。問題來了，唐人為何愛騎馬呢？尚武和胡風入中原是唐人以馬為交通工具的主要原因。唐朝王室本就源於尚武的鮮卑人血統，遂形成唐初尚武輕文的風氣。那時的唐人希望投身軍隊，報效國家，換取功名。魏晉南北朝時期，少數民族進入中原後，隨著民族融合而雜居生活，這些都在一定程度影響了唐人的日常生活方式。

但是，養馬成本太高了。唐朝養一匹馬需要的物資，是養活一個成人物資的數倍。公務員公家的配馬，由國家養活；個人騎馬，只能自費了。

朝廷非常重視養馬，官府是養馬和使用馬匹的主力，主要供給軍隊、官府驛站、門閥世族、皇室和官員。據唐朝政治家、文學家張說在《大唐開元十三年隴右監牧頌德碑》記載：唐建國後約四十年時間，馬匹從三千匹增至七十萬六千匹。換句話說，唐朝的馬匹數量在四十年間出現二百三十多倍的高速增長。

這些馬匹中，最受歡迎的是突厥馬。騎突厥馬基本上是門閥士族、皇室宗親的專利。突厥馬高大、漂亮、衝刺速度快、耐力好，屬於神駿，不是人人都能擁有的。但是，突厥馬有容易生病的缺點。

唐朝官員和平民百姓鮮有騎突厥馬的，但大部分相對有錢、級別高一點的官員可以擁有普通的優質大馬。那些沒有油水的小官，實在養不起優質大馬，可以騎「劣馬」。如騎劣馬的條件都沒有的話，這些官員便只能步行或騎驢上班了。

當然，不是有經濟條件的就能使用相應的交通工具。唐朝對交通工具的使用有一些限制。民眾、市井小販、犯罪被流放的人、奴婢等是禁止騎馬的。階級等級和經濟實力都促使唐朝底層人民使用其他交通工具。

底層人民的交通工具

普通民眾消費不起突厥馬，養不起優質大馬，也用不起「劣馬」，只能選擇驢、騾這樣的畜力。那時的驢、騾有一個交通專用名詞，叫作「劣乘」。「劣乘」，名字不好聽，使用起來也丟面子，但勝在價格便宜，是唐平民百姓除走路外的主要出行方式。

驢、騾作為畜力，有兩種使用方式：一是唐人自己家養驢或騾子，以備出行使用；二是使用「共享驢」租賃服務，類似現代人的共享單車服務。圓仁的《入唐求法巡禮行記》記載，山東地區「共享驢」的價格每二十里五十文錢。杜佑的《通典》對此也有記載：「東至宋汴，西至岐州，夾路列店肆待客，酒饌豐溢。每店皆有驢賃客乘，倏忽數十里，謂之驛驢。」在唐朝的交通要道上，一些店肆有驢賃客乘。這些記載一是反映當時交通之盛況，二是說明唐人「共享驢」業務具備一定的市場空間，深受歡迎。

下層平民百姓使用驢作為交通工具，個別文人雅士因愛好或生活落魄，也有可能選擇騎驢。李白在《贈閭丘宿松》中就有提到驢的詩句：「阮籍為太守，乘驢上東平。剖竹十日間，一朝風化清。」意思是說，阮籍被提拔為東平太守，是乘著驢上任的。他當了太守有十天，將衙門的舊習氣整肅一清。

絲綢之路上的運輸工具

唐朝的包容氣象吸引了周邊國家的人。唐朝與周邊國家互通頻繁，從以長安為起點的絲綢之路上的行人可見一斑，而駱駝是絲綢之路上的主要運輸工具。據《朝野僉載》，魏晉南北朝時期已有騎駱駝的記載：「後魏孝文帝定四姓，隴西李氏大姓，恐不入，星夜乘鳴駝，倍程至洛。」意思是說，騎著戴鈴鐺的駱駝，晝夜兼程趕往洛陽（魏都）。到了唐朝，駱駝作為長途運輸工具，有兩方面原因：一是與西域和唐朝之間的密切交往有關，並且駱駝來源於西域，數量多，可供選擇。二是與駱駝本身屬性相關。駱駝能在荒漠中找到水源，本身又具備堅韌不拔的特性，還能幫助迷路的人找到歸途。

其他交通工具

白居易在《賣炭翁》中記述：「牛困人飢日已高，市南門外泥中歇。」牛車在唐朝民眾生活中承擔了比較重要的運輸工作，但是不同階層使用目的不一樣。底層人民為了生計使用牛車，如賣炭翁；而門閥貴族使用牛車的作用是出行、遊玩。

唐三彩駱駝載樂俑

由於漢末戰亂不斷，馬匹大量減少，於是牛車的使用在魏晉南北朝進入黃金期，至東晉十六國，逐漸被上層統治者接受並普及。到八世紀中葉的盛唐前後，牛車這種交通工具逐漸消失。考古學家發現，唐天寶年間，出土的墓葬中多有牛車陪葬品，而之後的唐朝墓葬幾乎找不到，這到底是什麼原因？後世猜測，主要是唐人喜歡騎馬，而原來的牛車成為勞動生產工具和部分婦女的交通工具。如此一來，牛車使用量少於前朝，退出了人們的視野，用牛車陪葬的現象也就不多見了。

除了牛車，還有肩輿、車輿等出行工具供唐人使用。肩輿是後世轎子的前身，最初只有一些老弱病殘大臣才有資格使用肩輿，後發展到上自大臣家庭，下到百姓均可以乘坐，但主要的使用群體是婦女。朝廷規定，商人和庶民的妻女不得乘坐肩輿。此外，官員也不可以隨便乘坐肩輿。唐末允許官員在生病時可以乘坐肩輿，但是須自己出錢僱傭抬轎子的人。白居易《東歸》詩中寫到：「翩翩平肩舁，中有醉老夫。」這裡的肩舁指的就是肩輿，是指用人力抬槓的代步工具，有二長竿，中設軟椅以坐人。而關於李叔明使用肩輿的記載有：「後朝京師，以病足，賜錦輦，令宦士肩舁以見。」[5]總體來說，唐朝禮法中對肩輿的規定和限制，主要與等級觀念有關。

除肩輿等出行工具，唐人日常生活和朝廷儀仗中會使用車輿這種交通工具。具體來說，車輿即車轎，多有馬車、驢車、駱駝車、牛車等交通工具。

5 見《新唐書．李叔明傳》。

四、古人是如何送別的？

——唐人的送別風俗

在送別這件事上，現代人與古人最大的差異是重視的程度。前者因交通便捷、科技發達，若想要見面，打開網路隨時能在網上相聚，或來一場說走就走的旅行；而古人送別，因那時道路崎嶇、交通落後，路途安全也得不到保障，親朋好友一別恐難有再見之期，故古人對送別這件事非常重視。以唐朝為例，據統計，《全唐詩》四萬八千九百多首作品中，約六千一百五十首是送別詩，其中有集體送別的，也有個人送別的。這些送別詩為研究唐朝風俗留下了寶貴的資料，是後世瞭解唐人生活的一個窗口。

集體送別

送別是人們社交活動的一種。唐朝官員和士人們因工作情況離別較多，他們多是舉行宴會送別、唱和，有官方集體安排，也有私人活動。唐初，官員巡邊上任、將士出征或到其他地方就任，根據情況舉辦大型或小型的送別宴會，宴會上的送別詩多是應酬之作。

唐人的集體送別餞行，多舉辦大型宴會。在宴會中，部分達官貴人和士子被要求即席賦詩，這種情況下作出的詩作，被稱為應制送別詩，在唐朝非常流行。景龍二年（七〇八年），集體送宋之遜到許州上任，寫了七首同名詩作——《餞許州宋司馬赴任》。景龍三年，集體送唐貞休上任，寫了十一首同名詩作——《餞唐永昌》。在唐朝集體送別中，規模最大的是送金城公主和親，所有在京官員都被要求送行，應制賦詩《奉和送金城公主適西蕃應制》累計十七首。在唐朝，應制賦送別詩是一種風氣，這些送別詩題材相似，且為應皇帝或其他官員的要求寫作，容易千篇一律，且有一定的官場色彩，被認為缺乏藝術特色，事實上這類作品中也的確未見非常出彩的作品。

以上是餞行送別。到了唐玄宗年間，除了送別官吏赴任、將士出征外，送別場景又增加了辭官回鄉、外國使節歸國、著名道士還山等。

辭官回鄉中，例如為了送賀知章辭官回鄉，唐玄宗舉辦了一場盛大的集體活動，他親自寫詩《送賀知章歸四明》：「遺榮期入道，辭老竟抽簪。豈不惜賢達，其如高尚心。寰中得秘要，方外散幽襟。獨有青門餞，群僚悵別深。」在詩中，唐玄宗表達了對賀知章辭官的惋惜之情，也表示自己非常尊重他的選擇。在這次送別集會上，有其他官員的應制集體送別詩，被時人編製成冊，統一標題為《送賀監歸四明應制》，可惜的是，現僅存李白和李林甫二人的詩作。

又如，外國使節歸國、著名道士還山的送別。唐朝中前期與日本、新羅保持良好的關係，時有外邦來朝。在日本使節歸國時，唐玄宗安排宴會餞行，並作詩一首送別：「日下非殊俗，天中嘉會朝。念余懷義遠，矜爾畏途遙。漲海寬秋月，歸帆駛夕飆。因驚彼君子，王化遠昭昭。」希望歸國的使者能把中國文化傳播到日本，也表達了對他們歸途安全的關心。

個人送別

相對於集體送別，唐朝的個人送別規模較小。如有送別親朋好友戍邊、赴任、歸山隱居、貶謫。因非集體活動，個人可自由發揮。

送別戍邊的詩作，在唐初表現得較為積極向上。唐初，整個中原處於上升發展的勢頭中，人們渴望奔赴邊疆，建功立業，博得功名，那時大部分的送別詩中都有一種英雄氣概。如李白《送外甥鄭灌從軍三首》的「斬胡血變黃河水，梟首當懸白鵲旗」，豪邁氣息一覽無餘；王維《送趙都督赴代州得青字》的「豈學書生輩，窗間老一經」，歌頌了將士們的英雄主義，對書生表示藐視。但是，中晚唐的送別詩少了豪邁，更多的是對山河破碎的描述和痛心疾首的情感。如杜甫《送樊二十三侍御赴漢中判官》中的「慟哭蒼煙根，山門萬重閉」，對國家未來表示深深憂慮，這時人與人之間的離別情緒，被人們對大環境的憂慮淡化了。

在那個時代，送別詩中也有對被貶謫者的安慰，這很少出現在集體送別的情況下。古代學子落第、官員被貶謫是非常普遍的現象，所以人們在送別時多會鼓勵遠行人儘快振作起來，也會表示同情和安慰。王維《送丘為落第歸江東》中的「憐君不得意，況復柳條春」，便表達了對好友處境的同情。類似的詩作在唐詩中較為多見。

個人送別大多出於本意，交心即可，無標題限制，無文風限制，無創作約束，可表達鼓勵、同情，也可表達不捨。這些情感已回歸人們的情感本身，脫離了集體創作套路的限制，更容易出精品。

送別情結

唐人有折柳贈別之俗。唐人延續前人風俗，為親朋好友送別時，送行者折柳條贈給遠行者。折柳的習俗，一說是因柳樹自活性較強，折柳相送，希望友人、親人能夠有如柳樹隨地可活，到異地後隨遇而安，保重自己。還有一說，認為古人有插柳、戴柳的習慣。在他們心中柳枝有著驅鬼辟邪的作用，送於友人，更有保護友人平安的寓意。當然，最為人熟知的說法是三個關於柳的諧音：「柳」與「留」諧音，表達送行人不捨、留人的想法；柳絮的「絮」與情緒的「緒」諧音，表達了離別帶來的情緒；柳絲中的「絲」與「思」諧音，表達了思念的態度。

楊巨源《和練秀才楊柳》的「水邊楊柳曲塵絲，立馬煩君折一枝」，把不捨離別之情表達得淋漓盡致。李白《春夜洛城聞笛》：「此夜曲中聞折柳，何人不起故園情。」其中提到的「聞折柳」，是唐人送別的指定曲，每每聽起就會惦念對方。

除了折柳情結，唐人的送別還有時間情結。現代人送別可以隨時隨地，古人的送別時間和地點都有講究。在時間上，從《全唐詩》看，古人送別多選在黃昏或稍微晚一點，個別出現在白天或者早晨。為何會這樣呢？或許這與唐人就餐習慣有關。唐朝人仍保持一天吃兩頓的生活習慣，早晨大約是上午九至十點為一天的第一餐，是「朝食」，下午三點至四點為第二餐，叫作「晡食」。

人們習慣把「晡食」作為餞別宴席。吃完這一餐後，該遠行的人遠行，大約行二十里左右找客棧住下，這成為一些唐人出行的基本流程。傍晚送別，依依不捨，情深義重，不乏其例。劉禹錫在《送李庚先輩赴選》中說道：「離筵雒水侵杯色，征路函關向晚塵。」這裡的「向晚塵」說的就是傍晚送別的情況，宴會結束後也快到傍晚了，送行人和遠行人就此別過。杜甫《送杜十四之江南》的「日暮征帆何處泊，天涯一望斷人腸」之句，提到了送別的時間在日暮黃昏。

唐人的折柳之俗和黃昏送別有其特定的時代特性，想其黃昏時刻，離人遠行，折柳相送，定值得餘生回憶。而今人在延續中華優秀傳統文化的行動中，對這一習俗也是有所承繼和發揚的。在二〇二二年二月二十日晚舉行的北京二〇二二冬奧會閉幕式上的文藝演出節目中，即有折柳送別的環節。在悠揚的《送別》音樂中，舞蹈演員化身柳枝，其他演員手捧柳條，表達了中國式的浪漫，以及對所有參賽運動員的不捨情感，並希望和平友誼的心聲隨著柳枝傳遞出去。

第四章 家庭生活

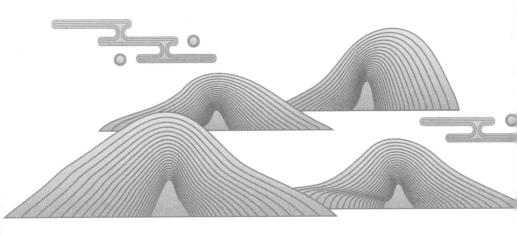

一、如何解決大齡剩女問題？
——唐朝剩女的逆襲之路

近年來，大齡青年在婚戀交友上的難題似乎越來越突出，一方面有生活節奏、生活壓力的因素；另一方面，也因為人們的婚戀觀、價值觀在不斷變化。不少人認為大齡青年只會越來越多。其實，「大齡青年」並非現代問題，在唐朝也有。那麼，唐朝的「大齡剩女」有哪些特點？唐人又是如何嘗試解決這個問題的呢？

剩女年齡標準

首先要說明的一點是，在唐朝尚未有「大齡剩女」的說法，為了便於對比分析，姑且把長期未婚嫁的女子統稱為大齡剩女。

十三歲至十五歲的女子，在現代還是六年級到初三的學生，而在唐朝則已到了法定結婚的年齡了。對於大部分唐朝女子而言，十五歲是她們新的人生起點，未嫁的要考慮嫁人，已嫁的則要承擔新家庭的責任。唐太宗時期的法定結婚年齡為女子十五，男子二十；到了唐玄宗開元二十二年（七三四年），明確女子十三歲，男子十五歲，可婚嫁，法定結婚年齡越來越小。從以上詔令可以看出，唐朝不同時期對法定結婚年齡的要求有差異，女子法定婚齡約為十五歲左右。在出土的唐朝墓誌中也有此類記載，女子初次出嫁的年齡有十一歲、十三歲，大多數維持在十五歲左右，個別有二十七歲的。估計二十七歲的女子在唐朝屬於「剩女」行列了。

唐詩中常見唐朝女子婚配時間的說法。李白《長干行》中說：「十四為君婦，羞顏未嘗開。」明確提到唐朝女子十四歲嫁人的場景；而另外一名女子「十四藏六親，懸知猶未嫁。十五泣春風，背面鞦韆下」，到了十五歲還沒有嫁人，心裡悲切傷心。可見，女子過了十五歲就應嫁人已是唐人的普遍認知。至於唐朝女子在哪個年齡段還未嫁才算大齡，每個人心中都有自己的答案。

在這種對女子婚齡有普遍認知的情況下，為何還有公主或平民百姓的女子嫁不出去呢？

皇帝也愁嫁女

都說皇帝的女兒不愁嫁。在很多人看來，娶了公主，成為駙馬與一步登天是同義詞。事實上，皇帝的女兒也愁嫁。例如，唐文宗想把真源、臨真二位公主嫁給山東舊士族崔、盧兩家，不料遭到崔、盧兩家的拒絕。唐文宗生氣地對宰相說：「都說民間談婚論嫁，不計較官位品秩而崇尚世家門第，我李家做了兩百年天子，難道還不如崔、盧家嗎？」為什麼會發生這種拒絕皇家嫁女的事情呢，主要有兩個原因。

第一個原因，是門閥舊士族與以皇帝為首的新貴族勢力之間矛盾重重。舊士族與新貴族之間的矛盾是唐朝中前期的主要政治矛盾之一，舊士族的社會影響力遠遠大於皇室。時人講究門閥和門第，認為只有舊士族才是真正的門閥，社會觀點中不認為皇室是門第中最高的。「臥榻之側豈容他人鼾睡」，歷任皇帝無法容忍這樣的事情。時人認為，門閥舊士族有：太原王氏、清河崔氏、范陽盧氏、隴西李氏、滎陽鄭氏。於是，唐太宗命人編纂《士族志》，重新按照朝廷官品高低定門第高低。但靠行政命令仍不能消除這種社會影響，舊士族以婚姻為紐帶組建圈子，利用其社會威望拒絕其他圈子人員參與，這種情況直到舊士族瓦解才漸漸消失。

舊士族不願意與皇室攀上關係，不願意娶公主，這是政治對抗的一種延伸。那麼，新貴族或者其他高門大戶呢？事實上，他們也不願意。從數據上看，已婚的一百三十多位唐朝公主中，她們的駙馬有一番作為的僅有兩人。唐朝男子對駙馬這個「工作職位」敬而遠之，主要是因為唐朝公主們的名聲不佳：有的患有嚴重的「公主病」；有的私生活很奔放；有的野心大，希望成為下一任皇帝。無論哪一種情況，都不符合這些家族婚姻的利益訴求。

要是娶了一個「公主病」的公主，等於供了一個祖宗，關鍵還得罪不起，稍有不慎，整個家族就會因為這樁婚姻給搭進去了。要是娶一個作風奔放的，在禮法至上的封建家庭中受不了這種刺激。例如，永嘉公主嫁給了竇奉節，與楊豫之私通；合浦公主嫁給了房遺愛，與辯機和尚私通；安樂公主嫁給了武崇訓，與武延秀私通。又如，有野心的公主李裹兒希望像武則天一樣成為皇帝，操縱傀儡掌控朝政，最終被李隆基殺死了。

政治對抗導致舊士族的精英不願意娶公主，公主名聲不佳導致青年才俊不願娶公主。不過，我們也不用操心，皇帝雖然愁嫁公主，但是總能嫁出去，畢竟有權有錢。但是，平民百姓的女子要出嫁就不那麼容易了。

百姓剩女難嫁

唐朝婚姻不僅重視門第，更重視財物，明媒正娶的妻子必須要有豐厚的嫁妝，因為其豐厚程度決定了她在夫家的地位。實際上，平民百姓陪嫁之風源於唐朝貴族。這種社會風氣引起了宰相高儉的注意，他上書唐太宗，希望禁止奢靡的陪嫁習俗，建議禁止夫家收取女方陪嫁。實際上，這個政策並沒有落實到位，因此許多百姓家女子的婚姻就被耽誤了，出現了貧女難嫁的社會現象。

白居易在《議婚》一詩中提到：「顏色非相遠，貧富則有殊。」女子們長得不相上下，但是貧富差距有點大：富裕家的女子「母兄未開口，已嫁不須臾」，根本不用擔心，隨時就嫁出去了，也不用母親和兄長費心開口；而貧家的女子「綠窗貧家女，寂寞二十餘」，二十多歲還沒有嫁出去。於是，白居易發出了「富家女易嫁，貧家女難嫁」的感慨。還有一則唐昭宗光化年間的故事：一個叫劉道濟的人在國清寺借宿，那段時間他每晚都能夢到一名美麗女子到他的窗前，願意與他結為夫妻。後來才知道，住的地方原來有一個女子「有美才，貧而未聘」，生前非常漂亮，卻因家貧而無人娶，只能用託夢的方式把自己嫁出去。這故事有點詭異，但是反映出唐朝貧女難嫁的社會現狀。

唐代貧家女子出嫁時，主流的陪嫁物是田地和房產。女子的出生對貧困之家來說無異於雪上加霜，厚嫁之風的盛行給普通百姓帶來了巨大的生活壓力。《唐國史補》記載，唐朝太尉韋皋在西川做官時，曾資助女子的嫁妝一萬錢。

貧困家庭中的女子，成為富貴人家、貴族之家妻妾的機率不大，而同為寒門的青年男子參加科舉考試，也會選擇富貴人家投資，透過聯姻提升仕途地位。上攀無望，同階無人，貧家女因無豐厚嫁妝，也沒有社會地位，只能枯守成「剩女」。剩女現象成為唐朝中晚期的社會問題。上文白居易在《議婚》中一針見血提到的問題，杜甫在《負薪行》中也有提及，描述了四五十歲的未嫁女，頭髮白了一半，卻梳著處女的髮髻，飽受風霜，常年辛勞。

二、結婚有哪些規矩？

——唐人的結婚風俗

婚姻就像一個時代的縮影，能讓我們一窺其背後的真實。唐人的婚姻究竟是什麼樣的呢？唐人結婚有什麼制度規定，有哪些規矩呢？

唐人的擇偶標準

唐人非常講究門當戶對，具體表現為：在物質方面，唐人注重女方的資財、男方的功名和家族的底蘊；在精神層面，尤其注重門第、階層和禮法。唐朝社會不允許不同階層的男女通婚，同一階層中如門第不對等，也不允許婚配。

門當戶對是擇偶的標準之一。唐初的門閥士族的勢力逐漸衰落，但門閥士族依舊自視甚高，不願與富裕之家、唐朝新貴結為親家。那時的唐人心中，舊門閥士族的社會威望不減，一些風俗仍影響著唐朝社會。雖然從唐太宗李世民開始就著手抑制和打擊門閥士族，但是時人仍以與舊門閥結親為榮。例如，房玄齡、魏徵等大臣就不顧皇帝的意願，與舊門閥結親。

大多要聘禮，講究物質條件，是擇偶的另一標準。唐朝社會嫁女娶妻均有重錢財的風俗，有的人為了娶女出高額彩禮，有的對女兒嫁資明碼標價，有的為了攀附門第，不惜出「陪門財」。一句話，沒有錢真的結不了婚。禮部尚書許敬宗就因為嫁女兒換取高額彩禮的事情被彈劾了，最終被貶為鄭州刺史，這段歷史也就成為他的一段黑歷史。據《太平廣記》記載，范陽盧氏女兒出嫁聘財明碼標價，「聘財必以百萬為約，不滿此數，義在不行」。普通百姓中，也有一些父母在為子女結親時，重錢財而不顧對方年齡，把年紀輕輕的女兒嫁給年老的男子，以獲取聘財。

唐代風俗中，若女家門第名望不如夫家，為了攀附門第，女方要不惜增加陪嫁的財物方可成婚，所謂「門第不夠錢來湊」。唐高宗質疑百官，有的官員竟然以賣婚為榮。於是，唐高宗下詔，規定三品以上之家，不得收絹（唐朝流通貨幣之一，功能同銅錢）超過三百匹，四品和五品不得超過二百匹，六品和七品不得超過一百匹，同時也明確了夫家不得收陪門財。事實證明，此類行為並未因詔令的禁止而有所收斂。

除了講究門第和多求聘財，也有個別唐人重視郎才女貌，看重潛力和人才。尤其是寒士參加科舉考試以後，一些公卿家族也會到新科進士參加的曲江宴飲處擇婿。《太平廣記》中雖有民間女子的婚配對象為門第之家、文人墨客的紀錄，但這並非唐朝主流的婚配觀。

法律保護的婚姻

唐朝結婚講究明媒正娶，哪些婚姻是受到法律保護的？唐律明確了婚姻的合法性，有三種婚姻受到官方保護。

第一種，有婚書的婚姻。歷史上，唐朝首次在法典中訂立了「為婚之法，必有行媒」，媒人在唐人的婚姻中承擔了重要的中介作用。民間也有「無媒人不得結婚」的說法，而真正做主婚嫁的一般是他們的父母或長輩。以上確定後，要履行婚書程序。婚書，類似現在的結婚證書。有了婚書，就有法律保障。整個流程是這樣的：男方給出「通婚書」（男方家長給女方家長的問候和確定婚事的信函），女方給出「答婚書」（女方家長出於禮貌回覆的信函），婚書正式生效。如此一來，婚書算得到了官方認證。

第二種，沒有婚書，但屬事實私約的婚姻。事實私約，類似私奔或事實婚姻。唐朝的風俗並不反對私約，這風俗一直持續到民國時期。但是有一點需要說明，在唐朝，私約婚姻即便受到保護，女子成為正妻的可能性也不大，因其並非明媒正娶。

第三種，接受了彩禮的婚姻。除了婚書、私約外，女方接受了彩禮也說明接受了婚約，相應受到法律保護。現在中國農村的一些地方仍保留了接受彩禮視同結婚的風俗。

唐人對待婚姻很慎重，實行「一夫一妻」制。唐律規定符合以上三種婚約形式的，受到法律保護。禁止一女兩許，更禁止有妻再娶。有了婚書或私約的，要是毀約了，杖六十；如又答應他人婚約的，杖一百；若與後面答應婚約的人成婚，監禁一年半；後面娶這女子的男子（唐律把這叫作「後夫」）要是知情的話，減刑一等處理（差不多是監禁一年）；女的要與前夫結婚，前夫不願意的話，把聘禮歸還前夫，與後夫婚姻就合法了。

複雜的結婚流程

確定了擇偶標準，履行了相關手續，下面就是結婚流程了。對於媒人相托的婚姻，唐朝的議婚和成婚包括納彩、問名、納吉、納徵、請期和親迎等六禮，這與現代基本上相同，只是換了說法而已。

納彩即男方托媒人帶著禮物提親，接受禮物視同接受此門親事，反之亦然。納彩結束後，媒人要去女方家中詢問待嫁女子的健康狀況、容貌、身分（是否庶出）、財產，最重要的是生辰八字。

納彩、問名後，男方憑藉生辰八字占卜，看生辰八字是否合拍。若不合（凶卜），一般情況會悔婚；若是大吉，男方就去女方家訂婚。到了納徵階段，男方派有地位的兩位青年作為函使和副函使送上彩禮，附上「通婚書」，女方回贈禮物和「答婚書」。基本上到了這一環節，這對男女的婚姻便受到法律保護了，雙方不得悔婚，否則會受到相應處罰。

成親前的最後一個環節是雙方商量結婚日子，被唐人稱為請期。若簡化流程，唐人會將納徵和請期一起討論確定。

以上五個環節結束後，就按選定的吉日結婚。這就是六禮的最後一個環節，新郎去女方家迎接新娘。相比前面的五禮，這一環節非常煩瑣。

在男女的服裝上，一般是男子一身紅色，女子一身青綠色，一紅一綠承載了人們對婚姻美好的祝福。

婚禮儀式中的「下婿」，也叫作「攔門」，被現代人延續下來。在這個環節，新郎會遭到女方家親朋好友的「阻撓」。一般情況下，「攔門團」對新郎較為客氣，新郎不吝嗇的話，給足禮物或者紅包即可，但是新郎帶來的儐客（現代意義上的伴郎）會被揍一頓。

過了下婿這一關還遠遠不夠，接下來的催妝風俗是對於新郎的文化考驗，顧名思義，就是催化妝，等新娘從閨閣中出來。催妝詩是娶媳婦必備的文化用品，可以現場做，也可以「抄作業」，用現成的。例如《太平廣記》中所言，狀元盧儲的催妝詩就是自己做的：「昔年將去玉京遊，第一仙人許狀頭。今日幸為秦晉會，早教鸞鳳下妝樓。」他說自己曾經在趕考的路上得到了現在妻子的認可，考中了狀元，並履行了娶她為妻的承諾。

催妝後，結婚還沒有結束。這時，新娘以圓扇遮面走了出來。想要看到新娘的臉嗎？可以！新郎要繼續詩歌朗誦，這環節叫作「卻扇詩」。有名的「卻扇詩」有唐朝楊師道的《初宵看婚》：「洛城花燭動，戚裡畫新蛾。隱扇羞應慣，含情愁已多。輕啼濕紅粉，微睇轉橫波。更笑巫山曲，空傳暮雨過。」

接到新娘後，準備回新郎家，在路上會遭遇障車風俗。簡而言之，就是在回程路上有「吃瓜群眾」攔車，索取禮物、酒水等。

接下來，是拜堂入洞房的環節。不過在北方一帶，拜堂有在「青廬」中舉行的。夫妻結婚要在一個用青布搭建的臨時帳篷中，結婚當天不能住進新房。據說，「青廬」就是在住宅西南角的「吉地」。

有的地方風俗中，有一個叫作「結髮」的環節。在這環節中，把新郎和新娘的頭髮各剪下一縷，用線綁在一起，放在錦囊中，「結髮夫妻」就是這樣來的。有人要問了，我是二婚，還能有這個儀式嗎？想都別想，這是初婚的專屬儀式。

唐人結婚講究門當戶對，講究資財，也有浪漫的郎才女貌。婚姻作為這個時代的一個瞭望鏡，從古代看到現代，過程複雜未必是壞事。我身邊一個朋友提到，結一次婚，就像脫了好幾層皮，結婚的儀式感有了，再婚的想法就被滅了。雖是笑談，但在這個重視儀式感和禮儀的社會中，飽含多層含義的婚禮也一定程度預示了對婚姻的重視。若從這個角度理解，或多或少能明白唐人那繁雜的結婚流程了。

三、唐朝男子納妾算不算結婚？

——唐朝小妾成長記

對於唐朝的絕大部分有條件的男子來說，一生不會只娶一妻，而是一妻多妾。在現代人看來，古代的男人多幸福，嬌妻美妾，人生巔峰，可古代的妾太可憐了，要與多個女人爭寵，共享婚姻關係，又沒有地位。那麼，在女性地位有所提升的唐朝，妻妾關係如何呢？男子納妾算不算結婚？

地位涇渭分明

唐朝非常重視門第，講究門當戶對，講究社會等級，不同階層的男女不允許結婚。唐律把人分為貴人、良人、賤人和奴婢四個等級，除了貴人和良人可以通婚，其他的跨等級通婚都被嚴令禁止。必須要說明，這裡說的通婚僅是指娶妻嫁女，是俗稱中的正妻、大房。明媒正娶八抬大轎帶著嫁妝嫁進來的正妻，在家中地位也比較高，與丈夫地位一樣。而小妾就沒有那麼多講究，可以隨意買賣、轉讓和贈送，在家庭中的地位並不高。妾進入家庭後，除了依附丈夫，為夫家生個一兒半女，除此似乎沒有其他倚仗。

妾地位低下，男子在納妾後也不會改變他的婚姻狀況。在唐朝，即使小妾與丈夫生兒育女，但如果丈夫並沒有娶過妻，在社會風俗中仍會認為這名男子為未婚，國家戶籍登記不會承認他已婚。因為在唐人看來，納妾不是婚姻的一種。這樣的情況在唐朝史料中多有記載，如王恆泛雖與小妾生育了兒子，卻仍是未婚，所以臨死也無妻子操辦喪事。

除了在戶籍制度上的尊卑差異，在喪葬和祭祀等禮儀上也有雲泥之別。一是妻子去世後可以與丈夫合葬，但妾沒有此資格，在妾去世後，僅能作為丈夫和正妻的陪葬。唐朝多則墓誌資料都佐證了這個說法。《唐故處士崔府君墓誌銘並序》記載：「前夫人盧氏早歲祔矣，李夫人（後夫人）克生司直，今陪葬焉。」二是妻子可進祖廟，但是妾不算家庭成員，更沒有此資格參加祖廟祭祀。三是官員和權貴的封蔭之典，只有妻可以參加，妾是沒有機會和資格參加的。

此外，妾生子的社會地位也能看出妾與妻的差別。在唐朝，妾只是家中一項有點價值的物品，可以轉讓，可以販售，可以贈送。如果生了孩子，能母憑子貴嗎？答曰：不能。在唐朝，妾生的孩子是庶子，要交給妻子來撫養，生母只能被稱為姨或姨娘，在民間和後宮都是這樣的。據《稱謂錄》，「今人多稱本生之妾母曰姨，蓋其由來已久矣。」說的就是這個習俗。在現代看來，這已有違人倫。不僅如此，擁有繼承權的只能是正房生的孩子、嫡子，而庶子並無繼承權。

還有，庶子沒資格安葬自己的生母。唐初大臣丘行恭為小妾所生，他的生母去世後，丘行恭就想給母親風光大葬，盡一盡孝道。但他的嫡兄丘師利，只想用小妾的禮儀下葬丘行恭的生母，於是兩人爭吵不休。有心之人知道這事後，向李世民彈劾丘行恭違反禮法。這事要擱在現代，丘行恭的行為可謂孝心可嘉，但是在當時，暫不論風光大葬小妾身分的母親是否合理，作為庶子，是沒有資格做這事的，這是違反綱常的忤逆不悌之罪，是要坐牢的。李世民對此也無法包庇，將丘行恭貶為庶民。從大臣到庶民，處罰不可謂不重。還有，妾生子的社會地位低下，還表現在結婚上也無法選擇高於自己門戶的妻子。

妻悍妾弱

史料記載，隋唐「悍妻」比任何朝代都多。妻子對丈夫的管控已到了無以復加的程度，民間和宮中都有這樣的案例。隋文帝怕妻到了極致。按理說做到皇帝這份上，三宮六院是基本配置，然而獨孤皇后不願意。隋文帝覺得，平民百姓家也不至於這樣。於是偷偷與後宮女子相會，被獨孤皇后發現後，全部殺掉，隋文帝感慨貴為天子但是不得自由。這是發生在有實權的皇室，實際上，在民間，妻子對妾欺凌，甚至將其殺死的情況也不乏其例。《太平廣記．歸秦》中記載：沈詢有個婢妾，他的妻子很妒忌，私下把妾配給了家人歸秦，沈詢對此不滿卻制止不了。《舊唐書．房孺復傳》中記載，房孺復的妻子崔氏妒悍異常，竟「一夕杖殺孺復侍兒二人，埋之雪中」。

唐朝多產悍妻，不僅欺負妾，還會因為妒妾而欺負丈夫。史籍中就有官員因害怕妻子而被罷官的故事。阮縣令讓奴婢唱歌給客人助興，女婢助興本是唐朝交際禮儀，但阮縣令夫人袒露胳膊，拔刀就上，把客人全部嚇跑了，阮縣令也鑽到了床底。阮縣令的上司看不慣這事，在當年的考核中直接給阮縣令最差考核。他的理由比較簡單：你老婆都不管好，還指望你管理一個縣的平民百姓嗎？阮縣令的官職就這樣沒有了。

在現代男人看來，妻妾成群似乎是一種美夢。但是，通觀唐朝嫡庶有別、尊卑等級森嚴的婚姻制度，可見後院是正妻的天地，有的女子自從踏上為妾的人生道路，便命運多舛。

妾不能轉妻

唐朝妻妾地位涇渭分明，妻是女子們的願景，但有的女子因其身分注定成為妾，也有因為戰敗、被抄家處罰等後天原因淪為妾的，無從選擇自己的命運。

妾地位雖然低於正妻，但是仍稍高於奴婢，唐朝法律對哪些女子成為妾是有明令的。第一種情況，是良人出生的女子。所謂「妾者，娶良人為之」。第二種情況，如果是奴婢要想成為妾，可在家主臨幸的情況下生兒育女，待其身分調整為良人，才能有機會變為妾。第三種情況，是「聘則為妻奔是妾」。私奔者只能以妾自居，「聘則為妻，奔則為妾」說的就是古時女子不經媒人撮合而私自投奔所愛的人，便只能為妾。卓文君和司馬相如轟轟烈烈的愛情故事感動後世，但在時人看來，「夜亡奔相如」的文君不會得到丈夫家族的承認，只能被迫為妾。

被丈夫寵愛的妾有沒有可能轉正為妻？唐律規定，以妾為妻的，要接受為期一年半的處罰，在處罰結束後，妾還要回歸妾的身分。唐朝宰相、《通典》的作者杜佑在妻子梁氏過世後，執意將小妾李氏扶為正室，遭到家族成員的萬般反對。杜佑仍堅持自己的做法，為此招致時人非議。當然，杜佑死後，與他合葬的也並非小妾，只能是元配梁氏，墓誌上也只有梁氏。在時人看來，妾根本就沒有資格出現在墓誌上。杜佑的遭遇就源於此世俗之見。

不僅晉升無望，妾的身分還可能承擔更多責任。因為，在法律面前，妻妾地位根本不同等，相對而言，妾要承擔的法律責任比妻要重。唐律規定：丈夫毆打妻子，致妻子出現傷殘情況，比毆傷常人減罪二等，毆打致死則與常人同論；丈夫毆傷妾，比毆傷妻子減罪二等；丈夫毆傷婢，無罪。也就是說，丈夫把妻子打傷殘，比打常人要減罪二等，如把妾打傷殘，比妻子處罰減二等，即比打常人傷殘減罪四等。

「寧做窮人妻，不做富人妾。」小妾沒有繼承財產的權利，生的孩子只能算庶出，自己生的孩子不能叫自己為親娘，死後不能進祖廟，也不能與丈夫合葬，更沒有機會轉正為妻，其一生只能依附丈夫，且稍有不慎便可能被欺凌和殺害。這就是唐朝小妾成長中的真相，真是可悲可嘆！

四、唐朝哪些男男女女不能結婚？
——唐人的禁婚制度

哪些人不能結婚？古人頒布了相關法令，明確了禁婚範圍，對違反規則者給予判刑或其他處罰，這是古人的禁婚制度。從一開始的同姓不婚、尊親喪不婚、尊卑不婚等一路變革發展，禁婚制度到唐朝進入了相對成熟的階段。唐朝有身分禁婚、時間禁婚和行為禁婚等三種類型的禁婚範圍。

身分禁婚

身分禁婚分為同姓禁婚、親屬禁婚和階層禁婚三種類型。

唐朝有一則軼事，唐文宗時期，有一名叫李回的官員在任建州刺史時，曾有人上書告他，其中第一條就是與同姓女子結婚，遭到貶職直至去世。同姓不婚在古代有悠久的歷史，以法令的形式出現卻是在唐朝。唐法令《唐律疏議．戶婚律》規定：「諸同姓為婚者，徒三年，緦麻以上，以奸論。」同姓結婚，有期徒刑三年；五服之內的親戚結婚，以通姦論。這屬於同姓禁婚的典型例子，這說明朝廷已充分認識到近親、近族婚姻的危害。

在唐朝，同宗同姓、不同宗同姓均在禁止結婚範圍。唐文宗想要納李孝本之女，被大臣勸諫「宗姓不異，寵幸何名」——你們姓都一樣，憑藉哪些規定可寵幸她呢？最終，唐文宗放棄了這一想法，說明即便是皇帝也要遵守同姓禁婚的規定。

同宗不同姓也不得結婚。這是因為古代被賜姓、改姓是常有的事，或因為某種原因已不是同姓，出現了同宗不同姓的情況，唐律規定，這也屬於同姓禁婚的範圍。例如，唐大臣李勣本姓徐，李為被賜的國姓，他家不能與姓徐的通婚。當然，如果不同姓，又查不到兩人屬同一祖宗，便不在禁婚範圍。

那麼，同音不同姓能否結婚呢？例如，陽姓和楊姓，這應沒有近親結婚的機率吧？答案是：也不行。唐律規定，因為它們聽起來無法分辨，為了規避風險，也不得結婚。

如果結婚時雙方的姓氏不能確知（無法可追溯，可能是人口變動，也可能是經常改姓），怎麼辦？唐律給出了辦法，可採用占卜的方式解決這個問題。「未知同姓為妾，合得何罪？」答曰：「妾不知其姓，則卜之。」同姓禁婚一直到清朝才退出歷史舞臺。

以上是同姓禁婚範圍，基於身分的禁令還有不得娶親屬為妻妾。對此，唐律規定比較詳細，不得與自己的外祖父母、舅舅、姨、妻之父母發生婚姻關係；同母異父之間不得發生婚姻關係，不得與自己妻子和前夫所生的女兒發生婚姻關係；不得與父母之姑、兩姨姊妹、姨、堂姨、母之姑、堂姑發生婚姻關係等。與現代差異較大的是，唐朝政府不禁止同輩近親的婚姻關係，因為不違反倫理。表親雖為近親，不僅未被禁止，還被傳為親上加親的佳話。唐人一方面是認知到近親結婚的嚴重性，禁止同姓結婚；另一方面，卻對同輩的近親結婚不加禁止，劃入可婚的範圍。

除了以上同姓禁婚、親屬禁婚等範圍，不同階層之間也有禁婚的情況。社會身分、等級是封建王朝上層階級自我保護的外殼。例如，官民不婚。當官者上任之日起，本人和其親屬均不得娶所管轄地區的女子為妾，但有兩種情況不予以處罰：一是訂婚在前，當官在後；二是門當戶對，士族門閥門當戶對之家不在此條禁例之內。為什麼朝廷如此規定？客觀上，是出於維護等級制度的初衷，也為防止官員利用職務之便欺壓百姓。唐朝江都尉吳湘被判死刑的罪狀中，列有「娶百姓顏悅女為妻」，這嚴重違反了嚴禁娶轄區女子為妻的禁令。不僅如此，吳湘的妻子和岳母被判處笞刑，後釋放。此案後經重核，確認為誤判——顏悅並非平民百姓，所以符合婚姻政策。從這點看，唐朝官民不婚的禁令是存在的。

又如，良賤不婚，士庶良賤結婚為當時禮法所不容。夏商周時期，嚴禁良賤結婚，貴族只能娶貴族女子為妻，奴隸只能娶奴隸之女為妻，涇渭分明，保證血統純正。到了唐朝，良賤不婚的要求更加嚴格。良民的主體是農民，賤民分為官方賤民和私人賤民，分別是官府奴婢（官賤）和私人家僕（私賤），被視為私有財產。換句話說，賤民地位可能比牛都低一等，對於唐朝的貴族而言，殺賤民無須負法律責任。良賤不婚的主要核心思想為「人各有志，色類須同，良賤既疏，何宜配合」[6]。同時規定，若主人為自家奴婢娶良人女為妻，主人判處一年半徒刑，女家尊長判處一年徒刑，婚姻判離。如若奴婢自行娶良人女為妻，主人知情者杖一百，婚姻判離。以奴婢冒充良人、嫁娶良人為夫婦者，徒刑二年。

唐朝的妻妾地位涇渭分明，為了保護妻子的社會地位，嚴禁妾轉妻。把明媒正娶的妻子當成妾，把婢女當成妻子結婚，判處兩年徒刑；如果與妾和客女（部曲家的女兒、買來的女子）結婚，當成妻子，判處一年半。這些都是禁婚的範圍。也就是說，在唐朝，妾、婢、客

6 見《唐律疏議．戶婚律》。

女轉正的機會特別少，即便妻子去世，丈夫也不能把婢女、妾轉正為妻子。這一條，鄭重保護了所有明媒正娶的妻子的利益。

其他禁婚

即便身分不在禁婚範圍內，也要考慮這段時間是否可以結婚。有的時間點是不能結婚的，唐律對此也有規定：一是皇帝駕崩，舉國哀悼期間禁止結婚，以三日為限，三日後不限婚嫁；二是父母喪期，丈夫喪期禁婚，否則徒刑三年，妾減三等處罰，要求離婚。與此同時，主持婚嫁之人，也要受到杖一百的處罰。在唐朝，父母喪期內嫁娶，當事人必須受到處罰，其他知情並參與幫助的人也必須被適當處罰。但是，若能證明雙方均不知情，則無罪。在喪期結婚於禮法不合，予以禁止、處罰的做法充分維護了封建禮制。當然也有例外，為國犧牲（捐軀）者的後代子孫在家貧且無依無靠的情況下，可以在居喪期間嫁娶。

此外，祖父母或父母被囚禁期間，依唐律規定也不可婚嫁。若祖父母或父母犯的是死罪，違規嫁娶徒刑一年半；若祖父母或父母犯的是流罪，違規嫁娶者徒刑一年；若祖父母或父母犯的是徒刑，違規嫁娶者杖一百。這些細節，體現了唐律的孝道文化。當然，如果祖父母或父母同意子女婚嫁，可以免於責罰。

再者，對犯罪逃亡女性、守節寡婦的婚嫁也有明確的要求。唐律規定，如果男子娶了犯罪的逃亡女性，知情而娶的，男子要與女子受到同樣的處罰；若女子原本是死罪逃亡，男子將受到流刑三千里的處罰。唐律還規定，寡婦若不願意再嫁，不得強制，違背寡婦意願強制婚嫁的參與者，視情節輕重給予相應處理。從這一點看，唐朝較前朝更加尊重女性意願。

五、古代女子離婚方便嗎？
——唐女子的離婚風俗

「寧拆十座廟，不毀一樁婚。」婚姻和和美美是很多人一生的追求。而且，婚姻是「合二姓之好」，對於古人而言，結婚不僅是個人的事情，更是兩個家族的事情。尤其在唐朝，婚姻關係的建立與門第有關，在封建禮法的限制下，離婚情況應遠遠少於現代人。但非常可貴的是，唐朝已從法律層面確定了離婚制度，繼承了古代傳統離婚要求的同時，也體現了時代特色。問題來了，唐人離婚容易不容易？唐人離婚有哪些情形，與現代人離婚有哪些差異呢？

協議離婚

現代人的離婚模式以協議離婚為主，實際上，唐人已開創了協議離婚的先河。他們把這叫作「和離」，從字面上理解，就是和平離婚的意思。從敦煌遺書《放妻書》中，可感受到唐人離婚的優雅。這在當時屬於「文書」，類似現代人的離婚證明。立此文書的趙某說：「三載結緣，則夫婦相和；三年有怨，則來仇隙。」他們最終沒有熬過「七年之癢」，好聚好散，一別兩寬，各生歡喜，不少人認為這算是歷史上最為溫柔的離婚書了。

和離是夫妻雙方自願離婚而官府同意的離婚方式，這是封建王朝中唯一一個關注雙方感情狀況的離婚制度。《唐律疏議．戶婚律》規定，「彼此情不得，兩願離者」，「若夫妻不相安諧而和離者，不坐」。也就是說，夫妻雙方感情不和諧，沒有感情基礎的情況下，妻子可以申請離婚，只要雙方態度一致，不予處罰。史載中不乏這樣的例子。殿中侍御史李逢年的妻子是中丞鄭昉之女，但是兩人感情不和，最終申請和離。《唐陝州安邑縣丞沈君妻弘農楊夫人墓誌銘》中提到，安邑縣丞沈君妻弘農楊夫人和離後，疾病纏身，希望復婚。

因為感情不和可以申請和離，也有因為家庭貧窮申請離婚的情況，「家資須卻少多，家活漸漸存活不得。今親姻村巷等與妻阿孟對眾平論，判分離別……」這是妻子離開丈夫，另謀出路。

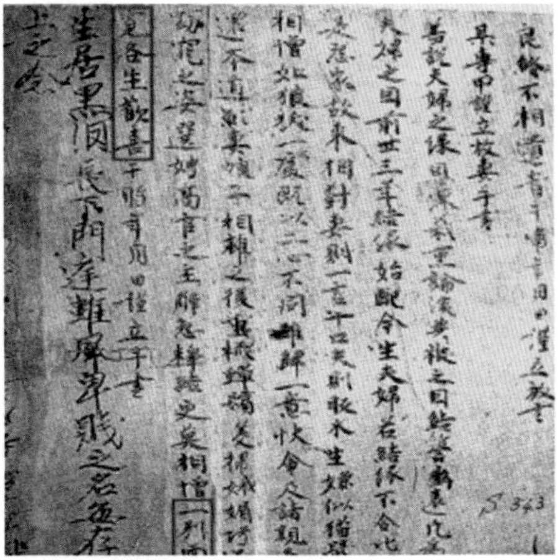

敦煌莫高窟發現的《放妻書》[7]

但是，妻子提出離婚，丈夫能同意的機率不大。唐律規定，若妻子提出離婚但丈夫不同意，是不可以離婚的。這便是男尊女卑的表現。唐朝的男性始終掌握婚姻主動權，加上女子是婚姻雙方的弱勢一方，且受到經濟因素的影響，和離的成功率不高。當然，如果是丈夫提出離婚，妻子被迫同意的可能性大一些，這樣就保留了雙方家族的顏面。

目前主流觀點認為，唐朝女性的離婚自由權仍然是在夫權下的掙扎，因為能否離婚最終由夫家說了算，而當時的官府對女性離婚也常持有勸回的態度。但是筆者認為，在封建思想嚴重束縛的情況下，任何一點進步都值得稱讚，即便當代人想要離婚也不是一件容易之事。

7　該《放妻書》用作敦煌當地人離婚樣本，具有歷史參考價值，呈現出民間離婚的實際情況。

強制離婚

既有協議離婚的「和離」，也會有強制離婚。唐人的強制離婚又分為官府強制離婚和夫家強制離婚兩種。

「義絕」是官府強制離婚的一種情形，首創於唐朝，其意思為夫妻之間恩斷義絕。官府強制雙方離異，要是不離異，判處「徒一年」懲罰，再責成離婚。換句話說，夫妻雙方在「義」上出問題，必須分開，即「絕」，再也無復合的可能性。

以下情況可判為義絕：丈夫殺了妻子的外祖父母或外伯叔父母、兄、弟、姑、姊妹等，得離；丈夫毆打妻子的祖父母、父母，得離；妻子把婆婆給氣死了，雖然不太好界定，是婆婆心態不穩定還是身體不好，只要丈夫提到這原因，得離；婆婆與自家母親打架，還得離……。例如，史料記載，晉陽縣主簿姜鉥，對妻劉氏有家庭暴力行為，劉氏堂舅認為姜鉥的行為違反了夫婦之道，以義絕為由，要求離婚。

除了義絕，「為婚妄冒」也被納入強制離婚範圍。所謂妄冒，是指婚姻雙方有一方弄虛作假，違約騙婚。唐律規定，妄冒分為兩種：女方妄冒，徒一年；男方妄冒，加重一等處罰。

當然，違反了禁婚政策的，也將被官府強制離婚。例如，已有婚約的女子不得再嫁給其他人。按道理，已接受聘禮等有婚約關係的女子，即使沒有舉辦婚禮，也視同為他人婦，在悔親之前不得再嫁他人，否則要被強制離婚。不得有妻再娶，也就是遵守我們常說的「一夫一妻制」。理論上，妾可以多娶，妻子只限定一個，否則國家有權強制離婚。

除官府強制離婚外，丈夫也可以休妻，即強制離婚，這是封建社會賦予男人的特權。從另一方面說，規定了哪些情況下可以休妻，其他情況下不得休妻，也在一定程度上保護了妻子的權利。

在妻子無子的情況下，丈夫可以提出休妻。現代人對女人懷孕這事有了科學的認識，生不出孩子可能是妻子的原因，也可能是丈夫的原因，但是唐人並沒有認識到這一點。在「不孝有三，無後為大」的傳統禮法約束下，生不出孩子一定是女人的責任。無子休書對很多女人來說絕對是恥辱，張籍《離婦》中有「十載來夫家，閨門無瑕疵。薄命不生子，古制有分離」之句，即描述了無子被休的離婦的悲慘情形。《雲溪友議》中也記有：慎氏，江蘇常州人，嫁給三史嚴灌夫，結婚十年沒有生孩子，最後以無子為由被休了。

妻子不孝順公婆，丈夫也可以提出休妻。古人認為，女子嫁到夫家，對丈夫的父母要勝於自己的父母，不孝順、不尊重公婆，這就是不孝。

此外，品行不端、不守婦道、無理取鬧、身患惡疾、搬弄是非、偷盜等都可以作為丈夫休妻的理由，一旦妻子的所作所為符合以上情況，丈夫可向政府提出離婚，其休書就作為離婚證明。這與「放妻書」的差異在於，放妻書是和離，而休書是單方面決定。

仲裁離婚

唐朝離婚的情形繁多，除了以上提到的協議離婚和強制離婚外，還有女方向官府請求仲裁離婚的，官府會出示公牒作為雙方離婚與再婚的憑證。例如，丈夫精神出了問題，妻子可申請離婚；丈夫失蹤了，可以申請離婚；妻子無法侍奉父母盡孝，可以申請離婚；丈夫犯罪，可以申請離婚；家境貧寒，也可以申請離婚。

整體來說，唐人離婚方式有協議離婚、強制離婚和仲裁離婚三種，有其法令基礎，也考慮到婚姻雙方的實際情況。這在男性為主導的封建王朝中，算是有所進步了。

六、古代女子流行再嫁嗎？

——唐人的再嫁風俗

唐朝女性的社會地位和風尚在歷朝歷代中是一個獨特的存在。女子可以走出家門，積極地參與社會事務；在婚戀方面，她們也開始擁有一定的自主權。女性再嫁的現象，在一定階層中較為普遍，在唐人看來並不丟人，社會輿論和風俗對再嫁較為包容。那麼，朝廷對女子再嫁是什麼態度？唐朝公主再嫁率為何那麼高？唐朝平民百姓的婚配觀念中，是否流行再嫁？

官府態度

一般觀點認為，唐朝之所以會出現再嫁習俗，跟唐朝女性社會地位提高、貞節觀念淡薄有密切關聯。實際上，除了以上兩個重要因素，唐朝寡婦再嫁之風之所以受到社會的認可，與統治者的態度有著直接關係。

自周朝開始，禮法至上，貞節思想已成為社會共識，經歷春秋、戰國、秦朝，貞節禁錮了古代女性，民間以是否守節為女子的道德評判標準，出現了「貞女」等說法，統治者對此也持讚揚態度。在隋朝，隋文帝詔令九品以上官員的妻子、五品以上官員的妾，在丈夫去世後不得改嫁。這詔令也許是針對官員去世後其妻妾再嫁甚多的社會現象而發。

隋滅唐起，一個嚴峻的問題擺在唐朝統治者面前：唐朝人口較隋朝銳減。據記載，隋煬帝大業五年（六〇九），隋朝人口八百九十萬戶，約合四千六百萬人；唐高祖年間（六一八至六二六），人口統計為二百餘萬戶；唐太宗貞觀年間（六二七至六四九），人口接近三百萬戶，較大業年間減少五百九十萬戶，按每戶六人計算（隋朝戶均人口數），貞觀年間約合一千八百萬人，較隋大業年間減少兩千六百萬人。雖然，唐朝在禁婚法令中，明確了禁止強制守節寡婦再嫁，但是在此人口缺口較大的情況下，唐朝前期的統治者鼓勵再嫁，人們不再過於強調寡婦守節。

唐太宗李世民於貞觀元年詔令臣民，男人的妻子去世滿三年，女子的丈夫去世滿三年，他們必須向官府申請配婚，刺史縣令以下的官員若能讓轄下百姓及時婚配，減少鰥寡孤獨，增加戶口，在政務考評時可為優秀，若不能則考評為劣。唐朝法令還規定，除了五十歲以上、與亡夫有子女和堅守貞節等三類寡婦不要求再嫁，其他寡婦都在各州縣官府義務幫助的範圍中。

當然，唐貞觀年間鼓勵再嫁是有其社會背景的，再嫁盛行並不為奇，也並不意味著唐初女性社會地位得到提高。唐初鼓勵再嫁的原因，只是為了解決人口匱乏的問題。而且到了唐中後期，隨著人口增加，寡婦再嫁的政策不斷收縮。

此外，除了朝廷鼓勵再嫁，法律依據和官府背書等因素，也推動了再嫁風氣，胡風入唐也是影響因素之一。貞觀年間，突厥人入居長安近萬家，皇室本就有胡人血統，對胡人入唐並不排斥。胡人移居唐朝，與唐人雜居成婚的情況不在少數，而胡人的婚姻風俗中再嫁本就是尋常之事。

上層女性再嫁

唐前期，從上層女性到民間女性一般都不忌諱再嫁，引發了一波寡婦再嫁之風。

皇室婚姻關係較為複雜。唐太宗李世民並不在意貞節問題，娶弟弟李元吉妻子楊氏，生下一子曹王李明。唐高宗李治娶了他父親李世民的才人，立為皇后，即後來的武則天；唐玄宗李隆基娶了兒子壽王的嬪妃，也就是楊貴妃；唐憲宗收了叛將的妾……，這些雖在現代人看來屬倫理問題，但歸到婚姻風俗中屬再嫁範疇，也反映了唐皇室不重貞節和皇室中普遍的再嫁現象。

唐代公主再嫁率偏高，在封建王朝也是獨樹一幟的。據史料統計，唐一代有記載的公主共二百一十二人，最終嫁人的有一百三十二人，其中一嫁者一百零四人，再嫁者二十五人，三嫁者三人。唐太宗時期，一嫁公主十一名，六名再嫁；唐玄宗時期，一嫁公主十四人，再嫁和三嫁者八人。從以上數據可以看出，公主再嫁主要集中在初唐和盛唐時期。唐中晚期，朝廷對公主的再嫁持有謹慎態度。唐宣宗提出，與亡夫有子女的公主不得申請再嫁，沒有子女的可以同意。之後，已無公主再嫁的紀錄了。

官員之妻、之女的再嫁案例也較多。韓愈的女兒，先是嫁給韓愈的門人李漢，後離婚再嫁他人；宋璟的兒子娶了寡婦薛氏。唐朝官員作為社會上層的一員，代表著當時的精英群體，他們並不譴責再嫁且親力而為，一定程度上也影響到民間的再嫁風俗。

民間女性再嫁

在唐朝，公主等貴族女性再嫁成風，上行下效，其婚戀觀念或多或少影響到民間。但是民間再嫁的原因與上層女性再嫁有所不同，前者更多是為了生存，而後者卻少有生存的壓力。

唐朝民間女子再嫁的主要原因之一是生活所迫。唐朝女性不像現代女性獨立自主，絕大部分女子沒有獨立生活能力。「嫁雞隨雞，嫁狗隨狗」的背後意思是其缺乏生存能力，只能依靠夫家支撐。為了生計而離婚，歷史上不乏這樣的案例。唐玄宗時期的楊志堅，因家境貧窮被妻子嫌棄。妻子申請離婚後再嫁，獲得官府批准。能否生存下去，是民間女性考慮離婚和再嫁的主要因素。

在唐朝，寡婦沒有孩子的情況下再嫁，不會受到社會譴責，但是有了孩子後再嫁，就相對比較謹慎。當然也有例外的情況，例如在丈夫去世後，寡婦失去了經濟來源，婆家無法提供經濟上的幫助，孩子年幼，她不得已選擇再嫁。如有一李氏的丈夫去世後，留有兩個孩子待撫養，家裡非常貧窮，靠她一人支撐整個家庭非常困難，唐太宗聽說此事，賜帛二百段，並要求官府幫其找到夫婿。

雖有不少再嫁的情況，但女子選擇守節仍是主流。在《唐代墓誌彙編》收錄的三千多個墓誌中，明確記載堅守貞節的有二百六十四例，而再嫁等情況僅有十例，而這十例中有七例因丈夫去世後無依無靠，或遵長輩要求再嫁，或自己想辦法再嫁。史料記載中的大部分女性對再嫁這事仍較為保守，她們選擇撫育子女、侍奉公婆、操持家務，有的回到娘家度過一生，有的出家。例如王阿足，丈夫去世，無子女，因為較為年輕，有很多人想娶她，但是她「以養其姊」，終身不再嫁，就這樣堅持了二十年。

婚姻習俗是瞭解一個時代的一扇窗，唐朝的再嫁情況在封建王朝中特立獨行，一方面體現了社會風俗中的開放性，也代表了統治階層的意願。整體來說，為了人口政策等統治需要，唐朝政府在王朝前期鼓勵寡婦再嫁，皇室、公主和貴族作為整個王朝的精英階層，再嫁之風非常普遍，或多或少影響到民間再嫁風俗。而民間女性再嫁大多因生計問題，但遵守封建禮教仍為主流。當然，若認為再嫁之風代表女性地位得到實質的飛躍可能有失偏頗，在統治者眼中，寡婦再嫁是人口政策的一部分，一切服從政治需要。

七、古代為何要厚葬？

——唐朝的厚葬、薄葬之風

喪葬是親朋與逝者告別的方式之一。然而，無論是簡單的還是講究的喪葬，去世者本人都無法感知。既然如此，為何還要講究排場呢？因為，喪葬行為寄託了對去世者的哀悼，也是活著的人表達情感的方式之一。即便是現代人，除了火葬已形成定例外，一些地區的葬禮依然大操大辦，厚葬風俗仍有保留。這與骨子裡的傳統觀念有關。其實，唐人大操大辦的厚葬風俗更盛。對喪葬的重視，上自皇室貴族，下到平民百姓，講究排場，崇尚奢靡，甚至有人耗盡家財也要厚葬先人。簡單來說，唐人厚葬比起現代人，有過之而無不及。

唐朝颳起了厚葬之風

初唐，隨著經濟復甦，厚葬逐漸成為喪葬的標配。對此，從唐太宗開始，朝廷就針對厚葬之風進行抑制。貞觀七年（六三三），唐太宗李世民頒布詔令，指出個別貴族家存在鋪張浪費的喪葬陋俗，有的普通百姓家也施行厚葬，丟掉了儉樸風尚。這些人認為厚葬才算送終，修建高墳才是行孝。實際上，富裕人家相互效仿，貧窮人家即便傾家蕩產也趕不上。李世民要求臣民崇尚節儉喪葬，因為從朝廷層面開始提倡節儉，及時制止了奢靡行為。由此，貞觀二十年間，儉樸風尚大行其道。

但是，好景不長，隨後厚葬之風又起，貌似有愈演愈烈的跡象。武則天證聖元年（六九五），武則天又一次下詔怒斥喪葬嚴重踰越禮制，指出富族豪家競相逾濫的問題，特別提出了地方和京師官員們對厚葬違制問題熟視無睹。開元二年（七一四），唐玄宗頒布了禁止厚葬的詔令。

除了唐太宗時期以詔令抑制了近二十年厚葬之風，隨後各代帝王的詔令在實際執行中均有所偏差。為何會出現厚葬之風剎不住的情況呢？

從宏觀環境來說，經濟基礎決定意識形態等上層建築。隨著唐朝的經濟恢復，唐人的腰包鼓了，有了餘力對親朋或自己的身後事進行安排，厚葬之風也逐漸興起。而站在社會風俗角度看這一問題，厚葬中的攀比之風、面子等成為其盛行的社會因素。在李世民看來，那些「以厚葬為奉終，高墳為行孝」的觀念，是在片面理解孝道。用現代人的話來說，這是「打腫臉充胖子」，為了面子不要裡子。在民間，不厚葬先人容易被人戳脊梁骨，所以，為了辦好親人的身後事，彰顯孝子賢孫的姿態，唐朝上自貴族，中到中產階級，下到平民百姓，皆出現了為辦理喪葬「罄竭家產而修葬儀」、「儘力竭財」的行為。

厚葬不僅凸顯面子，也彰顯了特權。《舊唐書．許敬宗》中記載，唐高宗龍朔二年（六六二），宰相李義府改葬他的祖父，場面奢侈，聳人聽聞，奴役數以萬計民夫晝夜不息，周邊七個縣都參與了這次改葬。高陵縣令也親自參與，竟然「不堪其勞，死於作所」。這次喪葬，被認定為自武德以來最奢侈的喪葬。

除了經濟實力提升、社會風俗影響等因素外，厚葬之風的持續還與唐朝制度有關。朝廷的一些規定，讓厚葬有了依據，唐人把這叫作葬制。朝廷規定，墓的大小與官品高低有關係，墓內部的裝修情況、陪葬規格也各有要求，超過規格屬於僭越。什麼叫僭越？換個思維來看：這是你所在的等級該享受的，其他人不能享受。這讓那些有錢花不出、又沒有官位的富豪們有了對比的對象。朝廷規定的標準，便是他們的努力方向和參照標準，於是出現了富商與富商之間的攀比之風。

富商向官員攀比，根源在制度。不僅如此，厚葬屢禁不止的重要原因，還在於唐朝皇帝雖在生前提倡薄葬、禁厚葬，但在去世後，下一任皇帝必對其厚葬。且看唐太宗的喪葬，有盜墓者「見宮室制度閎麗，不異人間，中為正寢，東西廂列石床，床上石函中為鐵匣，悉藏前世圖書，鐘、王筆跡，紙墨如新，韜悉取之」。這是唐太宗李世民要求薄葬後的墓葬。他去世後，經過三次大規模的盜墓，陪葬品被洗劫一空。西元九〇八年，溫韜盜昭陵，據民間傳說，當時溫韜從昭陵中盜出的寶物用車拉馬馱，動員幾千士兵，用了一個月才全部運完。依此推斷，長孫皇后的墓葬也不至於薄葬。唐太宗非常疼愛的公主——長樂公主，其墓葬規格也較高，出土文物甚多。唐懿宗寵愛的公主同昌公主去世後，唐懿宗哀痛，極盡奢華為其厚葬。

封建王朝，帝王享受特權，帶頭厚葬，皇帝對厚葬之風的延續也要承擔一定的責任。當然，封建迷信對厚葬之風也發揮了推波助瀾的作用。據記載，唐朝初期，陰陽葬術達一百二十多種。據民間傳說，唐太宗李世民的昭陵是唐朝術士李淳風給挑選的吉地。

簡而言之，經濟能力推動了厚葬風氣，攀比之風提升了厚葬的能力，風水之術助長了厚葬之說。

厚葬的表現

怎麼才算厚葬？這是有標準的。《舊唐書．輿服志》記載，太極元年（七一二），唐紹上書：「王公百官，竟為厚葬，偶人像馬，雕飾如生……。」在這位官員看來，「偶人像馬，雕飾如生」為厚葬的表現。實際上，唐朝的厚葬標準是多方面的。

墓宅位置好，內部裝飾到位，是厚葬的標準之一。唐朝中原地區的墓葬以土洞或磚室墓為主，達官貴人一般使用後者。內部裝飾方面，從初唐到盛唐一般流行墓內壁畫，壁畫的內容和規格要根據墓室主人的身分有所區別。那時壁畫流行的模式為：青龍、白虎開道，上有日月星辰，周圍是侍者、舞姬、儀衛、列戟等，這是人們相信靈魂回歸的內心反映，希望在另外一個世界重現生前的情景。

明器情況也是一個衡量標準。唐朝的隨葬器物除了實物，或有陶俑明器，或有死者生前的日常用品。「偶人像馬，雕飾如生」是明器厚葬的一種表現形式。官府對明器的放置有要求：三品以上官員的陪葬明器九十件，五品以上是七十件，九品以上是四十件。富貴人家有人去世，有條件的還會在亡者嘴裡放珠寶、玉璧等貴重物品。這些富人的墓中有的隨葬的衣被、棺槨奢華無比，殉葬的用品也多用金銀珠玉。有的人還為死人在墓地建造園宅，窮奢極侈。

除以上之外，儀式奢侈豪華，是厚葬標準之一。盛大的墓葬禮儀中，有送葬、祭奠、「七七齋」佛事、歸葬習俗、招魂葬、拜掃等，這些均需要人力和財力支撐。墓宅、明器、儀式是厚葬的「三座大山」，對於貴族來說是一筆不小的財富消耗，對於普通百姓，甚至有可能成為家庭的滅頂之災。

薄厚之爭

唐朝流行厚葬之風，可有反對之聲？事實上，歷史記載中，唐朝皇帝屢次下詔禁止厚葬，提倡薄葬。有史料可查，唐太宗貞觀十七年（六四三）、唐高宗龍朔二年（六六二）、武則天證聖元年（六九五）、唐玄宗開元二年（七一四）、唐玄宗天寶年間（七四二至七五五）、唐代宗大曆七年（七七二）、唐憲宗元和年間（八〇六至八二〇），唐朝皇帝多次頒發「禁厚葬詔」，以禁止厚葬，而收效並不理想。但也有堅定的執行者，如唐初期的宰相蕭瑀在遺囑中提出，死後一件單衣、一張草蓆就夠了，還叮囑晚輩不要占卜下葬；高宗朝刑部尚書盧承慶囑咐自己兒子，在他死後不要厚葬，並提了一些薄葬要求。

唐高祖李淵認為人要薄葬，但是他死後，其子唐太宗決定將其厚葬，一是出於內疚，更要彰顯孝道；二是國家經濟條件可以支撐厚葬，其奢侈程度令人咋舌。俗話說，生前一杯水勝過死後千斤土。道理是這樣的，執行又是另外一回事了。類似的情況還有，長孫皇后生前也表達過要節儉薄葬的意願，例如，墓修得小一點，不要棺材，隨葬器具用木製、陶製就行了。唐太宗對此沒有異議，但他和皇后的合葬陵昭陵地表就達三十萬畝，是唐朝帝王中陵墓最大的。建設這樣的墓地耗費巨大，與薄葬相去甚遠。

唐朝盛行厚葬，在不同時期也有差異，唐初薄葬漸少，厚葬逐漸成風，後經唐太宗的整改，稍有好轉，中期厚葬之風反彈更盛，後期標準有所降低。從墓葬的厚薄程度，可以瞭解到我們的祖先所在時代的經濟、政治和風俗情況，是觀察一個朝代的切入點。

第五章

人際職場

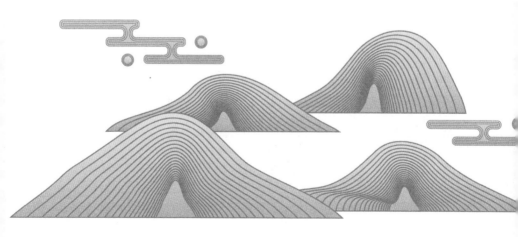

一、唐人之間是如何稱呼的？

——大唐的稱謂文化

稱謂不當，這在古人看來是非常失禮的，這與一個人的教養息息相關。每個時代的稱呼都有其時代印記，稱呼錯了不僅失禮，也容易引起誤會。現代男人們稱謂自家妻子，可以叫「老婆」、「媳婦」、「夫人」、「孩子她媽」，或者叫名字，這都沒有問題。在唐朝就不能稱呼年紀輕輕的妻子為「老婆」了，這稱呼在唐朝雖已流傳，但不適用於普通夫妻之間，而是用來稱呼年老的婦女的。稱呼妻子為娘子也是錯誤的，這是唐以後的事。各時代習俗有差異，我們欣賞影視劇、閱讀古文時，注意到其中的差異，便能更好地瞭解導演或作者的意圖。

生活中的稱謂習俗

唐人家庭稱謂比較複雜。據考證，唐朝的夫妻關係中，對丈夫的稱謂達三十四種，對妻子的稱謂達六十八種，對妾的稱謂達十六種，夫妻並體的稱謂有十三種，累加起來關於夫妻的稱謂有一百三十一種。父母的稱謂中，對父親的稱謂達三十四種，對母親的稱謂達四十種，父母並體的稱謂達八種，對父母的稱謂合計八十二種。子女稱謂中，對兒子的稱謂達八十二種，對女兒的稱謂達二十三種，加上對兒媳婦、女婿等的其他稱謂，累加起來對子女的稱謂達一百四十五種。[8]在這裡，我們解析部分容易混淆的稱謂。

郎君一定是丈夫嗎？在唐朝，「郎君」並非對丈夫的稱呼，凡是男子不管熟悉的還是不熟悉的，都可被稱為郎君。這是唐朝普遍現象，一般可以在四種場合中使用：

第一種，上對下表示親暱，可以稱呼下屬或晚輩為郎或郎君。在《舊唐書》中，唐高祖稱蕭瑀為蕭郎，「每臨軒聽政，必賜升御榻，瑀既獨孤氏之婿，與語呼之為蕭郎」。蕭瑀為隋煬帝的小舅子，李淵對這位下屬大臣仍然寵信尤佳。蕭郎的稱呼從唐高祖的口中說出，顯得更加親切。

第二種，下對上稱呼，也可使用郎君的稱謂表示尊敬。上自皇后、嬪妃、宮廷工作人員，下到唐朝百姓，都可以稱呼皇帝為郎，通常情況下，在前面加上皇帝的排行：李世民，排行老二，被稱為二郎；李隆基是睿宗皇帝李旦的第三子，被稱為三郎。唐玄宗與僧人討論法術時，僧人不空說「三郎勿起，此影耳」。這一段就對唐玄宗用了「三郎」的稱謂。此

8 見碩士論文《唐代稱謂詞研究》，吳茂萍著，俞理明指導，二〇〇二年四月。

外，下對上，除了按排行稱謂，也可以加上「郎君」、「郎主」等稱謂。

第三種，同僚、同輩之間相互稱呼郎君。晚唐詩人杜荀鶴，相傳是杜牧小妾所生，以能寫詩歌自豪。官員張曙，又名張五十郎，昭宗龍紀年間進士，能寫詩（這是唐朝官員的文學基本功）。有一次，張曙喝完酒，得意地對杜荀鶴說：「你與我同科考中，這是你的光榮。」杜荀鶴回了一句：「天下只知有荀鶴，若個知有張五十郎耶。」他們相互調侃，於是「各大笑而罷」。

此外，子稱父親為郎或郎君，也是唐人常用稱謂。試想，唐人將至高無上的皇帝稱呼為郎，那麼以此稱呼自家長輩也一點都不奇怪。例如唐僖宗時期的宰相裴坦，他的兒子裴勛就直呼其父為十一郎。

郎君是男子的專用稱呼，那麼，對女子如何稱呼呢？「娘」、「娘子」是唐人對女子的通用稱呼。年紀不大的，叫作小娘子，年紀稍微大一點的叫作娘子，這是對女性非常主流的稱呼方式。「娘子」的稱呼前可以加排行，可以加姓，也可以姓、排行一起使用。唐朝因舞劍聞名的公孫大娘，即採用了姓加上通稱的方式。「大娘」這個稱謂並非因為年紀，而是表示尊重。「娘子」這一稱謂經歷了不同時代語意的變化，在唐朝是對普通女性的稱謂；到了元朝，社會上普遍稱呼已婚婦女為「娘子」；而在明朝，丈夫習慣稱妻子為「娘子」。

另外，對長輩也可以叫作娘。唐人對母親，有時叫「娘」，有時叫作「阿娘」，這樣的稱呼一直延續到後世。

唐朝對父親的稱呼是「哥」或「歌」。換句話說，在唐朝，哥哥不僅可以當作對父親的稱呼，也可以用來稱呼兄長。為何這樣使用已無法考證，但是有一點可以斷定，這並非中原的自用詞。

如果兄弟姐妹較多，如何稱呼呢？正如前文提到張五十郎，這種說法是唐朝特有的習俗。唐朝喜歡用數字來稱呼人，即所謂「以行第繫於名者」。「行第」，就是指排行的次序。排行標準，可能是一個小家庭內的排行，也可能是同祖父所出的兄弟姐妹之間的，也就是堂兄弟、堂姐堂妹之間的稱呼。例如，「蕭十一郎」、「七娘子」，都是對男性或者未婚女子的稱呼。所以，人口太多，按家裡排行稱呼一般無錯。

如果家裡有人的輩分或地位比自己低，如何稱呼？對晚輩，當面交流可以叫「你」、「汝」、「爾」這些常用稱謂；對下人，可以叫名字，也可以稱呼「賤婢」。

官場中的稱謂習俗

古裝影視劇中，人們一般把官員稱為大人，而在唐朝卻不能這樣稱呼。大人是對父母、叔叔伯伯的一種稱呼，例如，父親大人，母親大人。大人這稱謂的本意，是相對於孩子的成年人，類似「大人、小孩」的意思，現在仍在沿用。至於後來，延伸為稱呼無高官顯位而有名望的有德之人為大人。到了元朝和明朝，才開始在官員中普及這個稱呼，並一直延續到清朝。

所以，要是不瞭解唐朝的稱謂習慣，就會不太容易理解影視、書籍中的稱呼方式。例如，在唐朝，「聖人」不是指孔大聖人，而是稱呼皇帝的口頭語。貞觀年間，李世民就被西域各國尊稱為「聖人可汗」。

聖人的稱呼，在《易經》中是君王的意思。後來《道德經》等著作中也提到該詞語，但是少見在公開場合稱呼皇帝為聖人。到了唐朝，皇帝之所以會被稱為聖人，與道教有一定的關係。唐朝舉國信奉道教，而道教分為四種修煉層次：真人、至人、聖人、賢人。而信奉道教的唐朝皇帝喜歡人們稱自己為聖人，這樣，他作為人間的最高統治者，可與老子、莊子、孔子等聖賢一起受到崇拜。

那麼，除了稱皇帝為聖人外，可以對他們高呼萬歲嗎？可以，但是一定要分場合。日常上朝時一般不這樣稱呼，「萬歲」的稱呼一般在典禮、祭祀時才會使用。總結下來，唐朝對皇帝的當面稱呼，主流的是「聖上」、「主上」和「大家」，一般不用「皇上」這個書面語。

在官場上，唐朝的官員一般如何稱呼呢？

一般來說，臣子面對皇帝時，常自稱「臣某」、「臣」、「賤臣」、「愚臣」。如韓愈曾寫道：「臣某言：伏以佛者，夷狄之一法耳，自後漢時流入中國，上古未嘗有也。」臣子向皇帝奏對，自稱「臣某」、「臣」時，並無謙卑的意思。

宰相一般被稱為「相公」，該詞絕對不是婦女對丈夫的稱呼。後來，相公的意思有了外延，年輕的讀書人也可稱為相公。

在家庭生活中搞不清稱呼，最多尷尬而已；在官場上要是搞錯了稱呼，可能會比較麻煩。官員見面，有幾種稱謂方式：一是姓＋公。例如見到杜佑，可以說「杜公安好」。二是姓＋官名別稱（官爵），這是常用的稱呼。例如一位姓張的人，官職是明府（即縣令），則可稱之為「張明府」。官爵的稱呼也有約定俗成的情況，張姓的戶部尚書，一般被叫作「張尚書」，而非「張戶部尚書」。

唐朝是中國稱謂詞發展的重要時期，唐人吸收了大量的外來用詞，稱謂詞越發豐富和複雜，有一些後來已不再使用，有些經過演繹，意思已有所改變，但它們均給後世留下了非常寶貴的文化財富。

二、唐人用「我」作自稱嗎？

——唐人自稱的正確「姿勢」

若你在歷史書中看到唐人自稱「我」，是否感覺特別親切？又例如，看到一些人自稱「賤人」、「賤子」、「賤妾」、「小人」，是否有點不太適應？還有，聽到電視劇裡的俊俏姑娘作揖自稱「兒」，是否覺得這人的性別出了問題？

實際上，在唐朝自稱為「我」的情況少之又少，「賤人」倒是常用的自稱；而自稱為「兒」的，一般都是女子。自稱用錯了，可能比較尷尬和麻煩。

自稱的習俗

在古人看來，自稱是一件特別講究的事情，在不同的場合，面對不同的人，就有不同的稱呼。

要瞭解唐朝的自稱文化，需梳理稱謂方式。一般情況下，稱謂可表達三種態度：謙虛態度、中性態度和自負態度。謙虛是透過低調、放低身段的方式表達自己的態度；中性就是字面上的意思，不卑不亢；自負與謙虛相對應。至於使用哪種態度，主要看說話的人與談話的對象是誰。離開語境談問題，如無根之木、無源之水。例如，唐人說「予」或「余」，這是表達謙虛卑下的意思，要換成皇帝說這話，就不是謙卑的意思了，則是皇帝的代名詞。在《舊唐書》中，唐憲宗有曰：「予以其家門忠順，為卿遠貶。」

「朕」、「我」也是皇帝自稱。「朕」無須贅言，皇帝也可以用「我」，例如《敦煌變文校注》中的「是我之福感德如此，國界清平」。

但是，除皇帝外的人講「我」、「吾」，就只是字面上的通稱，沒有感情色彩。「我」常用於口語中，「吾」一般在書面語中出現，如「張范善終始，吾等豈不慕」。「我」、「吾」後面都可以加「等」、「輩」、「曹」等，表示複數（多人），有我等、吾等、我輩、吾輩、我曹、吾曹等常見的說法。例如，杜甫《赴青城縣出成都寄陶王二少尹》的「客情投異縣，詩態憶吾曹」。

生活中的自稱

唐代女子一般是如何自稱的？如前文所述。唐朝年輕女子通常自稱為「兒」，其本意是小孩子，也可以指少年男子。唐朝之前，「兒」作為自稱尚未流行，一般在父母面前用。到了唐朝，無論男女、已婚還是未婚，面對長輩或自認為平輩的，都可以這樣自稱。唐朝的皇室中，公主和太子對皇后可自稱「兒」，那時沒有「兒臣」一詞，若是影視劇或網文中有類似稱呼，應是搞錯了。史料記載，有女子答曰：兒聞古人之語，蓋不虛言。白居易《予與微之老而無子》中的「常憂到老都無子，何況新生又是兒」，這些都證明「兒」的稱呼被廣泛使用；類似還有《敦煌變文．伍子胥》中「遠道冥冥斷寂寥，兒家不慣長欲別」之句。

當然，唐朝女子有時也會在「兒」後加「家」，變成「兒家」，以此自稱。「家」作為一個輔助用詞，在今天也有廣泛使用，例如「人家」。

唐朝女子的女性意識雖有覺醒，但是社會地位還是遠低於男性，自稱「兒」，不僅僅是謙稱，還是社會地位不高的表現。未嫁女子對自己的稱呼還有：小女、小女子、婢、妾、奴家、奴身等。究其原因，一是她在自謙，二是她的身分本就是奴婢或妾，這樣的稱呼符合人物的自我認知。在民間，年老的女性自稱「老身」；佛教的女性修行者，自稱「貧尼」。

皇室女子自稱是這樣的：皇后、妃嬪、公主、王妃自稱「本宮」。若遇到自稱「哀家」的女子，那一定是丈夫去世的皇太后或者太妃。當然，如遇到在皇室中自稱「本宮」的男子，一般是未登上大寶前的太子。

那麼，男性一般如何自稱呢？男子有時也會在長輩面前自稱「兒」，只是比女子使用的範圍小了許多。男子的通用自稱有「某」、「某某」，不管對方什麼輩分，如此自稱沒毛病。「某」在史料中屢見不鮮，說明其在唐朝受歡迎的程度。當然，也可以說「我」、

「吾」，唐人基本都能聽得懂。除「某」之外，用自己的名字回話，也是上自宮廷下到百姓常用的自稱方法。此外，讀書的男性自謙的詞語還有小生、晚生、晚學、不才、不佞、不肖等，這是用來表示自己是新學後輩。

晚輩男子對長輩、尊長，可以自稱「在下」；子弟晚輩對父兄尊長可以自稱「小子」；自己本身就有點身分，可以自謙為「小可」，意思是自己很平常，不足掛齒。老人家自稱為老朽、老夫、老漢、老拙等，都是可以的。

官場中的自稱

對於官員而言，平時接觸的官場人較多，他們會如何自稱？百官在帝王前自稱「臣」，而年長資深的大臣在皇帝面前可自稱為「老夫」。下級官員見到上級官員，或者百姓見到官員，自稱「某」，也可以自稱「下官」。當上級遇到下級時，可以自稱「某」；而下級回話時，也自稱為「某」，或直接說自己的名字。「某」這個詞在日常生活及正式場合可以通用，官員之間、上下級之間，絕大部分情況都可使用這一自稱。

三、如何進入公務員體系？

——唐人入仕之路

唐朝在中國歷史上留下輝煌一頁的重要原因之一是其文化底蘊，至少在詩歌領域，詩人組團可碾壓後世。而這等文化底蘊的養成，主要功勞在於有一股力量在促使人們讀書、寫詩、入仕。換句話說，唐人入仕之路上，詩文是非常重要的參考因素。

科舉入仕

唐朝選拔人才的方式發生了重大變化，允許寒門學子報名參加科考，不需要高官的特別推薦。這為很多有夢想卻無門路的人打開了一扇窗，這就是延續千年的科舉入仕。對於唐人而言，參加科舉考試進入仕途是最正統、最有面子的。不過，隋朝確定的科舉考試，到了唐朝也就是一個牙牙學語的起步階段，尚在不斷完善和發展階段。

在唐朝，科舉並非所有人都能參加，首先要看資格。例如，商人子弟無參加科舉考試的資格。相傳唐朝詩人李白的父親是商人，李白一生都沒有參加過科舉考試。出身決定命運，同樣，奴籍者（賤籍）子弟也沒有科考資格，當然也不能與良民通婚。

有了資格的學子，第一步要考取進京趕考的資格證書，也就是通過地方考試。第二步是參加全國統考，達到考試標準的考生才能賜進士出身。進士出身是進入仕途的重要一步，符合要求者才能進入吏部的面試階段。面試的內容一般包括學識瞭解、語言能力、字體、長相。這裡特別要說一點，唐朝官場比較關注容貌，類似現代的「外貌協會」。

雖然科舉考試對平民開放，事實上，唐朝通過科舉入仕的官員大部分仍然來自官員、貴族、士大夫家庭，僅有一小部分來自普通家庭。科舉給了平民機會，但是從教育的資源投入等方面考慮，培養出一位平民官員確實不容易。

其他入仕方式

除了科舉考試，唐人還可以透過流外入流、門蔭入仕、制舉制度進入仕途。

最底層官「流外入流」，顧名思義，這並非正統公務員體系。朝廷規定，技術人員、胥吏透過努力工作，可以進入「流官」行列，類似現代的「草根逆襲」公務員。流外入流的群體大部分仍然是底層官吏，並不被科班出身的科舉考試官員看得起。

最便捷的方式是門蔭入仕。門蔭入仕，顧名思義，是祖輩給後代準備的後路。出身好的子弟，如果不夠努力，門蔭入仕便是最佳、最偷懶的入仕方式。

此外，制舉制度是科舉外的另外一種人才選拔制度，類似綠色通道，屬於為選拔非常之人設置特科的一種政策。考試分為賢良方正科、直言極諫科、博學宏辭科。皇帝是問題發起者，親自策問應舉的人。應試者直接受皇帝的選拔，一旦被認可，便會委以重任。這是唐朝文人進入仕途的重要途徑。開元八年（七二〇），唐玄宗在含元殿策試應制舉人；天寶十三年（七五四），制舉又增加了詩賦應對。文宗後，制舉實際意義上被作廢，也就是說，這條仕途之路徹底關閉了。

簡而言之，科舉制是針對包括貴族、官員、普通地主及底層平民百姓的入仕方式；流外入流是針對技能型人員和一些底層小吏；門蔭制度的側重群體是貴族；而制舉就等同於朝廷開通的綠色直達車，對在意的人直接選拔，各有側重點。

入仕待遇

唐代官俸有職田、祿米、俸料三種固定項目。

唐朝自一品至九品官員，享受朝廷配給的職田為一千二百畝至二百畝不等。長安、洛陽和外地工作的官員，朝廷給予的土地畝數會有差異。在長安工作的一品官員，每人大致可拿到一千畝地，外地工作官員在工作地每人可拿到一千二百畝左右。到了九品官，在長安可以得到二百畝地。這是一筆不小的收入，但是官員僅擁有土地的使用權，所有權還是皇帝的，等你不當官了，是要交還的。「職田」制度解決了公務員的田地需求。

唐朝採用年薪制，也叫作「祿米」，解決官員的口糧的問題。一般情況下，「祿米」一年發一次，秋收後發放大米、小米或其他糧食。唐朝的糧食按斗和石來計算，一石糧食大致等於五十公斤。

除了「職田」、「祿米」，唐朝公務員還有月薪，他們把這叫作發「俸料」或「俸錢」。俸料包括錢和日常物資。錢是月薪，銅錢、絹帛等都有。

日常物資一般包括酒、肉、麵、蔬菜、布匹、筆墨紙硯。白居易升左拾遺後寫道：「月慚諫紙二千張，歲愧俸錢三十萬。」後來，唐人發現發錢較為便利，基本上以錢幣替代發放各種俸料了。

除以上的待遇，朝廷還為符合條件的官員配置「僕役」。配給的數量也是有差異的，從最低的九品官員配兩人，到最高的一品官員配十六人不等。經濟條件不好的官員，如果不要僕役，可以退給官府，官府折算成現金給官員。僕役從哪裡來的？來自唐代百姓。因為唐人除了要交稅外，還要服勞役。

此外，皇帝高興之餘，節日裡也會發點物資與官員同慶，也算是福利之一吧。

簡而言之，萬裡挑一入仕的官員們有田、有糧食、有薪酬，還有日常福利。這些福利待遇，除了發放耕地這種形式隨著時代的變化沒有延續下來，其他或多或少都有承接。

四、古代城市為何總改名？

——唐諱的學問

不知道大家有沒有發現，中國古代的一些城市常常出現改名的情況，有的城市甚至多次改名。據《隋書》記載，隋朝一下子改掉了幾十個城市的名稱：揚州的廣陵改為江都，廣州改為番州，廣都縣改為雙流，廣安縣改為延安，廣饒縣改為東海，廣化縣改為河池。

到了唐朝，唐順宗永貞元年（八〇五）十二月，淳州改為睦州，還淳縣改為清溪縣，淳風縣改為從化縣。唐肅宗時期，有「安」字的城市被全部強制改名，就這樣出現了現代人耳熟能詳的城市名：寶安縣成為現代的旅遊勝地東莞，安昌縣變身為義昌，同安縣被改為桐城。那麼，古代頻繁給城市改名的原因是什麼？

避國諱

突然改名和多次改名的原因是避諱。隋朝城市改名，避楊廣的「廣」字；唐順宗時期改名，避諱太子李純的「純」字，以上可稱之為避國諱。而唐肅宗時期的改名，屬於避憎諱，避安祿山的「安」字。在禮儀尤重的封建王朝，避諱的重要性不言而喻，它涉及生活、工作和人際交往的各方面，稍有不慎便可能觸犯忌諱。尤其是國諱，是所有唐人必須瞭解的。

在唐朝，全國百姓對皇帝及其祖先的名字（主要是皇帝及皇帝的祖、父、皇太子等人的名字）都要避諱，在官方文書、奏章、典籍等文字和公開場合中，不允許出現須避諱的字眼，也不允許出現同音字。唐朝的國諱範圍有：虎、昞、淵、世、民、治、弘、顯、旦、照、隆、基、亨、豫、適、誦、純、恆、湛、涵、昂、炎、忱等。

唐朝政府頒布了一系列違反避諱的處罰。唐律規定，書面上書奏事者犯諱，杖八十；口誤犯宗廟諱的官員，笞（用鞭杖或竹板抽打脊背或臀腿的刑罰）五十。還規定，但凡直呼皇帝之名的，便是犯了「大不敬」罪，是當時最嚴重的「十惡」罪之一。例如，史載宋昂名字的「昂」字十年不改，觸犯了唐文宗李昂的國諱，雖然後來修改了，但仍被官府發現，於是在政績考核中給予降兩級的懲罰。

避諱需要修改的東西較多，除前文提到的地名因避諱要修改，其他類似的情況也頗多：平民百姓正在使用的姓要修改，為避「李純」的「純」字，那時的「淳于」姓被要求改為「于」姓。物品和動物也在避諱範圍，馬桶原名叫作「虎子」，因要避諱李虎這位已過世的皇帝祖宗，改名「馬子」，後因多為桶樣，終名為「馬桶」，且一直延續至今。唐朝皇族姓李，官府下令禁止捕撈鯉魚，這倒好，造成鯉魚氾濫。一些成語也因避諱而修改。「不入虎穴，焉得虎子」這耳熟能詳的成語，在唐朝被修改為「不入獸穴，安得獸子」。

避私諱

顧名思義，避私諱是指對自己的家族和尊長名字避諱。避國諱還算有章可循，有法令的條款，遵照執行即可。但是，在與他人交談、通信、寫詩文等場合中，都有可能涉及自己不瞭解的諱稱。所以，日常中的避私諱存在不確定性。

唐朝曾發生因同事的名諱與自己家長同音而與之絕交的事。唐明宗時期，于鄴準備拜訪御史中丞盧文紀，但盧文紀一聽于鄴中的「鄴」字與自己父親名字中的「業」同音，遂表示不見此人。這在官場上就意味著拒絕交往。于鄴聽說這事，也感覺到特別恐懼。因為在唐人看來，觸犯別人的家諱是不道德的，並且會被譴責。對他人的避諱都如此重視，那對於自家的更是這樣。杜甫的所有詩歌中，都沒有出現「閒」和「海棠」的字眼，因為他的父親叫作杜閒，母親的名字叫海棠。

古人對避諱的重視，是儒家文化的一部分，體現「為尊者諱、為親者諱、為賢者諱」。那麼，時人是如何避諱的呢？

避諱技巧

唐人避諱之法，是八仙過海各顯神通，他們在取名、談話、寫作、通信、科舉答卷、公文往來、事物名稱等方面小心避諱。總的來說，唐人有七種避諱技巧。

拆字法。唐人把可能避國諱的名字拆開書寫，即為拆字法。武德九年（六二六），朝廷下詔令，有「世」及「民」兩字不連續者，並不須避。因要避諱「李世民」的「世民」兩字，這兩字沒有連續寫上，就不會出問題。例如，「世王民」這樣的名稱就不會犯諱。

去字法。顧名思義，去字法是將有兩個字名字去掉一個字。唐人修史，遇到前代人名與當朝廟諱相同者，有時會去掉一個字，以此避諱。修《隋書》時，為避李世民的「世」字，修書者將王世充的「世」字空而不書，直接寫成「王充」，明白的人都明白了。唐初名將李世勣使用去字法，改名為「李勣」。蕭淵明[9]犯了唐高祖李淵的名諱，去掉「淵」字，改成蕭明；韓擒虎犯李淵的祖父李虎名諱，去「虎」，改成韓擒。使用去字法的前提，一般是名字有三個字或三個以上的。

改字法。直接改字，也能實現避諱。唐朝名相姚元，因要避玄宗年號「開元」諱，改名為姚崇；褚淵，犯諱「淵」字，改為褚彥回；劉淵，犯諱「淵」字，改為劉元海；石虎，犯

9 蕭淵明，長沙宣武王蕭懿之子，梁武帝蕭衍之侄。

諱「虎」，改為石季龍。而官府部門的唐朝原六部之一民部，因避李世民的「民」，被換成了「戶部」；唐高宗立李忠為太子，中書舍人改名為「內史舍人」，以避開「忠」；為避諱「治」，治書侍御史改為御史中丞，各州治中改為司馬。

缺筆法。這是將所避之字的最後一筆或倒數第二筆省去。孔丘是國諱，丘字缺一筆成了「斤」字。

迴避法。採用直接迴避的方式。例如，父親名字中有「岳」，他家的孩子終其一生不聽音樂（避諱「岳」）；父親名字中有「高」，他家的孩子終其一生不給吃糕。這些都被時人津津樂道。

入門而問諱法。因不知道對方的「諱」，於是古人「入國而問禁，入鄉而問俗，入門而問諱」。為別人避諱是件非常麻煩的事，每個交往對象及其家族尊長的名諱都需提前瞭解，否則可能冒犯、失禮，導致對方不快，且招來麻煩。有一則軼事，李賀父名晉肅，「晉」、「進」同音，與李賀爭名的人，就說他應避父諱不舉「進士」。

古人的智慧不可小覷，避諱的方法還有很多。例如覆蓋法，把已寫好的字用紙覆蓋，把忌諱的字用「某」代替。

在中國封建王朝的避諱史上，唐朝有極其重要的地位。後世認為「唐人避諱之風，盛也」，唐朝的避諱範圍不斷擴充，從官場到民間，不僅要避國諱、官場諱，還要避自家的諱和他人之諱，這成為那時人們的流行風尚。

五、唐人如何以孝治天下？——孝道是職場的重要考量

孝道是中華民族的傳統美德，在唐朝，孝道與個人前途緊密相連。一個孝道有虧的官員在官場是混不開的，一旦被發現，輿論和行政手段都會對其施加壓力。唐朝是如何將孝道和官場有效結合起來的？為何官府對孝道的推廣盡心盡力？

丁憂

我們常聽人說，忠孝不能兩全。但在唐朝，孝道始終要放在第一位。

對於官員而言，祖父母、父母等人去世，料理喪事後必解職。子女應為亡故的父、母守

喪二十七個月。喪期結束後，可以脫下喪服，若提前脫下喪服，視為不孝，處徒刑三年。唐憲宗時期，司法參軍事陸博文、陸慎餘兄弟居父喪期間「衣華服，過坊市」，各被笞打四十下，陸慎餘流放循州，陸博文被遣送回原籍居住。另一個故事涉及皇室。駙馬都尉于季友在其嫡母喪期與進士劉師服宴飲，于季友被開除官爵，笞打四十下，另外一位笞打四十下後直接流放連州。于季友的父親于頔也因「子不教父之過」，被處以削階處置。

居喪期間，不得參加宴會，不得作樂，不得看雜戲，不得娶妻生子。一經發現，根據情況作出處罰：參加宴席，杖一百；作樂，處徒刑三年；看雜戲，徒刑一年。在二十七個月內懷胎者，處徒刑一年。處罰不可謂不重。懷胎生子這一條，後來被朱元璋認為有點不近人情，於是下令廢除。

以上是官員解職丁憂。非官員者在居喪期間違反規定，又該怎麼辦？

唐律規定，在居喪期間求功名者，分兩種情況進行處理：滿二十五個月未到二十七個月求取官職，一經發現，處以徒刑一年；若未滿二十五個月求取官職，處以徒刑三年。若祖父母、父母等去世，唐人便無法參加吏部參選；學子們也不得隱瞞父母去世的消息參加科舉考試，一旦發現，均會受到相應的處罰。

唐朝的丁憂制度極大地維護了統治者制定的禮法制度，有其時代局限性，也代表了落後生產力下的政策。當然，在必要的情況下，可能會啟用「奪情」，即由皇帝發起，要求官員回來上班。事實上，奪情現象在歷史上並不多，即便有，也會遭時人唾棄。

侍親

都說「忠孝不能兩全」，對於古代官員，處理好孝養父母和自己工作的關係是一大考驗。在父母年邁或患有疾病的情況下，如何做才能被認為是堅持孝道？

唐朝官員若家有八十歲以上的老人，身患疾病或者有殘疾的，官員必須回去侍奉。對於才能傑出的官員，國家為其分配官侍照看老人。整體來說，朝廷鼓勵官員行孝，唐太宗時期還為此專撥經費，提高官員的俸祿，以便養親奉親。

有的官員主動辭官，履行孝道的義務。長安四年（七〇四），姚崇以母親年老向武則天上書，請求解職侍養，言甚哀切。武則天無奈之下就同意了。

有的官員選擇「移官就養」，即換個地方當官，以便侍奉尊長。張九齡為了照顧老母親，請求更換工作崗位，改為洪州都督。這是比較務實的解決辦法，比辭官奉養更人性化。

孝治

唐統治者大力提倡孝道，這不僅是為了維護禮法的尊嚴，更是受儒家思想長期浸染的結果。透過頒布一系列政策，統治者將孝道應用於社會、政治、經濟生活的各個方面，以期

「以孝治天下」。整體來說，唐朝的孝治，在法令法規、教育層面、選官措施等多個層面實施，並監督官員嚴加遵守。

完善法令法規。唐代律例是中國傳統法典典範，《唐律疏議》是中國現存最古老且完整的刑事法典，其中關於孝道的條款約占法典全部條款的百分之十三。唐律規定，官員如果在孝道上有所虧欠，受到社會輿論的譴責，監察部門也會予以彈劾。為了保障官員行孝，朝廷還給予官員假期等便利條件，甚至提供資金、人力、物力幫助官員辦喪事。

以孝選官。唐朝建立了以儒學為主體的學校體系，大力推行孝道。唐朝的學校教育中，儒學教育占據主導地位。在很長一段時間，朝廷規定在校學生必學《孝經》，「《論語》兼習之」。統治者推行以孝選官的政策，唐太宗多次下詔，希望舉薦有孝道的人才進入朝廷。唐朝科舉考試中，始終將《孝經》、《論語》作為必考內容，還專門設置了「孝悌」的考試科目，只有那些孝悌優秀者才能參加考試。朝廷還對孝道進行表彰獎勵，有多種方式，例如減免賦稅及徭役，對有孝道者授予官職。

丁憂制度提出了官員的居喪要求，侍親明確了長輩在世期間的盡孝原則，對於唐人，這些均為孝治的重要部分，統治者正是藉此推動「以孝治天下」。

六、大唐官員一年的假期有多少？

——唐人的假期文化

古往今來，上自官員，下到普通百姓，對休假這件事都非常關注。休假的好處我們就不說了，唐朝的假期怎麼樣呢？

常規假期

唐朝官員一年到頭的固定假期有多少？開元《假寧令》記載，元正、冬至、寒食等二十四個節日有假期，這些是時令假或者節令假，節日有大節和小節，放假時間有一日、三日和七日不等。統計下來，唐官員固定的法定假期有四十一天。

另外，官員們每月還有三天旬假。旬假是唐朝固定假期，每旬休息一天。唐高宗年間詔令，「每至旬假，許不視事」，說明那時官員已可在旬假休息期間不關注工作的事。據《唐會要》，唐玄宗較為重視旬假，是歷史記載中第一位提出強制休假的皇帝，他說：「自今已（以）後，每至旬假休假，中書、門下及百官並不須入朝，亦不須衙集。」旬假期間，官員們與親戚朋友聚會、遊玩、吟詩作對，「何以樂吾身?」

對於唐朝官員來說，節令假加上旬假，他們能享受的法定假期就高達七十七天。

除以上法定假期外，每年二月十五，道家始祖李耳誕辰日，唐朝官員要休假慶賀。唐玄宗時期，該假期為三天，唐武宗於會昌元年（八四一）將其調整為一天。

唐玄宗開創了皇帝誕辰日放假的先例，一般為一至三天。有的皇帝設置了節日名稱，如：唐玄宗，千秋節後改為天長節；唐肅宗，天平地成節；唐文宗，慶成節；唐武宗，慶陽節。有的皇帝未設節日名稱。除此外，每當新君登基、冊封皇后、重要活動，全國也可以放假。

田假和授衣假

在我上小學時，有農忙假，實際上這源自唐朝。唐朝官員和在校學生的田假和授衣假，各十五天，合計三十天，所謂田假，顧名思義與田地有關，回家幹農活。在農業社會，農事至上，農事當口回家務農已形成慣例。事實上，在二十世紀的八九十年代，中國農村的某些地區仍然保留這樣的假期。授衣假看似是與衣服相關，實則也是與農事有關的假期。從時間來看，與春天的田假對應，在秋收季節——七月流火，九月授衣。這兩個假期均體現了唐朝對農業的重視。田假和授衣假同樣適用國子監學生、州縣學子。

固定假期加上田假、授衣假，大唐官員的假期有一百零三天，若再加上皇帝誕辰、李耳誕辰、官員調動給予的裝束假、官員到新地方就任的程假以及婚喪嫁娶事假等，假期的總數已非常可觀。

裝束假、程假、事假、病假

裝束假是指官府給予官員上任前的一些準備時間，名義為準備裝束，實則讓官員有時間走親訪友告別，且做好遠程跋涉的準備等。唐朝前期，官員的裝束假天數要稍多於中後期，這可能與後期整個王朝的衰落有關。

遠任一千里給四十天假，兩千里給五十天假，三千里內給六十天假，四千里給七十天假，超過了四千里，給八十天。這些假期是除掉路程時間的。安排裝束假的原因，一是長途旅行確實需要提前做好準備，二是含有對遠任者的安慰。

到了唐後期，裝束假天數下調。在唐文宗大和五年（八三一），敕令刺史謝官後，不計近遠，皆限十日內發：一千里內者，十日假期；兩千里內者，限十五日；三千里內，限二十日；三千里以外者，限二十五日。假期大幅縮水。唐朝御史臺認為，官員受命以後應儘快赴任，但是有的官員一路閒逛，甚至利用這個假期停留，影響公務。據此彙報後得到了皇帝的批准，從而縮短了假期。

官員遠任另有程假。顧名思義，就是過完裝束假後，從出發地到達任所給予的行程時間。唐律規定：馬，日七十里；步行及驢，日五十里；車，日三十里。以此推算程假時長。

若唐初一名官員從京城到三千一百里外的地方遠任，他享受的假期有：裝束假七十天，程假為每日三十里，至少要一百天抵達工作地。兩者合計一百七十天左右。

官員們也有機會享受突發休假。有的是人為突發情況帶來的休假，例如皇親國戚、朝中大臣去世，朝廷會安排休假，表達對逝者哀悼，一般一到十天不等。有的是由於自然原因導致的，天象異常、天氣變化等，故不用上朝，大家休假。

唐朝官員病假，一般能休多久呢？唐朝官員本人因病或年老體衰，可以申請病假。唐律規定，病假一般不能超過一百天，一百天結束後，可彙報申請恢復工作。若一百天過了，請假人尚未回來上班，按律，從病假改為「長告」，即長期退休的狀態。白居易《百日假滿》詩中的「長告初從百日滿，故鄉元約一年回」，說的是休假超過一百天的官員被要求長期退休的事情。

其他假期

父母喪的假期是服三年，實際為二十七個月。官員在職者須停止職務，回家丁憂守喪，期滿回來上班。喪葬假還包括祖父母及其他五服內親屬去世的假期，少則十五天，多則三十八天。對於老師的去世，給三天假期。

家不在工作地的官員，其假期如何安排？在唐朝，設置了兩個假期——省親假、侍親假，區別在於前者是短期假，而後者是長假。顧名思義，省親假是回家看望父母和其他尊親的假期，根據距離設置休假天數，要是父母在三千里外，三年內給予三十五天假期。這是給遠任官員的福利，近一點的官吏享受不到。

侍親假是長期的休假，若是父母年高或有病，身邊無人照顧，那麼官員需要回家奉養，最長到二百天。超出二百天，官府直接給予終身侍養的待遇，被稱為「解官充侍」。「解官充侍」官員，政府「給半祿」，體現了對孝道的推崇。

唐朝的假期讓現代人羨慕，尤其在一個慢生活的時代，有個假期停下來，走親訪友，陪伴孩子，孝敬老人，結識新朋友，又何嘗不是一種享受？古人今人皆同。

七、唐朝商人的社會地位是最低的嗎？

——唐商的成長

封建王朝，士農工商等級分明，商人社會地位最低。但隨著唐初經濟復甦，絲綢之路打通商貿，商人也在努力改善著自身的境遇。

商人入仕

是否為官，是古人衡量一個人社會地位的標準之一。伴隨經濟實力的提升，商人希望在官場有所作為，但唐朝奉行重農抑商的政策，嚴格控制商人入仕，且禁止商人的孩子入學，禁止商人參加科舉考試，嚴禁商人與士大夫交往……。

唐初，唐太宗嚴格禁止商人入仕。唐太宗認為朝廷設置官職，是用於禮待天下賢士，而工匠商賈等人，即使技藝超出常人，也只能多給財物，不可授予官職。《舊唐書．食貨志》記載，「士農工商，四人各業。食祿之家，不得與下人爭利。工商雜類，不得預於士伍」。雖然朝廷規定工商雜類階層不能與士為伍，但當時的民眾大部分都希望進入仕途，商人也不能免俗。

武則天時期，朝廷對商人入仕的管理稍微放鬆，商人逐步進入仕途。這或與武則天家族本是商人有關，又或以此對抗老牌的士族勢力。到唐中宗時期，安樂公主大肆賣官，使更多的商人藉機入仕，當時把這些非正式任命的官員稱為「斜封官」。這樣，使商人的社會地位得到了明顯提升。

整體來說，商人若要入仕，可以透過買官、科舉考試、賄賂等方式獲得官身。

買官賣官獲得官身。安史之亂後，唐朝政府財政經常入不敷出，國用不足，為了彌補財政虧空，朝廷依靠賣官解決。

唐肅宗至德元年（七五六），鄭叔清與宰相裴冕建議，天下用度不夠，朝廷給出未填姓名的補官文憑，給道士僧尼空白告身，只要商人資助軍隊「錢百千」，即賜予官身。這讓賣官買官已擺到檯面上了。唐僖宗乾符五年（八七八），朝廷軍費不足，於是賜給商人、富家人官位告身，並向他們貸款，解決了數月開銷。當時若商人多出錢，告身還可以提供得多。買官成了唐朝中晚期商人入仕的主要方式之一。

科舉考試獲得官身。唐中期之前禁止商人科舉入仕，但到了後期，寒士參加科舉考試的情況越來越多，那些寒士階層中的商人子弟，透過科舉可以取得入仕的機會。白居易生活的年代，得州州府的貢士榜單上，已列有商人子孫名字，說明當時商人子弟已可參加科舉考試。但整體而言，唐朝商人子弟進入仕途的記載並不多。

賄賂得官身也是商人入仕的方式。唐朝長安的富商，為了逃避賦稅差役，透過賄賂宦官在神策軍中掛名，成為合法免稅戶。他們以賄賂得到官身，利用官身免稅。

唐後期，商人透過多種方式進入官場已成事實。然而在社會主流思想中，鄙視商人的觀念仍制約著商人入仕，社會輿論亦對商人入仕加以譴責、批判。

商人活動

商人作為社會成員之一，他們積極參加社會活動，我們從中可窺唐朝社會生活狀況之一斑。

唐朝商人竇乂向官員李晟捐獻十萬貫造馬球場，然後選大商產巨萬者，推薦五六人給李晟，並請託安排他們的子弟在各諸道及在京職事。安排妥當後，又籌措資金二萬貫給李晟。這是唐朝商人捐錢給官場，官方安排一些職位的官商結合的案例。

唐朝晚期商人經常被官府和軍方敲詐勒索，財產根本得不到保障。官員對商人的勒索有恃無恐，因此破產的商人不計其數。唐僖宗乾符二年（八七五），官府財政緊缺，原因是「狎昵」、「賞賜」導致「所費動以萬計」。於是官員田令孜彙報建議，把東市西市商人倉庫的東西拉進內庫，以解決這個問題，若有人反對這項建議，即被殺。詩句「確確無餘事，錢財總被收。商人都不管，貨賂幾時休」，即寫出了此類情景。唐官員劉希暹，官拜太僕卿，他在北軍中設置監獄，用於羅織城內富人罪名，嚴刑罰沒富人家產，藉此斂財。

與此同時，唐人的輿論環境也影響了商人活動。詩人盧仝在《寄贈含曦上人》中，評價商人為社會地位低、急功近利、不受待見、毅然尋找生存空間的一群人。唐朝社會對商人的歧視自始至終占主流，認為商人目光短淺，不願意與其通婚，甚至覺得與商人做鄰居有辱斯文。

此外，前文提到，即便商人子弟通過科舉考試進入官場，但是依然得不到社會主流的認可。這樣的觀念也影響到這些考中進士的商人子弟，他們往往認為家族的商人身分拖累了自己。伴隨經濟實力的提升，有的商人與皇室搭上線，其中一些甚至成為朝廷和官員在商場的代言人。成為官商後，他們的政治地位較普通商人高些，從而有機會在商業活動中獲得更多資源。

商人婚姻

商人的社會地位相對低下，他們婚姻情況會怎樣呢?分居是唐代商人的婚姻常態。一些商人外出少則一兩年，多則四年以上，結婚後可能處於長期兩地分居的狀態。據《太平廣記》，兗州有一戶人家，媳婦姓賀，鄰里叫她織女，丈夫負擔販賣，往來於郡，每次外出都是一連幾年才回家，在家裡住不了幾天就又外出了。賀氏嫁給丈夫二十多年了，丈夫沒有在家裡住上半年。

唐朝法典規定非常嚴格：「人各有偶，色類須同，良賤既殊，何宜配合？」唐律規定，商人不得與士人通婚。可與商人結婚的，有三種人：一是農民。農民社會地位高，但是經濟條件不好，有可能與商人結為親家。二是手工業者或商人家子弟。「當色為婚」，商人之間的聯姻，或與手工業者聯姻，可能更加實際。三是妓女。史料顯示，妓在唐朝地位低下，而商人與妓的結合，也是唐朝商人婚姻的主流。

白居易的《琵琶行》提到，「本長安倡女，嘗學琵琶於穆、曹二善才，年長色衰，委身為賈人婦」。「本長安倡女」，說明了該女子身分，「委身為賈人婦」，說明了商人的婚姻狀況。《太平廣記》中也記載了一個大商人娶妓女孟氏為妻的故事，這些都是唐朝商人家中妻妾社會地位低下的證明。

唐朝中後期，因商人參與政治活動，一些商人還成為官府代言人，其社會地位發生了微妙的變化，婚姻也相對地發生了一些改變，逐漸出現少數士族女子嫁給商人的案例。雖然情況並不普遍，但一改唐前期僅可與同行、妓和部分窮苦農戶通婚的現象。

八、古人的手工業是如何發展起來的？

——唐人的手工業

據《太平廣記．異聞錄》記載，天寶年間，揚州曾向唐玄宗進貢水心鏡一面，該鏡「縱橫九寸，青瑩耀日，背有盤龍，長三尺四寸五分，勢如生動。玄宗覽而異之」。唐朝雖無玻璃鏡技術，但揚州進貢鏡子的精緻程度，足見當時手工業的發達。唐朝手工業門類眾多，規模龐大，有相對完整的體系，手工業者的努力創造，給後世留下了璀璨的瑰寶。

手工業發展情況

唐朝的手工業極為繁榮，在紡織業方面，產品種類繁多，有的紡織品吸收了西域特色，呈現出多彩多姿的風格。尤其是唐朝的絹帛，還可以作為貨幣使用。在冶鑄業方面，唐朝已普遍採用切削、拋光、銲接等工藝。在陶瓷業方面，舉世聞名的唐三彩、邢窯白瓷、越窯青瓷和秘色瓷，都代表了當時高超的技術。

最能代表唐朝手工業實力的門類是造紙業、雕版印刷術和造船業。唐代造紙業的代表性成就，主要集中在益州的大小黃白麻紙，杭、婺、衢、越等州的細黃白狀紙，均州的大小模紙，宣、衢等州的案紙及次紙、蒲州的百日油細薄白紙等。雕版印刷術在唐初興起，唐中後期開始廣泛應用。它與造紙業發展的結合，極大地推動了唐朝文化事業的發展和傳播，為唐朝文化的繁榮和源遠流長作出了重要貢獻。

唐朝有很多造船基地，造船業發達，造船技術先進，領先於當時世界。最突出的技術是在造船工藝上廣泛使用了榫接釘合和水密隔艙等技術，特別是出現了有推進器的戰艦，是歷史上最早使用機械動力的海船。據《資治通鑑》載，唐朝「敕越州都督府及婺、洪等州造海船及雙舫千一百艘。」說明了地方也具備較強的造船實力，這為唐朝繁榮的水上交通及商貿運輸提供了基礎條件，也在唐朝社會經濟生活中發揮重要作用。

唐朝手工業從金銀器具到醬醋調料，無所不有，鉅細無遺。這些都是生活中不可或缺的用品，但作為手工產品的主要創造者——手工業者，卻處於被剝削的境地，社會地位低下。

管理手工業者的方法

唐太宗認為手工業者是「雜色之流」，更是「家專其業以求利者」。上行下效，由此可知手工業者的社會地位偏低的原因。朝廷從三個方面管理手工業和手工業者。

第一個方面，唐朝政府透過限定手工業者身分管理他們。唐律規定，不准工商業者改行，子弟要世襲匠籍，藉此實行嚴格的人身控制。到了元朝，朝廷強制徵調各類工匠服徭役，將工匠編入專門戶籍，要求「匠戶」子孫世代承襲，不得脫籍改業。此外，為了便於區分，朝廷還規定私營工商業者只能穿黑灰色衣服出門。

第二個方面，控制手工業者來源，獲取免費勞動力。朝廷透過控制工匠來源來確保正常生產，保障其既得利益。唐朝的手工業分為官方手工業和私人手工業兩種類型，官方的工匠成員主要來源有兩類：一是民間的各類工匠和農民。朝廷要求民間優秀的手工業者必須到官方機構工作，強制他們勞動。二是官府的奴婢、番戶、雜戶、罪犯。他們也成了朝廷指定的工匠，為朝廷無償勞動。例如掖庭局中的手工業者，多數是因犯罪而被發配來的女子，其中有技藝的被指派負責手工勞作，沒有技藝的被發配去做雜役。他們的身分低賤，工作強度大，只能算為生計而活。

第三個方面，納資代役也是管理手工業者的一種方式。唐朝手工業者服役，一開始以力役為主，服役期一般為二十天，較隋朝的服役期縮短了四十天。到了唐中期，實施交錢代替服役，即「納資代役」，管理有所鬆動。《冊府元龜》記載，唐代宗在大曆年間有令：「諸色丁匠，如有情願納貲課代役者，每月每人任納錢二千文。」這便是「納資代役」的方式。

官府對手工業者的處罰力度大。若手工業者延誤了時間，便被處分。但凡官府差遣，如果遲一天，笞三十下，三天還沒有到，罪加一等。品質不過關也要從重處罰。所以，工匠製作好物品，要在上面寫上自己的名字，若出現品質問題，以此追責。給皇家做船，要是不牢固，直接絞死，要是船上物品「缺胳膊少腿」的，徒二年。

手工業技術傳授方式

整體來說，手工業者地位低下且在夾縫中生存，朝廷對手工業者的身分限制，注定了技術要傳授下去。唐朝的手工業者如何傳授技術呢？

實行工匠培訓制度是傳授方式之一，主要是官方採用。工匠的培養是一個長期過程，官方的手工業者，自己手中的技術要交給官方，由官方組織培訓。唐朝之前的培訓是世襲家傳，到了唐朝才有師徒傳授。對於手工業的培訓時限和考核方法均有規定，一年中按四季考核四次，由官府派人考試，根據學徒的產品評定成績，對傳授不力的，予以嚴肅處罰。

另外一種方式是家族內傳承一門手藝。這適用於民間手工業者。大部分手工業者選擇家族成員內部傳授，且有傳男不傳女的說法，畢竟女兒要嫁人，以此確保技術不外傳。此外，民間的手工業也可能收徒傳授。

不管是官方培訓，還是家族傳授或師徒相授，都是農業社會中的經驗相傳，給後世留下了寶貴的財富。

九、唐朝僧人職業受歡迎？

——唐僧的福利待遇

要說唐朝什麼職業最受歡迎，公務員一般能排到第一，論第二，後世認為一定是在寺院工作的僧人。畢竟，唐朝絕大部分時期，全民捧「僧」。史料記載，唐朝僧人的生活並不差，他們有地產，有穩定收入，有超度祈福收入，有租金分紅，還可以拿到香火打賞「小費」。當然，他們也不用承擔官府的苛捐雜稅。可見，唐朝僧人的福利整體是不錯的。

田地收入

人們印象中，出家修行的僧人以化緣為主。事實上，唐朝的僧人化緣並不多，因為有寺院經濟支撐著他們的修行。所謂寺院經濟，是寺院利用自身的條件從事相關活動，並為寺院帶來高額回報，而田地是寺院最主要的經濟來源。

唐律規定，僧人們可按均田法得田，但無須繳納稅金，寺院擁有了免除賦稅和徭役的特權。一些地方富戶或地主為了逃避徭役和稅收，與寺院私下簽訂協議，把自己的田地納入寺院管理之下，向寺院繳納少量保護費，這樣可以免去一大筆稅款。有些人甚至為逃避徭役而出家。唐睿宗年間，有大臣表示，因寺院僧人和田地無須納稅，因此少收稅收數千萬。朝廷意識到寺院鑽了政策漏洞，於是頒布了度牒制。

作為僧道的合法身分憑證，度牒也是唐朝的有價證券，有了它可以不用服役，這延伸出不少富戶強丁設法避役的情況。最終，朝廷和地方政府也發現了這個生財之道。唐肅宗至德二年（七五七），右僕射裴冕建議，實行度牒收費，即「鬻度」，就是賣度牒以收費，而到了唐朝末期，各節度使也採用此辦法斂財。度牒市場一片混亂。

擁有田地的僧人一般不會自己種地，他們把土地出租給農民耕種。租地者即佃戶，平時要耕種土地、上繳租金，還要承擔僧人安排的雜役。實際上，寺院相當於享受了朝廷給予的政策補助。

寺院旅店業

除了田地帶來的收入外，寺院還有旅店住宿出租等商業活動。規模較大的寺院有千間房子以上，如大慈恩寺有房間一千八百九十七間。這些房子除了可以解決寺院住宿的問題，還作為產業給寺院帶來了經濟效益。

寺院的旅店除了接待善男信女，還為廣大遊客提供住宿。寺院資源多，於是形成了旅遊、燒香拜佛、住店、吃飯一條龍的服務體系。唐憲宗年間，朝廷徵用光宅寺、寶壽寺等寺院旅店，用來接待來京參加科舉考試的學子，證明寺院旅店得到了朝廷的認可。當然，除了臨時居住，寺院的旅店也有長租和短租等業務。寺院旅店的發展，一定程度上彌補了唐朝官辦、民間旅店的不足。

除了田地和旅店收入，寺院還有其他收入來源。例如，他們為死去的人超度，為活著的人祈福，並得到相應回報。超度和祈福這份工作的好處不少，時間自由，社會地位高。又如，接受布施收入和皇家賞賜。在唐朝，山西有個寺院被賞賜的田地多達方圓一百五十里。

朝廷與寺院的關係

物極必反，滿則溢，盈則虧。唐朝寺院發展到一定程度，已超出時人能忍受的上限。唐中宗時期，景龍二年（七〇八），兵部尚書同中書門下三品韋嗣立上書，說唐朝寺院「窮奢極壯」，耗用資財千萬以上，建設寺院時，使用人力牲畜，影響了農務。除了耗資大，影響農務，寺院對朝廷最大的影響是侵占了土地且不交稅，這其中還有一些應交稅未交的違規問題。對於寺院建造問題，狄仁傑曾上奏，認為寺院建築規格超過皇宮，裝飾使用寶珠，美輪美奐，窮奢極壯。

朝廷意識到寺院特權帶來了一連串問題，於是實施了相應的措施：一是建立度牒制度。這在前文提及，這種有限制數量的身分證明，用來杜絕不經官府同意、私自加入出家人行列的現象。二是逐步取消免稅特權。唐武宗滅佛後，朝廷逐步取消寺院享有的經濟特權。到了宋朝，寺院被正式納入國家稅賦的軌道。

十、如何成為一名優秀的軍人？

——唐朝的軍制

任何時代的和平，都離不開軍人保家衛國。唐朝三百年間，與周邊政權的戰爭不斷，唐人崇尚軍人建功立業。「寧為百夫長，勝作一書生」（楊炯《從軍行》），寫出了唐人對文武職業的看法；「功名祇向馬上取，真是英雄一丈夫」（岑參《送李副使赴磧西官軍》），表達了對遠行武官朋友的欽佩和祝福。

府兵制走向了募兵制

所謂府兵，是大唐一種特殊兵制下的產物，寓兵於農，平時在家務農，戰時動員起來就變成當兵的，兵民合一。府兵制下，朝廷實施三年一次的徵兵，兵種的篩選標準有：一是家裡資產差不多的，取實力更強者；二是力氣差不多的，取較富裕者；三是財富和力氣均等的，取家中男孩更多者。

從朝廷下達的指令來看，府兵制下，獨子不出征，長子不出征，家裡比較窮的也不出征——留個孩子傳宗接代吧。打仗用的馬匹、弓箭和橫刀得自備，出發服役途中的糧食也得自備，家庭拮据者被選上，只能湊錢購買或租，實在不行，就使用價格便宜的驢或騾子。這些七七八八的費用對於府兵家庭來說，是非常沉重的負擔。

大唐朝廷延續前朝制度，在府兵服役期間，免除苛捐雜稅，同時，所有府兵由中央集中管理，將手裡閒置的土地拿給農民開墾，免收賦稅。作為交換，農民給皇帝當兵。於是，平時在生產間隙接受訓練，打仗的時候，這些農民就是軍人。戰鬥結束了，將歸於朝，兵散於府，各回各家。

府兵制創建於西魏，唐太宗、唐高宗時達到鼎盛，於唐玄宗時期廢除，歷時二百餘年。府兵制的最大特點是中央集權，府兵歸中央管，平時務農，打仗集合也不固定為哪一個將領所指揮，避免抱團聚集。歸根結底，降低了兵將造反的風險。

但是，在制度實施的過程中也出現了問題。地主豪富與官吏勾結逃避兵役，最終兵役完全落在貧苦農民身上。有錢的花錢解決問題，沒有錢的只能服役。杜甫的《新安吏》中也記載了府兵制推行中出現的問題，詩中反映了矮小和瘦弱的孩子成為府兵的情況。唐中期後，邊患不斷，服役期增加，腐敗叢生，民眾被強迫服兵役，導致無人願意當兵，府兵制度鬆弛，士人都以做府兵為恥。徵兵制度到了必須改革的時候。

唐玄宗天寶八年（七四九），朝廷停止徵發府兵，改為募兵制。這類似現代的職業兵，脫離土地，為國家服務。一般情況下，自願報名，符合條件者入伍。入伍後，兵士有固定的薪酬，提供衣服和食物，陣亡有一定撫卹。募兵制的特點在於招募丁男，免徵賦役。募兵制並沒有強制性，在天寶年間，京師一些軍隊招募的兵士中就有一些地痞無賴，軍隊戰鬥力就可想而知了。

唐後期，募兵制的軍隊由中央禁軍、藩鎮兵、防秋兵和團結兵四部分組成。中央禁軍由禁軍六軍和神策軍組成，直屬中央政府管理。藩鎮兵是地方兵，由於藩鎮割據，地方兵占全國兵力近百分之八十，但是其糧食、衣服都由中央政府提供。換句話說，錢是中央給，人是地方人，史稱「官健」，這一部分兵種耗費了唐朝大部分軍隊資源。防秋兵是安史之亂以後，駐防京西禁北的軍隊。團結兵是州刺史掌管的地方兵，類似現代的民兵。

募兵制與府兵制最大的不同在於，募兵與武將在一起效力，熟悉武將，忠於武將；而府兵制是中央集權的，可掌控的，各有利弊。後來，募兵不知不覺中，發展成為藩鎮節度使的私兵。

軍人入仕之路

文有科舉，武有武舉。長安二年（七〇二），武則天頒布了創辦武舉的敕令。武舉一方面完善了隋以來的科舉制度，另外一方面幫助兵部選拔人才。當時的選拔內容包括步射、騎馬射、馬槍、力量測試、身體條件和語言應對等內容。後來，考試項目增加了軍事思想、兵法謀略等，培養綜合性人才。

貞元四年（七八八），唐德宗下令停廢了已執行了八十六年的武舉，一停就是十年。主要是因為諫議大夫田敦提出，每年兵部武舉，數百人帶著弓箭進入皇宮，這不太合適吧。皇帝一聽，好像是這麼回事，就下令停廢。不過，當時有人提出反對意見，認為每年實際參加武舉的也不過十個人，不該這麼誇大其詞。事實上，已執行八十餘年的武舉未發生田敦所言的狀況。元和三年（八〇八），唐憲宗恢復武舉。武舉的執行，出現時而廢弛時而執行的現象，被重視的程度遠遠低於科舉考試。

當然，除了武舉，要想成為一名武將，以文轉武可「曲線救國」。唐朝的文官選拔以明經、進士等科為主，不管是家族推薦的，還是自己考上的，這些文官若從文轉武，符合官制。唐朝官制中，六品以下的文武將員可選文也可選武，而高級官員的文轉武職，有兩個選擇，一是任地方軍政長官，二是任高級武將。唐朝絕大部分時期，文轉武的官員大多是文武全才，上馬打仗，下馬治政，這與唐太宗李世民治國、打仗都是一把好手的楷模作用相關。不過，安史之亂後的文轉武，卻是源於中央政權對武將的不信任。在朝廷看來，沉浸在儒家文化中的文官較武官更容易駕馭。

除了武舉進入仕途外，軍人可憑藉軍功進入仕途。唐朝武官的品秩從無品的軍曹、軍士、新兵、馬伕到有品的從九品下，再到正一品，其中要歷三十六級。考核晉升方法比較複雜，且每一時期都有差異，不具備參考性。其中的軍功計算，值得說一下。

唐朝軍人上戰場後，軍功憑藉割掉敵人的左耳計數，以此評定功勞。但是，以軍功授勛，進入仕途是有品級上限的，勛官出身的人不得任三品，換句話說，軍功再大也大不過文官。故唐朝歷史上，以軍功授勛入仕者，多止於中下級武職。《舊唐書》載，薛仁貴是白衣軍功入仕的一個典型，貞觀末年應募征遼東，勇冠諸軍，被太宗賞識，從白衣擢授游擊將軍、雲泉府果毅，尋遷右領軍郎將。唐太宗曾說：「朕不喜得遼東，喜得卿也。」

武人進入仕途的方式，也可依靠門蔭入仕，與文官類似。門蔭高低不同，入仕途徑也會有所差異，在唐人眼裡，最有前途的工作職位就是千牛（禁衛之一，正三品）。當然，蔭任千牛的官品，還可以規定一蔭一人。周親之內只能有一人蔭任千牛，庶子不能蔭任千牛。千牛外，其中一些人可蔭任三衛等官品，這是給予皇帝近臣的一種嘉勉。

第六章 文教娛樂

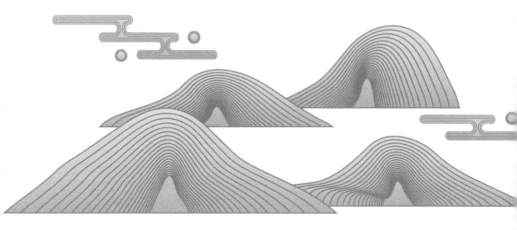

一、唐朝孩子如何學習？

——唐人的啟蒙教育

千萬不要讓孩子輸在起跑線上，這是現代父母常掛在嘴邊的話語。為了孩子，想辦法買學區房，上各種輔導班，提前做準備和投資。家長從懷孕開始，就進入極度焦慮的狀態。

在「萬般皆下品，唯有讀書高」的唐朝，家長也在積極展開啟蒙教育嗎？

家庭教育

身邊同事經常說，白天要上班，晚上要輔導孩子作業，還要關注學校群組的訊息，太累了，最後來一句，家庭教育真的太難了。事實上，現代人眼中的家庭教育頂多是協助孩子改改作業，成為學校的輔助，與千年前唐人的家庭教育差異還是非常大。有條件的唐人，非常重視兒童入私塾前的教育，他們眼中的家庭教育是：文化學習、父兄訓諭、母親教導和家風培養。但是，家庭教育的目的，千年前和千年後基本上一樣。唐朝兒童教育的目的是教育子弟讀書入仕；現代人是為了孩子能獨立生存，最好考上好學校，找到好工作。

唐朝科舉考試對普通人家開放，他們可以透過科舉進入仕途，機會是相對平等的。唐人強烈的入仕願望，推動社會的讀書風氣，畢竟想要「春風得意馬蹄疾，一日看盡長安花」，必須從兒童時期開始培養。引導孩子努力學習，讀書做官，建功立業，光宗耀祖，已成為唐人家庭教育的主流思想。唐人對孩子的殷切期望躍然紙上，杜牧希望小侄兒阿宜勤奮讀書，一日讀十紙，一月讀一箱。韓愈告誡自己孩子努力讀書，在《符讀書城南》中表達了自己的教育思想：出生境況相同、少小聚居嬉遊的夥伴，長大後卻一人為官為公、一人為僕為卒。這是為什麼呢？主要在於是否刻苦讀書、參加科舉。教育的作用之一是獲得出路，無疑，在唐朝讀書入仕即為最好的出路。

在唐朝，家庭教育強調仕途，同時也重視孝道的培養。唐代兒童的文化教育主要包括《詩》、《禮》、《論語》、《孝經》，以及詩詞歌賦等內容，從小就將儒家的封建倫常思想融入教導，培養孩子的長幼有序、勤勉禮讓的禮儀。唐統治者「以孝治天下」，忠孝是唐人儒家思想根本。唐太宗認為，最高的孝道是雙親顯耀，名聲傳揚。唐人在日常教育中幫孩子樹立光宗耀祖的目標，而這個目標與忠孝掛鉤後，更顯得有理論基礎。岑參的「青春登甲科，動地聞香名」，描述出一朝及第，遠近聞名的情形。唐人在家庭教育中告知晚輩子弟，唯有這樣才顯得「忠孝」。教育、仕途和儒家思想融合在一起，教育是手段，仕途是目標，儒家思想是基礎，三者缺一不可。

除此之外，唐人家庭教育尤其重視家庭和睦。上自皇家、達官貴人，下到普通百姓，都從兒童教育開始灌輸這樣的觀點。如杜正倫《百行章》記載：「居家理治，每事無私。兄弟同居，善言和氣。好衣先讓，美食駿之。富貴存身，須加賑恤。飢寒頃弊，啜味相存。」

唐人如何發展家庭教育？有條件請家庭教師的，由家庭教師負責兒童的早期教育及家庭輔助教育。沒有條件請家庭教師的，由家裡的親人實行。不管是哪一種方式，唐人家庭教育中家人的參與度都較高，重視家風的灌輸和培養。蕭瑀的臨終遺書，是蕭家的傳家寶。元稹的《誨侄等書》、白居易的《示兒》等都代表了家風。唐朝的一些士大夫家庭，推出家族家訓，作為家族子弟家庭教育教材，從這一點來說，唐人似乎掌握了教育的主動權。

私塾教育

家庭教育之外，唐人還有私塾教學，包括家塾教育和族塾教育。顧名思義，家塾、族塾指家庭或家族中專闢的學習場所，請教師教授本家或族內子弟。這兩種教育方式對家庭、家族的要求都比較高，多半見於達官貴人家庭或富裕家族。

唐昭宗大順元年（八九〇）訂立的《陳氏家法三十三條》記載：「立書堂一所於東佳莊。弟侄子姓有賦性聰敏者，令修學。稍有學成應舉者，除現置書籍外，須令添置。於書生中立一人掌書籍，出入須令照管，不得失去……立書屋一所於住宅之西，訓教童蒙；每年正月擇吉日起館，至冬月解散。童子年七歲令入學，至十五歲出學。有能者令入東佳。逐年於書堂內次第抽二人歸訓，一人為先生，一人為副。其紙筆墨硯，並出宅庫，管事收買應付。」以上內容可以看出，陳氏家法中對家庭教育有兩個設定：一是書堂，這是以科舉為目的選拔考試，有點類似今天的速成班；二是書屋，這是用於基礎性教學，族內子弟在七歲入學，十五歲畢業。唐朝的私塾教育在大家族中較為普遍，與家庭教育內容大同小異，以儒家教育為主，也學習經、史，基礎性教育和科舉應試類教育並舉。

鄉塾教育

那時的學校叫作鄉塾，或鄉校、村校、鄉學、小學等。從詔令上看，官府是比較重視的，武德七年（六二四），唐高祖發布了明確置辦小學的詔令。在唐朝，有的鄉塾由大戶人家為族中子弟或為周圍鄉鄰開辦，也有的鄉塾由州縣官府設立，屬小學性質。

唐朝鄉塾以基礎教育為主，主要包括啟蒙識字讀物、儒家經典和詩賦三類。啟蒙讀物主要有《千字文》、《開蒙要訓》、《兔園冊府》、《蒙求》等，涉及的內容非常廣泛，包括了自然、人文等多方面的知識。

孫光憲的《北夢瑣言》中提道：北中村塾，多以《兔園策》教蒙童。《兔園策》是養殖類的教科書嗎？當然不是的。這是科舉的初級學習課本，仿照科舉考試的內容，自問自答，引用經典。因為為了日後榜上有名，從小就須熟悉科舉的考試形式。不過鄉塾教育的教學方式，以記誦為主，有體罰。那時的塾師體罰學生，家長們的表現一定是高興——塾師管孩子天經地義，打也是為了他好。

童子舉

在後世的印象中，科舉似乎僅是成人進入仕途的選拔制度。事實上，唐朝也有針對童子設置的考試科目，叫作「童子舉」，也叫「童子科」。早在漢朝，史料中就有童子科的記載，官府規定學童通過選拔，允許任尚書、御史等官職。唐朝將童子科納入科舉中，凡是十歲以下能夠熟讀經書的兒童，就可以參加科舉考試，中第者可以獲得出身資格或立即授予官職。後續對參加考試的年齡進行修改，允許十一二歲的童子參加選拔。

實際上，童子科在唐朝的發展也有一個循序漸進的過程。貞觀年間，一些神童因為特殊才能被舉薦或被召見，這與唐初科舉考試的舉薦有點類似，但是並無嚴格程序，也沒有遵照科舉考試的流程。加上所謂神童出現的隨機性很強，自唐太宗起的童子科僅可算是萌芽階段。

童子科從設立到發展，並非一帆風順，其中有幾次罷廢。唐高宗時期確立了童子舉是科舉考試的科目，自此與科舉考試一樣為國家選拔、輸送人才。唐代宗廣德二年（七六四）停廢童子科，大曆三年（七六八）又復啟。唐文宗年間，社會舉薦童子成風，已呈氾濫跡象，皇帝決定禁止童子科的舉薦，保留歲貢的選拔方式。在不同的優化和調整中，到唐朝末年仍有童子科存在。

童子科的確為唐朝輸送了人才，「初唐四傑」之一的楊炯、中唐的劉宴都是在童子科中選出的優秀人才。詩人楊炯大家都熟悉，而對唐朝宰相劉宴稍有陌生。其實，劉宴對唐朝的實際貢獻遠遠高於僅有詩作流傳的文人，他主管朝廷財政，改良了榷鹽法，施行常平法解決了關中漕糧運輸問題。

兒童啟蒙教育史上，童子科的出現非常重要。在以儒家文化為主導的封建王朝中，提倡和鼓勵孩子學習儒家文化，對優秀者錄取並授予官職，無疑對很多家庭是一種激勵。統治者達到了取才的目的，在民間也加速了儒家思想的傳播。

二、為什麼唐朝才女頻出？

——唐朝女子教育的真相

有史料記載，唐朝歷史中共有二百零七位女詩人出現，而在唐朝之前，鮮有關於大量才女的記載。為何唐朝頻出才女？實際上，這些女子之所以成為唐朝女子中的翹楚和千萬女子的代表，是緣於大唐對女子的教育。

唐人重視女子教育

讀書學習，在很長一段歷史時期被認為只是男子應該去做的事，因為對男子來說，讀書入仕是實現人生價值的必要途徑。而在大唐，才女頻出。例如上官婉兒，她剛出生時，祖父、父親均為武則天所殺，而她作為重刑犯的家屬進入司農寺「勞動改造」。但在十四歲那一年，上官婉兒被武則天召見，她才思敏捷，文字精練，深得武則天喜愛。問題是，這一代才女，出生就在司農寺，她的知識從何而來？唯一的解釋，就是唐朝的女子教育體系改變了她。

唐人家庭對女子教育並不排斥。女子從少女、少婦到母親，最終要承擔教育子女的重任。在孝道至上的唐人眼中，母親的教育是家庭教育的重要部分，他們意識到，女子受教育不僅對其自身有益，還承擔了相夫教子的責任。

史料中不乏母親親自進行啟蒙教育的事例。孔若思，唐中宗時期的大臣，官拜庫部郎中，他由母親褚氏教導，以學行知名。詩人元稹自小父親去世，在母親教誨下刻苦讀書，剛滿十四歲就懷著入仕為官、建功立業的壯志赴長安參加科考。白居易稱讚元稹母親鄭氏：「今夫人女美如此，婦德又如此，母儀又如此，三者具美，可謂冠古今矣。」元稹在《同州刺史謝上表》中說：「臣八歲喪父，家貧無業，母兄乞丐以供資養，衣不布體，食不充腸。幼學之年，不蒙師訓，因感鄰里兒稚，有父兄為開學校，涕咽發憤，願知詩書。慈母哀臣，親為教授。」而這些例子具有一個共同點，即他們能名垂青史的原因是母親本身有文化，能承擔起教育子女的責任，輔導子女學習文化知識。

唐朝的女子要承擔家庭教育的職責，也是家庭教育啟蒙的對象。女性教育的傳承非常重要，而傳承的好與壞，基本上在於這女子受教育的程度。史料記載，古代的女子教育方式以家庭教育為主，社會教化為輔。在家庭中，唐朝比較重視婦女對教養子女職責的教育，如何教育兒女，在唐朝《女論語》中有所提及，對男孩監督其學業，對女孩教其家內事。

家庭教育

唐朝不像其他朝代那樣，認為「女子無才便是德」，在史料中也未曾見過這樣的明確說法。相反，社會青睞德才兼備、有能力的女子，這樣的風氣潛移默化地影響著唐朝女子教育，尤其在家庭教育方面，至少培養出端莊大方、知書達禮的女子。

唐朝女子的家庭教育，以母親教育、女師教育和承父兄教育等三種方式為主。母親教育比較容易理解，母親要負擔教育子女的責任，是唐人的共識，特別是女兒交給母親教育最妥當不過。另外，有條件的家庭會請老師到家中，被稱之為女師教育。有時，父親和兄長也扮演著教師的角色，正如詩人崔顥在《邯鄲宮人怨》中所說，「十三兄弟教詩書」。又如，在《太平御覽》中，詩人宋之問裔孫宋庭芬，生有五女。宋氏五姐妹從小就接受父親的教導，年未及笄，皆能屬文。唐太宗妃徐惠，自幼由父親教導讀書，四歲能誦《論語》、《毛詩》，八歲可以寫文，遍涉經史，手不釋卷。

技能教育是女子家庭教育的重要內容。對於平民百姓而言，「男主外，女主內」是家庭基本分工格局，唐朝婦女也不例外。縫紉、紡織、烹飪，這些都是農業社會女子的必備技能，更是關係到整個家庭生活品質的基本能力。事實上，唐朝女子在家庭生活中承擔的壓力和工作量大於男子。在絹帛作為流通貨幣的情況下，女子的家庭技能在整個家庭中的地位更加重要。事實上，除非是親家資源、權勢厲害，任哪個家庭也不願意娶一個飯來張口、衣來伸手類型的女子為妻子。據《新唐書》，天寶年間，庸、調稅收「絹七百四十萬匹，綿百八十餘萬屯，布千三十五萬餘端」。這些數據從側面說明一點，女子很有可能成為唐人家庭中稅收的重要勞動力。

在女子的家庭教育中，也會出現宗教教育的內容。唐朝全社會對佛教的接受度較高，有一部分女子甚至走上了出家之路，有的在寺廟修行，有的在家修行。這其中，有官宦人家的女子，其教育環境和生活環境都給予她們接觸宗教的機會。在家參禪打坐，誦經悟道，多見於已婚或離婚的成年女子。

學校教育

前文提及，上官婉兒的學習機會，主要來自掖庭局中設立的學校。史料記載，宮廷中有博士二人，負責教習書、數等各種文化知識。很多像上官婉兒這樣的人，便是這些老師的學生。除了宮廷中的特殊群體外，唐朝社會未見專門為女子設立的教育機構。但是唐朝女子教育並未放慢腳步，在學校教育上取得的成就令後世欽佩。

首先，唐人在女子課程的教科書上下足了功夫。唐朝之前幾乎沒有女子教科書，到了唐朝，女德教育的基礎書籍如雨後春筍般湧現。朝廷重視教材的編寫，長孫皇后編寫《女則》，魏徵編寫《列女傳略》。而武則天編寫的六本教科書，一直高居女德教科書排名前列，分別是：《列女傳》、《孝女傳》、《古今內範》、《內範要略》、《保傅乳母傳》、《鳳樓新誡》。

女德舊指婦女應具備的品德。德，不應狹隘地理解為「三從四德」，從某種角度來看，也代表著底線、視野和見識。唐朝沒有「三觀」概念，但是女德教育可以類比「三觀」。有見識、有正確「三觀」的女子，其對家庭的重要性不言而喻。順便提一句，現代人不要對女德一棒子打死，建議辯證地看待，這樣有助於我們理解歷史。

除了女德教育，文化課也是學校教育的一項內容。唐朝不僅官學發達，也鼓勵私人辦學，公辦、民辦一起發展，形成了較為完善的教育體系。唐朝官學拒絕女子入學的情況較多，但鄉村的私人小學接收女學生，為她們提供了接受學校教育的機會。

值得一提的是，唐朝女子在詩歌環境中，耳濡目染地接受著唐朝獨有的詩文教育，這成就了唐朝的女詩人。雖然她們並非詩人中的主流，但彌足珍貴。如，《唐代墓誌彙編》記載：「李夫人字文氏，組繡奇工之暇，獨掩身研書，偷玩經籍，潛學密識，人不能探。工五言七言詩，詞皆雅正。」

當然，家庭和學校中，也包含書法和體育教學，類似我們上學時要求的「德、智、體、群、美全面發展」。唐太宗喜歡仿照王羲之書法，上好之，下必行之，書法成了唐人的門面，即使女子也苦練書法。唐朝女性的書法教育，在封建王朝也算是獨樹一幟，武則天就接受過良好的書法教育。女子體育方面，唐朝女子走出閨閣，參與一些以往只有男性才能參加的體育娛樂活動。她們的運動項目多種多樣，球類運動是唐朝婦女參與度較高的項目，其中就有蹴鞠，騎馬射箭也是貴族或者富家女子熱衷的運動。

唐朝才女輩出與唐人的教育意識分不開。讀書和教育能改變人，改變地位低下的女子。雖然，才女們在唐朝恐怕只是滄海一粟，但正是她們的存在讓後世瞭解到千年前的教育方式，對於當下或有借鑑意義。

三、古代上朝可以跳舞嗎？——唐朝男子的舞蹈

白居易在《賀雨》中寫到：「蹈舞呼萬歲，列賀明庭中。小臣誠愚陋，職忝金鑾宮。稽首再三拜，一言獻天聰。君以明為聖，臣以直為忠。敢賀有其始，亦願有其終。」蹈舞即舞蹈，大臣們一邊跳舞，一邊高呼萬歲，隨後稽首再三拜。腦補一下，這

集體跳舞是不是有點神經病的狀態？

受影視劇影響，後世的人們會認為朝堂嚴肅無比，是討論國家大事、發出號令的地方，但是在唐朝，除了以上這些規定動作外，朝廷中還流行另外一種風格的禮儀——拜舞，且越隆重的場合越要行拜舞禮。

蹈舞之風

跳舞是一種禮儀，早在《周禮》的時代就有了，如今北方的一些少數民族居住地依然保留了這樣的風俗，但是，作為正式場合使用的禮儀，則是隋朝以後的事情。《秦王破陣樂》是唐初軍歌，是李世民凱旋後與將軍們喝酒跳舞的伴奏曲，後來成為大型宮廷樂舞。

跳舞或者蹈舞，可以解釋為向皇帝表達敬意，在日常生活中，也是一種社交活動。唐人的上朝舞蹈，是有其民族傳統的。北魏政權的當家人孝文帝是鮮卑人，建立政權後，保留了少數民族能歌善舞的禮俗。李虎，是李淵祖父，李世民的曾祖父，是北魏、西魏官員，西魏八大柱國之一。跳舞的文化傳統到了唐朝，群臣皆舞這件事到了朝堂，成為一種宮廷禮儀被保留下來，便一點都不奇怪了。唐朝沿用了中古時代最隆重的再拜稽首的拜君儀式，並在這禮儀之間，加入一段舞蹈。周邊的游牧民族見到可汗，除了跳舞，還增加了「捧足嗅靴」禮

——先跳舞跳到可汗身邊，再跪下，雙手抱住他的靴子，低頭嗅吻靴鼻，這在當時是他們能表達敬意的最高禮儀。

跳舞禮節源於少數民族，與北方游牧民族的風俗總有那麼一點關係。現在，跳舞禮節在北方一些地區仍可見到，在酒宴上用來表達對客人的尊重和歡迎。

官員跳舞的場合

三拜九叩是一種禮儀，跳舞也是一種禮儀，時人把這叫作「蹈舞」。這樣的禮儀僅限於臣民對皇帝，主要在朝會大典、發布檄文、宣布捷報、撰寫詔令、接受詔書、獲得皇帝嘉獎、拜謁皇帝、赦免等場合使用。

臣服是需要這種禮儀的。我們知道，唐朝征戰多年，那些俘虜回來的首領，到了長安後怎麼辦？一般作為人質或俘虜圈養起來，由專人教導跳舞。他們的主要任務除了震懾其他被征服者，還有跳舞。在重要的節日，這些首領要向唐朝皇帝跳舞獻禮，表達歸順、臣服之心。在現代人看來，這樣的做法實際上非常誅心，為了活著，他們中大部分人只能選擇服從。

皇帝認為大臣不尊重自己，可以從跳舞上找到處罰他們的理由，因為，在皇帝看來，不跳舞代表這傢伙對自己不滿。據記載，唐高宗時的御史韓思彥平時喜歡用外戚擅權影射武則天。由於在外任職的時間比較長，回到朝廷拜見唐高宗與武則天之後，忘記了跳舞禮儀這件事，被中書令李敬玄彈劾。就這樣，武則天終於找到理由把韓思彥發配到朱鳶縣當縣丞——朱鳶縣在現在的越南，眼不見心不煩。他最終老死在工作崗位上。唐太宗李世民對蘇威持有同樣態度。見李密、王世充這兩人拜伏舞蹈，蘇威自己稱病不能拜。李世民認為，不跳舞就不必見了。

還有一種場景為捷報到來。在唐朝，一般有重大意義的戰役，如平定叛亂、征討蠻夷、收復失地就會用露布的方式表達，而小捷不做露布，從而誕生了露布禮。露布禮非常莊嚴隆重，文武百官齊聚，由兵部侍郎宣布，中書令高聲朗讀頌詞，群臣拜一次，蹈舞三次，再拜一次。這裡的舞蹈，是對捷報表示慶賀，把整個露布的儀式感表達無遺，恰是在這樣嚴肅的情況下，以舞蹈表達敬意。

節日慶賀的場合也會使用跳舞禮儀。元正、冬至等節日，大朝會上，皇帝要接受朝臣舞蹈慶賀。大臣排列組合，先拜再舞蹈，三稱萬歲，又拜，到這裡才能算典禮結束。為何要用舞蹈來表達這樣的情感呢？杜佑的《通典》這本書給出了解釋，不使用「舞蹈」不足以表達臣子對帝王德能的認同和讚歎，不足以歌功頌德。據《唐會要》，開元十三年（七二五），唐玄宗自洛陽赴泰山封禪，在途中打獵，打了一隻兔子，突厥朝命使阿史那德吉利發便下馬捧兔，跳躍蹈舞。謂譯者曰：「天可汗神武。天上則有，人世無也。」這馬屁拍得讓人有點想嘔吐，但是唐玄宗高興。一邊跳舞一邊歌功頌德，擱在現在，正常人估計受不了，但在唐朝這是最普遍不過的。貞觀十六年（六三二），唐太宗設宴款待，酒興時與在座老人談了舊事，眾人感激涕零，老人起舞，為唐太宗賀。

完善中的唐朝舞蹈

除了以舞蹈表達尊重和敬意，宮廷舞蹈的發展也進入了完善階段。唐朝將散於民間的舞蹈民曲、周邊少數民族和外國傳來的樂舞，由官方收集整理、改編補充和完善。這樣對舞蹈藝術的大規模整理，為中國古典藝術的保存做出了貢獻。

唐朝設立了專門機構太樂署掌管宮廷的音樂舞蹈，負責禮儀祭祀，後又增設梨園和教坊，前者負責訓練宮中的歌舞藝人，後者管理宮廷之外的音樂、舞蹈、雜技的教習和訓練，這兩個機構將宮廷內外的音樂全部納入囊中。歷史上著名的宮廷舞蹈《秦王破陣樂》，原是歌頌唐王李世民的戰歌，廣為傳唱，李世民登基後，親自將它改編為舞蹈，再經過加工、整理成大型樂舞，氣勢雄渾，感天動地，在涉唐的影視劇中常見此舞蹈。唐玄宗本人作曲的《霓裳羽衣曲》，迄今仍為音樂舞蹈史上的明珠。

唐朝的音樂舞蹈是古代舞蹈藝術發展的高峰，這已成為世人的共識。舞蹈蓬勃發展，究其原因，無外乎國力強大，社會開放，包容並蓄，這些融合起來，才能推動整個國家文化藝術的發展。

四、唐人的日常娛樂活動有什麼？

——俗講和百戲的歷史

現代人有手機、有網路，我們打開手機，在家就可以擁有全世界的娛樂。或走出家門，去電影院看看電影，或者看個話劇、聽個相聲。那麼，沒有電視、沒有電影、沒有網路，唐人的娛樂生活是怎麼樣的？是什麼支撐他們的業餘生活呢？

俗講——寺院的脫口秀

當下要聽個戲，一般得去劇院、戲園子。在唐朝，劇院還沒有誕生，要想看戲，去寺院吧。寺院是求佛虔誠之地，你說到寺院看戲是什麼意思？先看看到唐朝留學的僧人圓仁的記載。

圓仁在他的旅遊雜記《入唐求法巡禮行記》中提道：「開成六年正月九日五更時拜南郡了，早朝歸城，幸在丹鳳樓，改年號，改開成六年為會昌元年。及敕於左、右街七寺開俗講。左街四處：此資聖寺，今雲花寺賜紫大德海岸法師講《華嚴經》；保壽寺，令左街僧錄三教講論賜紫引駕大德體虛法師講《法華經》；菩提寺，令招福寺內供奉三教講論大德齊高法師講《涅槃經》；景公寺，令光影法師講。右街三處：會昌寺，令內供奉三教講論賜紫引駕起居大德文溆法師講《法華經》，城中俗講此法師為第一……。」這段記錄的大致意思是說，在寺院中，有不同法師進行豐富多彩的俗講。

俗講在唐朝盛行一時，簡單來說，就是把複雜、深奧的東西改編成通俗易懂的東西來講，後世把改編後的東西叫作「變文」，有人用說唱的方式進行宣傳。一般是兩個人配合宣講，分別是主講法師、復講師。主講法師、復講師把大量佛經內容改編成俗講的內容，改編的原則是通俗易懂，易於傳播。

在唐朝的很長一段時間裡，每年的三月、五月、九月都是佛教信徒們歡慶的日子，佛寺的宣講者透過表演佛經故事，讓人們接受佛經內容及其思想內涵。

變遷中的百戲

除了俗講，唐人們還有百戲可供日常消遣，百戲也稱為散樂。《唐會要》記載，「散樂，歷代有之，其名不一，非部伍之聲。俳優、歌舞、雜奏，總謂之百戲」。從唐朝的官方說法看，平民百姓喜歡的民間這些音樂、舞蹈等活動，就被稱為百戲，專門提供給百姓。實際上，從史料記載可以發現，百戲也供宮廷娛樂使用。

正如《唐會要》所言，自漢起就有散樂這一娛樂形式，南北朝、隋朝時期一度盛行。隋朝著名大臣、詩人薛道衡有詩描述百戲：「萬方皆集會，百戲盡來前。臨衢車不絕，夾道閣相連。」試想一下，這萬人集會看百戲的情景，是否有點像現在觀看演唱會的感覺？

但是，在隋朝的不同時期，統治者對百戲的態度變化較大。隋文帝壓制百戲，隋煬帝推動百戲。據《隋書》記載，隋朝初期，隋文帝厲行節儉，把所有的散樂藝人遣散到民間，並要求宮中不得表演百戲散樂。大業二年（六〇六），因為突厥啟民可汗入朝，喜歡耍樂的隋煬帝又將流落到各地的散樂藝人召回，要求從夏曆正月十五到月末舉行聲勢浩大的表演活動。尤其在各國使臣來朝時，好面子、喜歡玩的隋煬帝透過百戲彰顯國家的富裕。

隋朝的百戲算是大型活動，通宵達旦，光是表演者就有幾萬人，在唐初期幾個皇帝看來，隋煬帝這傢伙真夠敗家的。唐初期，皇帝壓制百戲，隋煬帝作為「反面典型」被反覆提起。據《舊唐書》，武德元年（六一八），太常寺準備五月五日在玄武門舉辦百戲表演，有官員上奏說，百戲散樂，在隋朝之末經常表演，這是淫風，必須要改。唐高祖欣然接受了這一建議。此後幾任皇帝均頒發過禁止百戲的詔令。

禁止百戲的原因，除了朝代更替，最根本的原因是大戰之後，民生凋敝。簡單一句話，國家沒有錢，平民百姓也沒有錢。但是，事實證明了娛樂的影響力是無限大的，百戲終究屢禁不止。民間百戲娛樂之風非常濃厚，百姓不遵守此規定，詔令變成了一紙空文。

百戲為何屢禁不止？一是娛樂已深入平民百姓心裡，百戲的娛樂性深受歡迎；二是達官貴人、朝廷也有娛樂需求，每逢宮廷活動也會組織百戲表演。說到底，還是決心不足。到了唐玄宗時期，社會安定，朝廷有錢了，皇帝厲行節約這件事顯得不那麼重要。追求奢靡的唐玄宗，便開始大張旗鼓推動百戲發展。有一次，唐玄宗陪太上皇在城樓觀看百戲，這次活動舉辦了一月有餘，簡直是瘋狂到了極點，後世竟然把唐玄宗當成戲曲界的祖師爺。唐玄宗還在皇宮的梨園設了一個講習班，專門教樂舞，所以人們把唱戲的人叫作梨園子弟，把戲曲界叫作梨園行。實際上，喜歡百戲的皇帝不僅是唐玄宗，德宗、敬宗、文宗、宣宗等一票唐朝皇帝都是百戲的忠實愛好者。

百戲這種流傳於民間的藝術形式，在唐玄宗時期得到長足發展，李隆基下令創辦的藝術培訓機構梨園，成為百戲人才的培養基地。安史之亂後，百戲走了下坡路。

百戲的內容

在唐朝，上自達官貴人，下到平民百姓，都瘋狂愛上了百戲。那麼，百戲到底有哪些內容？目前可瞭解到，唐朝百戲種類非常多，基本分為雜技類和歌舞類。

頂竿是雜技類，這是一種空中技藝，在盛唐時達到頂峰，並且在技巧上和表演方法上都有新發展。《明皇雜錄》記載了唐玄宗時期一位頂竿藝人王大娘表演的情形。有一次，唐玄宗在勤政樓舉行樂舞百戲，場中廣集了百項技藝，王大娘也參加了那場表演。她頂著百尺長竿，竿端架設著一座狀似東海瀛洲仙山的模型，一些裝扮成仙童、手持絳節的孩子，在仙山上來回歌舞。唐玄宗帶著楊貴妃及一班大臣看得非常高興，忙命身旁的神童劉宴賦詩記錄盛況。劉宴當時年僅十歲，當即作《詠王大娘戴竿》一詩：「樓前百戲競爭新，唯有長竿妙入神；誰謂綺羅翻有力，猶自嫌輕更著人。」

這裡不得不提到一位傳奇人物。晚唐敬宗時期幽州女子石火胡，能在百尺高竿上如履平地。據記載，石火胡出身貧民家庭，為了生存，苦學當時最為流行的頂竿（戴竿）雜耍技藝。同時，石火胡將「歌舞」、「走索」與「頂竿」等技藝熔於一爐，百尺高竿上，支有五根弓弦，五個女童身穿五色衣服，手持刀戟，在高竿弓弦表演《破陣樂》。

唐朝的娛樂與其他朝代的一個巨大差異，就是女性的廣泛參與，而宋以後女子就被束縛起來，基本上不參加文康活動了。唐以後，唱戲的主角一般都是男性，鮮有女性，女子被限制在家裡，失去了參與社會活動的自由。

魔術也是雜技類的主要表演方式。唐朝的魔術師基本都是來自西域的胡人，鮮有唐朝本土人做魔術師的記載。魔術在民間和宮廷完全是冰火兩重天，在民間備受歡迎，在宮廷被嚴格禁止。宮廷認為這是幻術，唐高宗曾下詔禁止表演魔術的胡人入境。

頂竿、魔術風險並不大，但是走鋼絲即使在現代有諸多保護措施的條件下也有風險。唐朝也流行走鋼絲。那時的走鋼絲是「繩技」，穿木屐走繩，倒掛走繩。表演者還可以一起走繩，當中相遇側身而過。

除了雜技，歌舞作為百戲的主打項目也備受喜愛。民間的歌舞受到了宮廷的影響，一些歌舞也向宮廷學習。但是民間歌舞也有自己的特點，敘事型的歌舞受到了歡迎、追捧，例如參軍戲。這一戲種源於一名參軍貪汙受罰。為了生動表達對貪汙的厭惡，戲曲籌辦者就讓演員穿上參軍的衣物，扮演者一直要受到其他演員的嘲弄。這一劇種由兩人扮演，滑稽、搞笑為主，被嘲弄的人叫作參軍，嘲弄人的人叫作蒼鶻。詩人李商隱《驕兒》詩中提及參軍戲：「忽復學參軍，按聲喚蒼鶻。」蒼鶻現在被稱為副末，任務是烘托參軍，製造笑料。這在戲曲中通用，傳統崑劇演出整齣戲，都由副末開場介紹劇情和主題。從某種程度上來說，參軍戲有點類似相聲，逗哏和捧哏相當於參軍和蒼鶻，是舞臺上缺一不可的搭檔。到了晚唐，參軍戲出現了多人演出的情況，有點類似當今的小品或群口相聲。

此外，還有大面舞蹈[10]、缽頭[11]、踏搖娘[12]。另外，木偶戲在唐朝也比較盛行。它們的共

10 大面舞蹈，是一種模仿北齊戴面具蘭陵王上陣衝殺的舞蹈。
11 缽頭，是一種表演孝子進山尋找父母屍體，並與老虎進行搏鬥的樂舞節目。
12 踏搖娘，是一種表演女子在遭受丈夫家暴後，一邊訴苦一邊歌舞的曲藝形式。

同點是故事性強，傳播、抨擊某種社會觀點。從這個角度來看，唐朝的各種歌舞已開始向戲劇方面發展了。

唐朝是一個活躍、包容、開放的時代，表演藝術從佛寺走進了民間，從宮廷走到了民間，是中國戲曲藝術發展的早期階段。

五、唐詩是如何流傳下來的？

——唐詩的多樣化傳播方式

每當筆者翻開收錄了四萬餘首唐詩的《全唐詩》一書，心中就會有疑問：在沒有自媒體，沒有朋友圈，沒有印刷技術，沒有電話，沒有網路，沒有現代化保存技術的條件下，這些唐詩是如何傳播的？

唐詩繁盛與傳播分不開

有哪些因素影響了唐詩的創作和傳播呢？

第一，大環境是影響創作和傳播的決定因素。大唐朝廷以詩取士，詩詞歌賦逐漸成為讀書人必須練習的基本功。「詩名」早在唐朝之前已影響到一個人的社會地位，到了唐朝，一改以門第取士的弊政，科舉向所有階層的讀書人開放，普通平民百姓只要具備條件就可以報考。科舉中尤其重視進士科，進士科中又重視詩賦。要選拔進士，僅僅會問策「皆亡實才」，這不算有才，必須「通文律者然後試」，通詩賦的人才可進入下一個環節。這決定了詩賦在選拔進士中的重要作用。

第二，社會風氣推動了唐詩的傳播。唐朝士子把平時寫的自以為得意的詩文寫成捲軸，投給大臣或權貴，希望得到賞識和推薦。唐人把這種捲軸叫作行卷。投給誰，一旦成功，以後就是他的人了。假設沒有了賀知章的誇獎及舉薦，李白的詩作即便優異，未必能流傳於世。簡而言之，整個社會的重詩風氣影響了科舉考試的科目選擇，進士科對詩的重視更進一步影響了社會的重詩風氣，形成彼此推動的過程，「衡州人多文詞，樵往往能詩」的情況。唐詩在這樣環境下被傳播就不奇怪了。

第三，交通發達是唐詩傳播的重要保障。唐朝的驛站遍布全國，詩歌能透過四通八達的交通網絡向全國傳送，陸路以長安為中心，一路上有店肆待客，酒饌豐溢；在水路上，「長江五千里，來往百萬人」。交通發達推動人口的流動，而人口的流動將唐詩由點到面地傳播到全國。與現代社會手機上網一樣，有勁爆新聞，頭條一發，立馬引爆。

第四，紙的發明和印刷術的應用，在一定程度上也推動了唐詩的傳播。已有資料證明，中晚唐已有了詩集的印刷傳播。出版工作直到宋朝才進一步發酵，把唐朝的詩文印刷成書。

整體來說，唐朝詩歌得以發展和保存，與社會風氣、科舉考試、交通網絡、印刷技術、紙張發明等息息相關，這些都是唐詩廣泛傳播於後世的基礎。

以人為載體的傳播

傳播最終還是以人為載體。在唐朝的交通網絡上，有大量流動人口的參與：有旅遊的詩人，有進京考試的舉子，有落第者，有上任的官員，被外放貶謫的官員，有商人，有歌女……，這是唐朝的傳播方式，有的詩文還源源不斷地向國外傳播。據史料記載，白居易的《元稹墓誌銘》從長安、洛陽到南蠻、東夷國「皆寫傳之，每一章一句出，無脛而走，疾於珠玉」。這傳播速度和傳播範圍令人驚訝。

在以人為載體的傳播方式中，「團聊」更容易傳播詩歌。團聊即圍繞一個話題，大家來寫個東西。這在唐朝是非常流行的一種作詩方式。例如在上元節這一天，同題同韻的上元詩，是群體賦詩（團聊）的一個範例。陳子昂、長孫正隱、高瑾、韓仲宣、崔知賢、陳嘉言等人都寫了《上元夜效小庾體》，類似這樣的團聊，產生的詩作比孤文一篇更容易被傳播。團聊是詩人集中作詩的方式。此外，還有一種線性傳播的方式。唐朝文盲率過高，讀書認字的人不多，作品在寫詩的人之間傳播。在這個傳播小環境中，唐人大多採用酬、寄、贈、答這種一對一或一對多的線性傳播方式。將自己的作品傳遞給另外一個人或一批人，任一方式都能提升傳播速度。例如，「酬」之類的有：張九齡《酬王六霽後書懷見示》、宋之問《酬李丹徒見贈之作》、李白《酬張司馬贈墨》等。「寄」之類的有：陳子昂《詠主人壁上畫鶴寄喬主簿崔著作》、張說《寄姚司馬》、王維《奉寄韋太守陟》等。「贈」也比較多，如王維《贈吳官》、王昌齡《鄭縣宿陶太公館中贈馮六元二》。「答」也是一種單線聯繫形式，如蕭穎士《仰答韋司業垂訪五首》、孟浩然《同張明府碧溪贈答》、李白《答友人贈烏紗帽》。這些互動方式也拓展了社交關係。

隨著交通道路愈加發達，在路上的歌伎或歌者對詩歌的傳播也發揮了作用。歌者對好的詩歌趨之若騖，而詩人也希望透過歌聲將自己的詩作傳遞出去。例如，《碧雞漫志》記載：「元微之見人詠韓舍人新律詩，戲贈云：『輕新便妓唱，凝妙入僧禪。』」又載：「元、白諸詩，亦為知音者協律作歌。白樂天守杭，元微之贈云：『休遣玲瓏唱我詩。我詩多是別君辭。』自注云：『樂人高玲瓏能歌，歌予數十詩。』樂天亦醉戲諸妓云：『席上爭飛使君酒，歌中多唱舍人詩。』又聞歌伎唱前郡守嚴郎中詩云：『已留舊政布中和。又付新詩與豔歌。』」唐朝歌曲以絕句為主，而絕句容易編曲歌唱，押韻且具備流行傳播的元素。元稹、白居易是個中大神，他們的詩歌容易被歌伎傳播，這樣的傳播也更具備持久性。

另據《舊唐書》記載：「元衡工五言詩，好事者傳之，往往被於管弦。」武元衡是唐德宗時期的進士，官至監察御史，但是看不慣當時的情況，稱病辭官。好長一段時間，他都縱情政事之外，沉溺於宴飲歌詠，這裡就提到他的詩歌經常「被於管弦」，透過歌詠傳播出去。那時，詩人與樂工、歌者之間的關係還是不錯的，歌者借助詩人的作品生活，而詩人借助樂工和歌者的傳播提升自己的名氣。相輔相成的感情才更加深厚，這就是加持的力量。

以物為載體的傳播

唐朝的旅館驛站、風景名勝、商業店鋪、寺院等場所的牆上或屏風上，可能會有一塊專屬詩歌的地方，路過這裡的客人在此題詩。李白在報恩寺，就遇見過僧人捧著詩板題詩。白居易《藍橋驛見元九詩》中說：「每到驛亭先下馬，循牆繞柱覓君詩。」詩板傳播的方式有點像黑板報的感覺，每個詩人均可題寫，這樣就容易良莠不齊，真正的精品往往被深藏其中。據傳，劉禹錫過某廟，就摘下上千塊詩板，最終僅留下數十塊而已。

題寺院、題風景名勝、題於旅館都有助於傳播，例如，杜牧《題揚州禪智寺》、白居易

《三月三十日題慈恩寺》、杜甫《題玄武禪師屋壁》。當然，他們也題在屏風上，如白居易《題海圖屏風（元和己丑年作）》。在風景名勝題詩是更為流行的方式有「這地方我來過，我承包了」之意。這方面白居易的比較多，如《題楊穎士西亭》、《題岐王舊山池石壁》。題於旅館的，例如鄭谷《題邸間壁》、宋之問《題大庾嶺北驛》。如果沒有詩板怎麼辦？也有人喜歡題在人家牆壁上，如錢起《酬趙給事相尋不遇留贈》：「忽看童子掃花處，始愧夕郎題鳳來。」

為了創作的詩歌永世流傳，唐人喜歡把它們刻在石頭上。在唐人看來，這是一種比較高雅的文化傳播方式。事實上，石刻對詩歌保存與傳播的作用顯而易見。為了著作的不朽而製作刻石，已算是一種將作品永久保存的出版意識，即「乃手書刻石，期以不朽」。杜甫的「憶昔李公存，詞林有根柢……。風流散金石，追琢山嶽銳」，提到李邕之詩文多刻於金石而流傳。

唐詩得以傳播，最根本的原因是作品本身的品質，品質越好的詩歌傳播得越遠。

六、唐人是如何「追星」的？

——唐朝「粉絲」也瘋狂

日本平安時期的官僚文人慶滋保胤描述他一天的生活：吃飯、讀書和重讀白樂天的詩；唐朝有位叫魏萬的年輕人，在沒有現代交通工具情況下，為一睹詩仙李白的風采，追了李白三千里……。粉絲並非現代人的專利，唐朝的粉絲，有與大咖惺惺相惜的，有瘋狂追星的，有真愛堅持的，也有特定領域的粉絲。

大咖粉

元稹、白居易是一對好朋友，兩人約定在旅行中把詩寫到牆壁（石壁）上，並進行探寶遊戲，相互尋覓彼此的詩作。唐憲宗元和十年（八一五），詩人元稹自唐州（今河南境內）奉召還京，道經藍橋驛，在驛亭壁上留下七律《留呈夢得、子厚、致用》[13]。幾個月後，白居易在被貶江州途中，在驛館牆上發現元稹之作，寫下了《藍橋驛見元九詩》。元稹排行老九，朋友之間稱之為元九。詩云：「藍橋春雪君歸日，秦嶺秋風我去時。每到驛亭先下馬，循牆繞柱覓君詩。」白居易去江州的一段路與元稹西歸相同，白居易認為沿途應有元稹留下的詩作，決定每到一個驛館都要循牆繞柱查看。這既有對朋友的關懷之情，更有點粉絲心態。

若說元稹和白居易兩位大家之間的惺惺相惜是真感情，那麼杜甫與李白之間的感情就更加有趣了。在他們認識的那一年，李白四十四歲，已名滿天下，而杜甫三十三歲了，仍沒沒無聞。杜甫保存至今的詩作中，跟李白有關的有十五首，李白回贈二首。杜甫和李白的感情還不錯，在《與李十二白同尋范十隱居》中，杜甫寫道：「醉眠秋共被，攜手日同行。」詩中提到了他們結伴尋找范十隱居之處的事。他在《春日憶李白》寫道：「白也詩無敵，飄然思不群。」在杜甫的心中，李白的詩歌是無敵的。我們或能從唐朝著名詩人之間的感情中，咀嚼出一股惺惺相惜的「互粉」味道。

瘋狂粉

詩人張籍的《秋思》非常有名，詩云：「洛陽城裡見秋風，欲作家書意萬重。復恐匆匆說不盡，行人臨發又開封。」他本人還有一個身分：孟郊把張籍介紹給韓愈，張籍成了韓愈

---

13 《留呈夢得、子厚、致用》：「泉溜才通疑夜磬，燒煙餘暖有春泥。千層玉帳鋪松蓋，五出銀區印虎蹄。暗落金烏山漸黑，深埋粉堠路渾迷。心知魏闕無多地，十二瓊樓百里西。」

的大弟子。但是，張籍還有一個不為人知的故事：他非常崇拜杜甫，近乎癲狂，可能相信「吃什麼補什麼」的說法，將杜甫的詩集焚燒成灰燼，加入膏蜜，頻頻飲下。他還說了這樣做的理由——希望自己也能寫出如杜甫一樣優秀的詩作。

唐人葛清，一名普通人，因為迷戀白居易，全身上下三十餘處紋白居易的詩句。除了紋詩句外，葛清還為詩配圖，對此沾沾自喜，時人稱之為「白舍人行詩圖」。幸虧葛清迷戀白居易，要是迷戀現代社會的「百萬小說」的大神，身體上還有紋字的地方嗎？這人絕對是瘋了。

真愛粉

唐朝「頂流」杜甫、李白、白居易等人紅得發紫，他們每人都有屬於自己的「粉絲團」。在李白粉絲團中有這樣一個堅韌不拔的人。據李白陳述，他的粉絲「東浮汴河水，訪我三千里」。這名叫魏萬的年輕人，經過半年步行跋涉，終於在揚州見到了李白。現在追星坐飛機，頂多浪費幾個小時的時間和一些資金，唐朝這位走了上千里。李白感動之餘，寫下了《送王屋山人魏萬還王屋並序》，序曰：「王屋山人魏萬，雲自嵩宋沿吳相訪，數千里不遇。乘興遊臺越，經永嘉，觀謝公石門。後於廣陵相見，美其愛文好古，浪跡方外，因述其行而贈是詩。」

還有一個堅韌不拔的人名叫李洞。《唐才子傳》記載：「洞，字才江，雍州人，諸王之孫也。家貧，吟極苦，至廢寢食。酷慕賈長江，遂銅寫島像，戴之巾中。常持數珠念賈島佛，一日千遍。人有喜島詩者，洞必手錄島詩贈之，叮嚀再四，曰：『無異佛經，歸焚香拜之。』」他是賈島的粉絲，頭巾上貼著刻有賈島頭像的銅片，手中還經常持有一串為賈島祈福的念珠。每次聽說有人像他一樣喜歡賈島，他就一定會親手抄錄賈島的詩相贈，還反覆囑咐：賈島的詩無異於佛經，要焚香拜之。

白居易也受到瘋狂崇拜。他在日本，受到上自天皇貴族，下至平民百姓的喜愛，每一首傳遞過去的詩歌都能掀起一股「白熱」。日本嵯峨天皇非常喜歡白居易，將《白氏文集》藏於秘府。嵯峨天皇在位期間，日本宮廷設置了《白氏文集》的侍讀官，白詩成了天皇的必讀科目。

然而「大咖」級別的白居易，卻是李商隱的粉絲，而且是願意來世做李商隱兒子都不覺得吃虧的那種忠誠粉絲。白居易喜歡李商隱的文章，他說：「如果我去世了，下一世能成為你的兒子我就知足了。」白居易去世多年後，李商隱得子，取名「白老」。所謂白老，即白居易的意思。這也算紀念白居易的一種方式吧。但是，據說這個兒子長歪了，痴痴呆呆的，溫庭筠就拿這個對李商隱開玩笑：你的兒子是白居易的後身，有點辱沒了白居易。

詩僧粉

唐朝僧人地位整體很高，中唐起開始盛行「詩僧」。詩僧是一群作詩的僧人，唐朝詩僧眾多，在《全唐詩》中就有一百一十五人，占兩千兩百多名作者的二十分之一，寒山、拾得、皎然、齊己、靈澈等人就是詩僧中的佼佼者。這群人不僅被文人接納，平民百姓對他們的印象也特別好。

為何盛行詩僧呢？有一個主要的原因是寺廟活動頻繁，引來周邊百姓的週期性聚會。在某種程度上，詩僧與民間百姓交流較多，他們的詩詞也容易被平民百姓接受。尤其是在寺廟興起的變文等文化形式，讓詩歌傳播得更快。很多士人、平民百姓都是詩僧的「鐵粉」。連白居易都在《愛詠詩》中提到，自己的前生可能是一名詩僧。從名人到平民百姓，都能愛上詩僧，這也算是唐朝一大奇觀。

我們現代人將追星的人稱為fans，按音譯就是「粉絲」。唐朝的追星族，有的粉絲本身就是大咖，他們相互粉，大咖與大咖之間惺惺相惜。當然也有瘋狂的「腦殘粉」，這是從古至今都不缺的，想想都覺得後怕。而那些堅韌不拔的真愛粉、詩僧粉，則構成了粉絲的主體，這還稍微正常一點。不過遙想，在唐朝那樣傳播緩慢的古代，能形成這樣的粉絲效應，詩歌的品質必須是好的沒話說。

第七章 佳節風俗

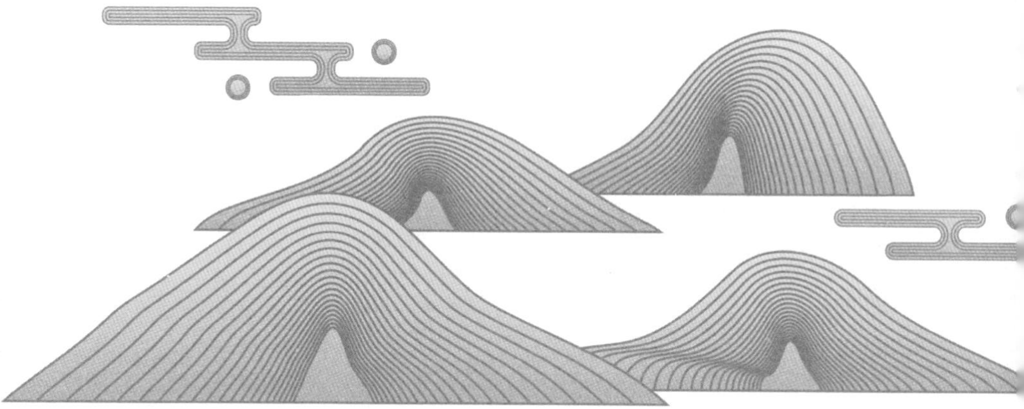

一、唐人的七夕會表白和四處展示恩愛嗎？

——唐朝七夕活動一覽

農曆七月七日是中國傳統的七夕節，在這一天，人們互送禮物、浪漫約會、表白或求婚。試想，沒有現代社會的商業氛圍，沒有網際網路等便捷的交流方式，唐人在七夕節會做什麼呢？

唐人的七夕節活動

七夕節源於東漢，他們第一次將牛郎星和織女星描繪成戀人，從這時起，已有牛郎織女七夕相會的故事雛形。相傳，人們在七夕的夜晚，抬頭可見牛郎織女鵲橋相會。七夕節風俗名目繁多，例如：穿針鬥巧、喜蛛應巧、投針驗巧、種生求子、晒書晒衣、拜織女、拜魁星、吃巧果、七姐誕、染指甲、婦女洗髮、結紮巧姑、拜「七娘媽」……，整體來說，各地風俗各有側重，選其一二介紹。

乞巧儀式是唐人的七夕活動之一。乞，乞求之意；巧，巧手之說。乞巧風俗源於西漢，七夕節也稱為乞巧節。這一天，宮廷、民間齊歡樂。《太平廣記》轉載唐陳鴻《長恨歌傳》中的宮中乞巧場景：一位叫「玉妃」的女子回憶：「昔天寶十年，侍輦避暑驪山宮，秋七月，牽牛織女相見之夕，秦人風俗，夜張錦繡，陳飲食，樹花燔香於庭，號為乞巧。宮掖間尤尚之。」從中我們可以知道，這是發生在驪山宮的七夕節。「張錦繡」、「陳飲食於庭」、「樹花燔香」，都是宮廷乞巧的一些方式。

在民間，也流行「穿七孔針」、「設瓜果朝拜」等乞巧風俗。《唐語林》轉《荊楚歲時記》云：「七夕，婦人結彩縷穿七孔針，陳瓜果於庭中以乞巧。今人乃以七月六日夜為之，至明曉望於彩縷，以冀織女遺絲，乃是七曉，非夕也。又取六夜穿七竅針，益謬矣。今貴家或連二宵陳乞巧之具，此不過苟悅童稚而已。」民間透過「穿七孔針」、「設瓜果於庭」等方式過節，「設瓜果於庭」與宮中「陳飲食於庭」是相同意思。

唐朝文學家、官員權德輿[14]有《七夕》描述節日風俗：「今日雲軿渡鵲橋，應非脈脈與迢迢。家人競喜開妝鏡，月下穿針拜九霄。」柳宗元《乞巧文》也有類似描述：「今茲秋孟七夕，天女之孫將嬪於河鼓。邀而祠者，幸而與之巧，驅去蹇拙，手目開利，組紝縫制，將無滯於心焉。為是禱也。」前述詩文提到的「開妝鏡」、「月下穿針」、「拜九霄」、「組紝

14 權德輿，唐朝文學家、官員，劉禹錫、柳宗元等人曾拜投其門下。

縫制」等，應是乞巧節的活動內容。

《全唐詩》刊錄林傑詩作《乞巧》詩云：「七夕今宵看碧霄，牽牛織女渡河橋。家家乞巧望秋月，穿盡紅絲幾萬條。」崔顥《七夕》詩云：「長安城中月如練，家家此夜持針線。仙裙玉佩空自知，天上人間不相見。」唐朝長安城中，家家戶戶的女子在七夕節時「穿紅絲」、「持針線」，向織女乞巧。

實際上，七夕節的乞巧風俗有多種表現方式。例如，比穿針應巧風俗更晚出現的喜蛛應巧風俗。七夕節這一天，人們把蜘蛛放在盒子裡，第二天看盒子裡蜘蛛網的疏密情況，再判斷是否「巧」者。萬變不離其宗，乞巧是這個節日的核心文化訴求。

從唐朝女子對乞巧的熱愛程度，可推測乞巧的目的是為了乞愛。乞巧，是示好，是自我證明，更為了乞愛。其實不難理解，哪有少女不懷春？她們希望未來有一個理想的婚姻，度過往後餘生。但是，即使在稍有開放度的唐朝，女子婚姻也由「父母之命，媒妁之言」決定。想自由戀愛，門都沒有，自由戀愛的機率遠低於彩券中獎機率。在她們看來，婚姻幸福的際遇，純屬瞎貓碰到死耗子。遇到良婿，是僥倖。遇到不靠譜的，除了自怨自艾，只能靠自己，強大自己。所以，乞巧可看作是追求幸福。

樂府詩《孔雀東南飛》詩中，主角劉蘭芝為何被婆家遣歸？給出的理由是劉蘭芝的織作不如婆婆之意。當然，這未必是最主要的原因，也許只是一個由頭。乞巧，希望精於家庭手工勞動，其最終目的是希望在未來的婚姻家庭生活中，憑藉靈巧的雙手占有一席之地，得到丈夫和婆家的認可，生活能夠幸福安穩。白居易在《長恨歌》中表達得很直白：「七月七日長生殿，夜半無人私語時。在天願為比翼鳥，在地願為連理枝。」

日本受唐朝文化影響，從奈良時代中期到今日，都有在七月七日過七夕的習慣。為了慶祝節日，日本舉辦七夕祭、穿針乞巧和七夕詩會等活動。從這個角度看，日本也有與唐朝七夕節的乞巧類似的風俗，但是沒有了「乞愛」這一內涵。其實，乞巧是動機，乞愛才是目的。這是唐人七夕節的精髓所在。

除了乞巧，唐人在七夕節前後還流行曝衣晒書的風俗。這風俗產生的原因是因為七夕近初秋，雨季過後且溫度較高，而曝衣（晒衣物）能消除雨季帶來的霉味。此外，古人喜歡將圖畫書籍晒於庭中，也是為了防蟲蛀腐蝕。如，杜甫詩作《牽牛織女》中提及「曝衣遍天下，曳月揚微風」，說的是七夕節前後晒衣服的風俗；又如，崔國輔《七夕》提及「閣下陳書籍，閨中曝綺羅」，說的是男子把書籍拿出來晒，而閨中女子曝綺羅。

未婚女子專屬節日

在農業社會，男耕女織的社會分工模式決定了男女勞動領域的不同，以至於紡織、縫紉、刺繡等家庭手工勞動成為判斷女子是否勤勞、聰慧的一個指標。這些也是女子教育的重要方面，在唐人的心裡，如果一名女子無法在這方面達到要求，極有可能被判定為不合格。

杜甫在詩作《牽牛織女》中感慨道：「牽牛出河西，織女處其東。萬古永相望，七夕誰見同。……嗟汝未嫁女，秉心鬱忡忡。防身動如律，竭力機杼中。雖無姑舅事，敢昧織作功。」不會紡織或不擅長紡織的未婚女子，特別擔心嫁到夫家後，遭到婆家的苛刻待遇，於是她發憤圖強，積極主動練習紡織。所有這一切努力，是為了嫁人後不被嫌棄。這正是男耕女織的封建社會中女子的實際思想狀況。

瞭解唐人的七夕節可以發現，女子在這一天有著豐富的節日活動。如今，中國還有部分地區保有「乞巧」風俗，但其中有變化。例如，節日時間被拉長（歷時七天八夜）、商業氛圍濃厚（宣傳當地旅遊資源）、內涵不斷拓展（不再是未婚女子專屬）等。

二、古人寒食清明都忙什麼呢？

——唐詩中的寒食節

寒食節是古人相當重視的節日，一般來說冬至後的第一〇五天就是寒食節，也是唯一以飲食風俗命名的節日。因為與清明前後靠近，且都有祭拜祖先的習俗，於是寒食和清明的假期經常連在一起。唐律規定，寒食連著清明要四天或五天的假期。在《全唐詩》中，詩人們記錄寒食節的詩歌數量不少，為後世研究寒食節、清明節提供了充足的素材。

詩中寒食

寒食節，生死離別，容易讓人感懷，尤其是作詩盛行的唐朝，要是在寒食節沒有一兩首詩歌，總覺得缺少點什麼。在留下的關於寒食節的唐詩中，白居易的詩作穩居前列，一人寫了三十四首，按一年一首的節奏，估計連寫三十四年。整體而言，唐朝詩人的情緒發洩，無外乎空虛寂寞冷、憂愁思戀樂。

唐代詩人認為，寒食節是空虛寂寞的。張說《襄陽路逢寒食》道：「去年寒食洞庭波，今年寒食襄陽路。不辭著處尋山水，只畏還家落春暮。」去年今年一對比，這落差和時光流轉的空虛，躍然紙上。又如，韓偓《夜深》：「惻惻輕寒翦翦風，小梅飄雪杏花紅。夜深斜搭秋千索，樓閣朦朧煙雨中。」這寂寞的夜晚只有鞦韆索陪伴，夠寂寞吧。

他們也在詩中寫出了「憂愁思戀樂」的感受。寒食節的獨特氛圍，容易造就一種憂傷、憂愁的感受。例如，趙嘏《東望》寫道：「兩見梨花歸不得，每逢寒食一潸然。斜陽映閣山當寺，微綠含風月滿川。」「潸然」的詩人，在寒食節面對美好的春光，卻因為無法回家而憂愁和感傷。又如，杜甫《小寒食舟中作》：「佳辰強飲食猶寒，隱几蕭條戴鶡冠。春水船如天上坐，老年花似霧中看。娟娟戲蝶過閒幔，片片輕鷗下急湍。雲白山青萬餘里，愁看直北是長安。」杜甫在寒食節，愁看長安，憂的是個人命運，愁的是下一步何去何從。

思戀也是寒食節的主題，慎終追遠，懷念先人和情侶，是一種淡淡的情懷。如，韓偓在《寒食日重遊李氏園亭有懷》中寫道「料得他鄉遇佳節，亦應懷抱暗凄然」，節日和情緒的結合相得益彰。又如，雍陶思念遠方的朋友，寫下《寒食夜池上對月懷友》：「人間多別離，處處是相思。海內無煙夜，天涯有月時。」

當然，寒食節的主旋律還有娛樂。白居易《清明日觀妓舞聽客詩》寫道：「辭花送寒食，並在此時心。」盧延讓《寒食日戲贈李侍御》：「十二街如市，紅塵咽不開。灑蹄驄馬汗，沒處看花來。」唐朝詩人是奔放的、浪漫的，更是有情懷的，寒食節讓他們有了更多屬於自己的篇章。

信仰民俗

唐代詩人用詩歌記述自己在寒食節所見所聞，也為後世留下了祖先們如何過寒食節的寶貴資料。他們親近自然，在寒食節禁火和寒食、掃墓、插柳，記錄下了唐人生機勃勃的世相和民俗生態。

祭拜祖先、節日掃墓是古禮，但寒食節掃墓是唐朝才開始的風俗，《舊唐書》記載：「寒食上墓，宜編入五禮，永為恆式。」寒食節掃墓一開始是民間風俗，後官府將其定為永例，「因俗制禮」促進了墓祭習俗的盛行。從史料看，掃墓之風在唐朝是全民活動，「寒食家家出古城，老人看屋少年行」。

掃墓時通常燒紙。白居易《寒食野望吟》說：「丘墟郭門外，寒食誰家哭。風吹曠野紙錢飛，古墓壘壘春草綠……。」「紙錢飛」，是指寒食節的剪紙為冥錢的燒紙風俗。

掃墓之外，插柳、戴柳在唐朝也較為流行。「故園腸斷處，日夜柳條新」，古人認為柳可以驅鬼，寒食節前後正是柳樹發芽的時候，可以和過節風俗相得益彰。插柳一般插於屋簷、衣服上，或者放在「轎乘」上。當然，插柳也可能有「留戀」、「思戀」的意思，也是一種對先人的懷念。戴柳，就是把柳枝編成圈戴在頭上，據說可以驅毒蟲、防邪惡，也是唐人在寒食節期間與親朋好友送別的一種風俗。《酉陽雜俎》記載，「唐中宗三月三日，賜侍臣細柳圈，言帶之可免蠆毒」。

當然，寒食節最主要的是禁火和寒食。在寒食節前後必須禁火，禁止炊火，也禁止照明的燈火。官府對此要求非常嚴格，「普天皆滅焰」，安排人員到民眾家排查執行情況，違背者會被嚴肅處罰。於是在寒食節前，人們要想盡辦法準備食物以備禁火，進入寒食節，家家滅煙，只能以冷食充飢。「廊下御廚分冷食」，所謂「廊下」，是辦公吃飯的地方，唐代宮中的寒食節也是吃冷食。

娛樂風俗

在寒食節，人們除了要遵守規定禁火、寒食，要掃墓和插柳，也會盡情享受娛樂活動。

鬥雞活動並非隋唐才有，但是在隋唐才盛行起來。皮日休《洛中寒食二首》說：「擊鞠王孫如錦地，鬥雞公子似花衣。」寒食節期間，你會發現城外到處都是鬥雞場。鬥雞是寒食節一個重要的活動方式。唐人喜歡鬥雞也是有歷史傳承的，莫高窟北魏壁畫《鬥雞圖》，說明在北魏時期就非常流行鬥雞。這有點類似後世的鬥蛐蛐遊戲，都是一種遊戲。唐玄宗這位娛樂帝王，特別喜歡這樣的活動，設置了專門的官職「鬥雞供奉」。上行下效，整個朝代進入鬥雞的娛樂時代，甚至把祭奠古人的寒食節都占用了。

除此之外，人們還喜歡蹴鞠。唐人的蹴鞠，已是一種體育運動，類似今天的足球。寒食節期間，蹴鞠非常流行，王維就寫過「蹴鞠屢過飛鳥上，秋千競出垂楊裡」一句。民間、宮廷和軍隊都有此類愛好。打毬則是寒食節的另外一種體育活動。

當然，與現在的清明節一樣，寒食節時，大家喜歡郊遊和踏青。這個季節真是親近大自然的好機會，所以唐人希望在追悼死者的同時也能遊樂。對此，唐代官府的態度是絕對禁止，唐高宗、唐玄宗曾分別下過禁令，「不得作樂」。但是，唐人依然喜歡郊遊和踏青，禁令漸成一紙空文。

寒食節歷史悠久，到了唐朝已成為一個頗具綜合性的節日。人們掃墓、燒紙、踏青、遊玩、寒食、禁火，插柳等，其中一些活動傳承到今天。

三、唐人也過元宵節嗎？
——隆重的上元節

在唐朝，正月是節日較為集中的月份。正月初一是元旦，正月初七是女媧創造人第七天，這一天的節日被稱為人日。而正月十五，唐朝稱之為上元日，人們在這一天張燈結彩歡慶佳節，所以又被稱為「燈節」，現代人叫作元宵節。上元節在唐朝眾多節日中是帶有宗教性質的，是道教的節日。在李耳被確認為李唐王朝祖先的情況下，把道教節日作為唐朝全民狂歡的日子。那麼，上元節的來源是什麼？唐人在這個日子一般都做些什麼呢？

上元節的來源及興衰

有人猜測，有上元，就可能有中元和下元。確實是這樣的，道家三元節分別是：正月十五為上元，七月十五為中元，十月十五為下元。上元就是我們今天的元宵佳節。在唐朝，上元節也叫作上元夜、上元、正月十五夜，是唐朝民眾認知度最高的一個節日。這是個全民狂歡的節日，尤其在宵禁制度下，能有一個全民徹夜活動的日子非常不容易。

從隋朝就開始了上元夜的狂歡。都邑百姓每至正月十五日，糜費財力，角觝競賽。據《隋書》，長夜聚會，「大列炬火，光燭天地。百戲之盛，振古無比。自是每年以為常焉」。規模大，「建國門內，綿亙八里，列為戲場」。時間長，「從昏達旦」，從正月十五到月末。

唐朝初年經濟復甦，人們參與上元節活動的積極性明顯上升。事實上，節日民俗活動與皇帝的興趣有關，更與經濟發展相關，從節日本身也能看出朝代風貌。從史料看，光是唐朝的上元節也發生過幾次變化。

實際上，在很多王朝的初創階段，皇帝都算是謹小慎微、兢兢業業，而過了創業階段，進入守業階段的皇帝，便把前任皇帝的要求扔到一邊，尤其隨著國力的增強，更是喜歡與倡導節日活動。唐政權初建時期，李淵、李世民雖然喜歡娛樂活動，但還是主張休養生息，百廢待興才是這個時代的重頭戲，所有節日的娛樂活動都不在皇帝的考慮範圍內，他們認為在艱苦創業階段不能恣情為樂，不願意把精力耗在玩樂上。

到了唐高宗至武則天時期，節日活動有所增加，貞觀之治給唐朝帶來了活力和底氣，從《全唐詩》中可窺見一斑。崔知賢在《上元夜效小庾體》寫道：「歡樂無窮已，歌舞達明晨。」這等通宵達旦的描述，在唐詩中多有記錄。例如武則天時期的詩人陳子昂，他在《上元夜效小庾體》寫道：「樓上看珠妓，車中見玉人。芳宵殊未極，隨意守燈輪。」這組詩歌是陳子昂、崔知賢等唐朝詩人的點題詩作，有點像是面對繁華景象的得意之作。

從唐詩中可以看出，在高宗和武則天時期，上元夜這一日，在長安和其他大城市街頭，城門洞開，無問貴賤，男女不避，萬人空巷，玉漏不催，全民歡樂。

唐中宗到唐玄宗的「安史之亂」之前，是節日活動繁盛的階段，上元日觀燈等活動已成為上自皇帝、達官貴人，下至民眾的重要娛樂活動。究其原因，主要是經濟方面達到了唐朝一代的鼎盛。另外，日子過得特別好的唐玄宗開始驕傲起來，特別喜歡玩，帶領大唐子民在各種節日中盡情娛樂，甚至有記載，少女婦千餘人，於燈輪下踏歌三日夜。

「安史之亂」是唐朝的轉折點，從此開始直到唐末，官府舉辦的活動漸少，民間活動雖存在但缺乏官府主導。唐政權衰落，無力舉辦娛樂活動也在情理之中。

觀燈和看百戲

上元節有張燈結彩的風俗，這個風俗源於漢武帝時期。那時的正月十五，人們需要通宵達旦祭祀天神，在夜裡張燈結彩有迎接天神之意。東漢時，佛教傳入中國，佛教中觀燈的風俗與上元節活動結合起來，就成為後世的看花燈風俗。在白居易眼中，這就是「燈火家家市，笙歌處處樓」。不過，限於技術條件，古代的花燈多用火把或蠟燭製作。

唐朝上元節的看花燈風俗盛行，規模很大。詩人韓仲宣在《上元夜效小庾體》寫道：

「他鄉月夜人，相伴看燈輪。光隨九華出，影共百枝新。歌鐘盛北里，車馬沸南鄰。今宵何處好，惟有洛城春。」這正是描述上元節這天人們在洛陽看花燈，人山人海的樣子。《舊唐書》對在上元節燃燈也有記載：胡僧婆陀奏請夜開門燃百千燈，唐睿宗高興地同意這個請求。這位胡僧開啟了唐朝正月十五上元節官府燃燈的先河。韋蟾《上元三首》曰：「新正圓月夜，尤重看燈時。」這首詩明確說出了上元節重視觀燈的習俗。盧照鄰《十五夜觀燈》寫得更加寫意：「縟彩遙分地，繁光遠綴天。接漢疑星落，依樓似月懸。」孟浩然的《同張將薊門觀燈》也寫出了在薊門觀燈的情景：「薊門看火樹，疑是燭龍燃。」

百戲是民間樂舞雜技的總稱。角觝百戲一般在正月十五日，也是隋朝初期定的日子，唐朝上元節百戲之俗應該是受到了隋朝的影響。《唐會要》記載：「散樂歷代有之，其名不一。非部伍之聲，俳優歌舞雜奏，總謂之百戲。」

唐朝各皇帝中最喜歡百戲的是唐玄宗。玄宗御勤政樓，下設百戲，坐安祿山於東間觀看。這樣的活動在他在位期間，時有發生。唐文宗時期的詩人陳去疾的《踏歌行》，寫到上元節的歌舞百戲：「鴛鴦樓下萬花新，翡翠宮前百戲陳。夭矯翔龍銜火樹，飛來瑞鳳散芳春。仙蹕初傳紫禁香，瑞雲開處夜花芳。繁弦促管昇平調，綺綴丹蓮借月光。」從史料上看，看百戲是頗受官方、民間歡迎的活動。

迎紫姑風俗

迎紫姑也是上元節非常重要的風俗之一，《太平廣記》記載了這個活動的來源：「世有紫姑神。古來相傳是人妾，為大婦所嫉，每以穢事相次役。正月十五日感激而死。故世人以其日作其形，夜於廁間或豬欄邊迎之。」這其中的「感激而死」，非感動、激動而死。劉敬叔的《異苑》也有描述，「紫姑不堪其苦，投廁而死」。把文獻結合起來閱讀就明白，紫姑經常被安排做一些清理汙穢之物的事情，如倒馬桶，在正月十五這一天鬱悶自殺。「感激而死」的意思就是她由於過分激憤犯心臟病掉入廁所而死。後來，天帝命紫姑為廁神，主管人間家庭瑣事。所以，在這一夜，民眾入夜後會在廁所和豬欄邊上祭祀紫姑。這習俗遍布唐朝的城市鄉村，後世也有這樣的活動。

宋朝陸游在《軍中雜歌》提及：「征人樓上看太白，思婦城南迎紫姑。」清朝的顧祿在《清嘉錄．接坑三姑娘》：「望夕迎紫姑，俗稱接坑三姑娘，問終歲之休咎。」這些都佐證，上元節迎紫姑活動至少延續到了清朝。

四、唐人是如何過年的？

——唐人正月迎新

隋唐時期的節日頗多，每逢佳節都會有豐富多彩的娛樂活動。其中，每年的正月是時令節日較為集中的一個月：正月初一為一歲之始，被稱為元旦或者元正；正月初七是人日；正月十五是上月，也稱之為元宵節、元夜或燈節。對於我們來說，最重要的是正月初一元旦。對於唐人而言，除夕和元旦一個代表過去一年的句號，一個代表新一年的開始。

在除夕前，唐人會儘量趕回家裡，希望在除夕之夜與家人團聚，聊聊過去，吃年夜飯，喝酒，圍坐火盆守歲。唐朝正月迎新的除夕和元旦有哪些風俗活動呢？

民間風俗活動

驅儺儀式是唐人除夕的一大風俗。為求吉利安泰，古代多在除夕日舉行辟邪、驅妖之儀。驅儺，現代人估計比較陌生，但這儀式在古代非常盛行，起源於周朝的一種儀式，在唐朝是相當重要的一種禮制。除夕前，宮廷中最莊嚴和熱鬧的活動，就是儺儀活動。這在唐詩中有反映，如元稹《除夜酬樂天》提及：「引儺綏旆亂毿毿，戲罷人歸思不堪。」

儺儀活動的特點在於人數多，規模大，有情節。人數多，體現在參加驅儺隊列的侲子（即童子）數量多達五百人（漢朝一百二十人），年齡在十二歲到十六歲之間。這些童子在隊伍中演唱和舞蹈，有點類似劇院的歌舞劇。當然，在人數不夠的情況下，小範圍舉行活動也是可以的，讓自己家的男孩子，戴上猙獰的面具，擊鼓跳舞，以此驅鬼。

不僅宮廷舉辦驅儺儀式，州縣也同步舉辦。《全唐詩》中，徐鉉的《除夜》提及「鄉儺」的一些情況：「寒燈耿耿漏遲遲，送故迎新了不欺……預慚歲酒難先飲，更對鄉儺羨小兒。」

唐朝是驅儺活動的鼎盛時期，其後，這古老的傳統文化活動逐漸減少。在南宋後，驅儺活動被廢停，最終消失於歷史舞臺。

與驅儺活動不同，唐朝的貼門神習俗被傳承下來了。在影視劇和一些小說中，經常提到把尉遲敬德和秦瓊當作門神，提到因為唐太宗殺人太多，殺弟殺兄爭奪政權，後雖然奪得了江山，但夜夜惡夢。自從尉遲敬德和秦瓊兩個戰神在門口站崗，李世民才一覺睡到天亮，再無惡夢。實際上，在唐朝並無此說法。唐朝民間的門神是神荼和鬱壘，他們負責度朔之山的門——萬鬼出入的門。元代以後，尉遲敬德和秦瓊才被作為門神，走進了千家萬戶。

驅儺活動、貼門神歷史都較為悠久，而爆竹在唐朝是新鮮事物。在唐朝，唐人喜歡用爆竹慶祝春節。爆竹是煙花、鞭炮的前身，人們把竹子放在火中燒，竹子隨著空氣溫度變化會發生劈里啪啦的聲音，被稱為爆竹，意在辟邪。張說在《岳州守歲二首》說：「桃枝堪辟惡，爆竹好驚眠。」

此外，唐人在春節還會相聚飲酒。在飲酒時，以年少者先飲為禮節。在唐朝，人們把花椒放在盤中，飲酒時撮一點放入杯中，據說可以驅寒祛濕。杜甫的「守歲阿戎家，椒盤已頌花」，說的就是守歲時喝的花椒酒。也有喝藥酒的風俗，據說喝藥酒可以避瘟疫。飲宴一直延續到元宵節，這一風俗在唐朝被稱為「傳座」，在中國南方的一些地區依然保留此風俗。家族越大，活動越豐富和頻繁。

朝廷元旦朝會

對於大臣和朝廷來說，元旦朝會是一年開始最重要的儀式。這一活動沿襲前朝風俗，在元旦這一天，皇帝升殿，群臣朝會祝賀新年。這是官員的專屬活動，京官和地方官都要參加，宰相、三司使、大金吾等文武百官身著華服。天濛濛亮，朝賀活動就開始了。唐朝詩人靈澈，他是劉禹錫、劉長卿的好友，曾在《元日觀郭將軍早朝》記錄朝會「聲甚眾，儀甚隆」的情形。詩云：「欲曙九衢人更多，千條香燭照星河。今朝始見金吾貴，車馬縱橫避玉珂。」長安城也因百炬耀街陌，謂之「火城」。

盛唐時期，除了京官和地方官參加朝賀，少數民族和歸屬藩國也安排使者朝賀，表達歸順和交好之意。

大家來也不能白來，為了喜慶，皇帝還會賞賜群臣，例如賜柏葉。這非貴重之物，但是富有意義。李乂《元日恩賜柏葉應制》云：「勁節凌冬勁，芳心待歲芳。能令人益壽，非止麝含香。」說的就是柏葉的兩大寓意：一是柏葉在民間是用於祝壽的。因柏樹後凋，芳氣宜人，故取其葉浸酒，元旦共飲，以祝長壽；二是柏葉有凌霜傲雪和蒼翠芳潔的寓意，故有希望大臣們忠於國事之意。

詩人的除夕夜

除舊迎新之際，唐人也會用手中的筆表達自己的心情。

白居易，有「詩魔」和「詩王」之稱，與元稹共同倡導新樂府運動，世稱「元白」，又與劉禹錫並稱「劉白」。他在六十歲到來之際，感嘆時間流逝、人生苦短，在《除夜》中寫道：「病眼少眠非守歲，老心多感又臨春。火銷燈盡天明後，便是平頭六十人。」

賈島，人稱「詩奴」，與孟郊並稱「郊寒島瘦」，他的除夕夜，是一副苦兮兮的樣子。據《唐才子傳》記載：「島……況味蕭條，生計齟齬。……每至除夕，必取一歲所作置几上，焚香再拜，酹酒祝曰：『此吾終年苦心也。』痛飲長謠而罷。」賈島一生坎坷，每年除夕都要取一年之作置於案上焚香叩拜，總結過去，感慨終年之苦。

羅隱，唐朝著名詩人，他在除夕之夜表達自己空有理想又恐歲月不饒人的情愫，其《除夜作》云：「官歷行將盡，村醪強自傾。厭寒思暖律，畏老惜殘更。歲月已如此，寇戎猶未平。兒童不諳事，歌吹待天明。」

孟浩然，盛唐山水田園詩人，與王維並稱「王孟」，他在《除夜有懷》中云：「五更鐘漏欲相催，四氣推遷往復回。帳裡殘燈才去焰，爐中香氣盡成灰。漸看春逼芙蓉枕，頓覺寒銷竹葉杯。守歲家家應未臥，相思哪得夢魂來？」

戴叔倫，唐朝中期的著名詩人，在旅途中過了除夕。這是一個寂寞的除夕，雖然詩人也覺得明日又是一個新的開始，但是寫詩的那一刻感到孤獨是必然的。《除夜宿石頭驛》詩云：「旅館誰相問，寒燈獨可親。一年將盡夜，萬里未歸人。寥落悲前事，支離笑此身。愁顏與衰鬢，明日又逢春。」

唐太宗李世民也不甘落後，寫下《守歲》：「暮景斜芳殿，年華麗綺宮。寒辭去冬雪，暖帶入春風。階馥舒梅素，盤花捲燭紅。共歡新故歲，迎送一宵中。」描寫了皇宮內除夕守歲的豪華場面和歡樂情景。不過，這篇詩作傳頌度不高。

辭舊迎新的除夕和元旦，歷來都被人們重視。它們不僅僅是節日，在這樣的時刻，人們停下手中的工作，回到家中，與親人相聚，與朋友相聚，更是內心的相聚。慎始敬終，繼往開來，正是這樣的精神追求，讓一代代人在五味雜陳的生活中堅持下去。

五、唐人重視過生日嗎？

——唐人的慶生方式

對於每個人而言，生日都是其一生中非常特殊的日子，備受重視。在中國歷史上，過生日的習俗起源於魏晉，隋唐前很難看到生日慶賀的活動，到了唐朝，慶生活動開始盛行。

普通人慶生

唐人有很多種慶祝生日的方式，當然最拿手的是以詩表意。詩人李郢出差途中記起妻子的生日，寫下《為妻作生日寄意》：「謝家生日好風煙，柳暖花春二月天。金鳳對翹雙翡翠，蜀琴初上七絲絃。鴛鴦交頸期千歲，琴瑟諧和願百年。應恨客程歸未得，綠窗江淚冷涓涓。」詩中字句盡顯夫妻情深，可想妻子讀到此詩，定有嫁此夫不枉此生的想法。

在唐朝，為家人過生日而寫詩的著名詩人還有杜甫。杜甫在小兒子的生日這天，也提筆寫下《宗武生日》一詩：「小子何時見，高秋此日生。」

詩人以詩表意，普通民眾過生日如何慶祝呢？

現代人過生日，除了聚會慶賀外，喜歡吃碗長壽麵。唐朝則是吃湯餅，不分貴賤，來一份湯餅。湯餅是一種煮製麵食，有的叫作「水飲」（也有「水引」的說法），與今人的麵條類似。長瘦，與「長壽」諧音，所以也被後世稱為「長壽麵」。《送張與》詩中的「爾生始懸弧，邀我作上賓。引箸舉湯餅，祝賜天麒麟」詩句，寫的就是類似現代人過壽吃長壽麵的場景。

唐朝還有個風俗，生子第三日要宴請親朋好友，這樣的活動叫作「湯餅會」（另稱為「湯餅筵」、「湯餅宴」）。宴席上吃湯餅，是對新生孩子的一種祝福，這一天被稱為「湯餅之期」。

有錢人還可以設宴歡慶。《太平廣記》記載：「唐營丘有豪民姓陳，藏鏹鉅萬，染大風疾，眾目之為陳癩子……又每年五月，值生辰，頗有破費。召僧道，啟齋筵。伶倫百戲畢備。齋罷，伶倫贈錢數萬。」說的是營丘一位陳姓富豪，每年生日都會斥巨資慶祝，要請僧道來吃啟齋筵，歌舞百戲齊備。開齋之後，贈送伶人數萬錢。

民間民眾的生日慶祝大約從中唐開始，有各種慶賀形式，添了好些喜氣。用詩歌表達慶賀生日之意，用吃湯餅來慶賀生日，是唐人約定俗成的活動。

當然，民間過生日也有一些講究，例如，父母在的時候，過生日可以有宴會，可以喝酒慶祝，但是如果雙親不在，這種娛樂性質的宴請自然要取消，生日這一天便成為寄託哀思的日子。《封氏聞見記》記載：「近代風俗，人子在膝下，每生日有酒食之會。孤露之後，不宜以此日為歡會。」

皇帝慶生

人們重視生日，會以不同的方式慶賀。那麼，唐朝皇帝們如何過生日呢？

唐太宗李世民反對以生日為由頭的「宴樂之事」，這是唐初幾位皇帝沒有大張旗鼓為自己過生日的原因。據《資治通鑑》，貞觀十七年（六四三），李世民百感交集，對長孫無忌等大臣說：「生日是母難之日，這樣的日子宴樂合適嗎？」可以看出，當時祝壽風氣已有攀升的跡象。唐太宗不喜歡過生日，卻喜歡去誕生地看看，並留下了詩作《幸武功慶善宮》、《重幸武功》、《過舊宅二首》。他的出生地即武功慶善宮，或許這就是唐太宗對於生日的紀念方式。

唐玄宗李隆基對生日的態度截然相反，不僅不反對大搞生日，還引導為皇帝慶生潮流。開元十七年（七二九）八月五日，玄宗在位的第十七年，為了慶祝生日，他同意宰相奏請，把八月五日定為千秋節並昭告天下，群臣進萬壽酒，獻金鏡綬帶和以絲織成的承露囊。這是中國封建王朝首次以皇帝生日為官方節日，每年這一天舉國歡慶。詔令規定，千秋節官員放假一到三天，罪犯大赦，以示皇恩。王建的《宮詞》一詩中：「天寶年前勤政樓，每年三日作千秋。」說的就是慶賀玄宗誕辰之事。

唐玄宗時，每年的千秋節，盛大的活動表演必不可少，舞馬是其中之一。據《唐書》記載，唐玄宗曾命舞馬四百蹄，各為左右分部目，「衣以文繡，絡以金珠，每千秋節舞於勤政樓下」，場面壯觀。竿技也在千秋節慶祝活動中表演，演出時滿城的人都出來觀看，「八月平時花萼樓，萬方同樂奏千秋。傾城人看長竿出，一伎初成趙解愁」（張祜《雜曲歌辭・千秋樂》）。趙解愁為表演竿技的著名伎人。他們時常在花萼樓舉辦儀式，「花萼樓南大合樂，八音九奏鸞來儀」（鄭嵎的《津陽門詩》）。

天寶七年（七四八），刑部尚書兼京兆尹蕭照奏請將千秋節改名為天長節，唐玄宗同意。改千秋節為天長節，意為人壽比天長，同時假期調整為前後各一天。於是，發生了地名修改的軼事。天寶元年（七四二），割江都、六合、高郵三地置千秋縣。天寶七年，隨著天長節的更名而改為天長，千秋縣也自然而然改為天長縣（今安徽天長）了。

千秋節的設置，滿足了唐玄宗個人喜好，給官員們增加了幾天的假期，但從史料來看，對它的評價並不太好。開元二十二年（七三四），朝廷發出敕令，指出諸州千秋節多有聚會，頗成靡費。杜牧以「千秋佳節名空在，承露絲囊世已無。唯有紫苔偏稱意，年年因雨上金鋪」諷刺唐玄宗，說他在本該處理政務的勤政樓，為滿足一人願望舉辦全國宴會，享樂誤國，認為這些都是千秋笑柄。

唐玄宗過生日這事影響到後世，除德宗、順宗、憲宗、穆宗、敬宗五朝沒有設置誕節，其他皇帝登基後都設置了屬於自己的誕節，並形成定例。據《封氏聞見記》，唐代宗時期有節，但決定不用什麼名稱，「猶受諸方進獻」，可以理解為，大家送禮就行了，但專門取個名字就算了。唐穆宗想要過生日，但是宰相反對，認為古代根本就沒有生日稱賀的禮儀，皇帝也接受了這說法，只好停止過生日。唐文宗發現過生日真費錢，下令慶賀生日時禁止屠宰，只吃青菜。過生日真的花錢，關鍵是花了誰的錢？這些費用直接或間接來自民間，以給皇帝過生日的名義刮上民間一層皮。有的官吏藉此獻媚，欺上瞞下，搞得民怨沸騰。

順便提一下，唐朝各皇帝以老子道家為衣缽，唐玄宗定每年二月十五日為老子生日，在這一天休假一日。

第八章 城市管理

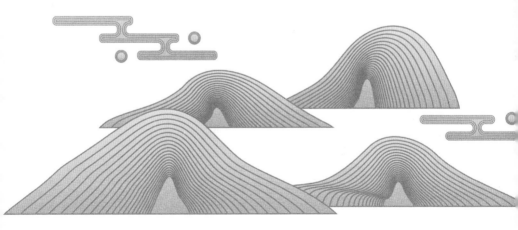

一、古人晚上允許外出嗎？

——唐人宵禁制度下的煙火生活

有位叫張無是的人居住在布政坊，一天晚上他正走在大街上時，待最後一遍鼓聲敲完之後，錯過了進坊門的時間。於是，他悄悄溜到橋下蜷縮起來，只是為了躲避夜間巡夜人。這是發生在唐玄宗天寶十二年（七五三）冬天的故事，事情是否真實不可考，但真實佐證了唐玄宗時期實施了宵禁制度。

史上最嚴的宵禁

「明而動，晦而休。」在城市管理制度上，自周而起，到唐盛行後逐步衰弱，清朝再次被強化，一直到民國消亡，前後近三千年歷史。實行宵禁制度的城市，夜晚不准出入，街道禁止行人，城門禁止出入。

違反宵禁，懲罰有點嚴重。漢靈帝寵信的宦官蹇碩的叔父違反宵禁，被時任洛陽北部尉的曹操得知並將其處死。蹇碩沒有辦法，漢靈帝也沒有辦法。此事不排除曹操殺人立威的可能性，但足見當時宵禁制度的嚴苛。唐朝官員、文人溫庭筠喝醉了，忘記還有宵禁這回事，在街道上遇見巡邏的人，橫衝直撞，被虞候打了一頓，毀容了，牙被打掉了。虞候把那些不堪的情況描述出來後，溫庭筠名聲被汙。從這段記載看出，朝廷執行宵禁制度未有鬆懈，城市宵禁時，無公事、無可解釋的理由在大街上閒逛，不會因你是名人、官員而被赦免。在唐朝，宵禁制度達到了頂峰，出現了「六街鼓歇行人絕，九衢茫茫室有月」的情景。

究其原因，朝廷嚴格執行宵禁制度，與宵禁的作用息息相關。

朝廷認為，宵禁制度能緩解治安問題。月黑風高夜，是犯罪高峰期，也可能因為監控不嚴，流民或者細作進入城市，給城市的管理帶來很多隱患。明朝末年，各個街道上都有更夫巡邏，按規定間隔敲鑼，街道有鐵柵欄上鎖，即便這樣，一些宅院也會被夜賊搶劫一空。類似的事情時有發生。以管窺豹，在吃不飽穿不暖的年代，攔路搶劫、入室盜竊屢禁不絕，以宵禁封閉的方式，可以減少或解決治安問題。

此外，執行宵禁制度還有利於封建王朝的城市統治。在唐朝，除長安、洛陽外，其他州縣也要求實施宵禁，但是要論宵禁執行最為徹底的城市，唯有長安。這是一座皇城，宵禁對於政治的影響力，在於防止流民、敵人探子等搞破壞。尤其在戰亂時期，宵禁能避免夜晚城市被破壞，避免大量流民進入城市。

古代戰爭不斷，自然災害也從未間斷，最直接的後果是流民多，搶劫案件也多。如果流民大量湧入，對於城市居民而言可能是一種災難——光腳的不怕穿鞋的，都快餓死的一群人，不可能講究城市的規矩。

宵禁的執行，不僅維護了政治統治，也符合唐人的治安要求。那麼，唐朝的宵禁有哪些內容，又是如何執行的呢？

唐朝的宵禁措施

唐朝各時期的宵禁時間或有差異，但都在街道上設有鐘鼓，每當開放和關閉城門、坊門、市門（為後世熟知的東市、西市）時，都以鼓聲傳呼：該出門的出門，該進市場的進市場，人們依據這些時間點設置出行、作息和工作的時間。晨昏時刻，關閉城門、坊門、市場大門，除坊內的自由活動，其他活動將被嚴格管理。所有的城門、宮門、坊門、市門都由大小官吏負責，還駐紮警衛人員，由他們負責開啟大門，夜晚關閉大門。

街道宵禁管理以巡察為主，一旦發現，嚴肅處罰。《唐律疏議》中載，違反宵禁規定的，笞二十，只有因公事、急事、凶事以及生病要去求醫的，才能根據文書出入。宵禁期間，巡查者負責巡邏和校驗行人，若徇私未處理違禁者，一經查實，巡查者被鞭笞五十下。朝廷還考慮到了巡查者身分被盜用的情況，因此規定，巡夜時，巡查者遇到另外一撥人時，要相互查看魚符，也就是身分證明，才能通過。

除了街道的宵禁管理，朝廷也重視城門的管理，對城門、宮門、武庫等地方的宵禁管理相對更加嚴格。為了加強城門宵禁力量，安排大城門百人、小城門二十人。夜裡想進入宮殿，有出入證也不行，要是強行進入了，就是「闌入」，即擅自進入不應進入的地方。要是沒有證件進入，罪加二等，持杖（武器）進入，直接絞死。非要事，非皇帝詔令，對於違反宵禁的事，朝廷對此零容忍。

管好城門等關鍵地點遠遠不夠，坊內的宵禁是重點的管控區域。居民眾多的坊和商戶集中的市，四周都有圍牆，里坊制的機制，已將城內的住宅區分為一個一個的坊或里。坊的外圍有一堵高牆，牆上開門。從這個角度來說，對坊的管理就是管住大門，到法定時間點，禁止外出和進入，對於坊內的活動卻不加限制。每個里坊的管理者叫作坊正，坊正下面還設有坊卒、門吏等多人。坊正負責坊門開關，若沒有按規定開關，處以兩年徒刑。在現代人看來，這處理不可謂不嚴。

此外，和對於坊的管理一樣，市場的宵禁工作也備受重視。東市、西市是後世比較熟悉的兩個大市場，其他城市也參照長安有自己的市場。對市的管理，主要是限制貿易的時間和空間。官府要求，所有貿易必須在指定的市場進行，而在時間上，到趕集的日子，以太陽到中天時擊鼓三百聲作為信號，民眾聚集在一起；太陽落下去的七刻前，擊鉦三百聲作為信號，百姓就散了。鼓比較好理解，鉦類似鼓，是用銅做的樂器，形似鐘而狹長，有長柄可執，口向上以物擊之而鳴，敲打發聲。

唐朝不同時期對宵禁制度的執行也有差異，但整體而言，宵禁在唐朝得到長足發展。這一最嚴格的宵禁制度，到了唐朝中期也出現了廢弛狀態，到底發生了什麼？

宵禁下的地攤經濟

唐朝中後期的宵禁已出現了管理鬆弛的情況，但因該制度一直存在，造就了古代一種特殊的夜市文化，即偷偷摸摸的夜市文化。進入半夜，巡夜人放鬆了，這樣夜市多在「半夜而合，雞鳴而散」。時人把這種特殊市場叫作鬼市，現代人稱之為地攤經濟。

從朝廷管理的角度，鬼市是不允許的，但存在即為合理。百姓在業餘時間做買賣補貼家用，一般都是小規模交易。入夜後，唐人帶上自己的貨物到鬼市擺攤，貨物中有家裡閒置不用的物品，或是其自己生產的手工製品，也可能是其他生活用品，當然也有非正途得來的貨物甚至假貨。唐人願意在鬼市交易，因為不僅賣家不需要交稅，買家還可以買到便宜的東西。

例如，冬日裡的柴火便是鬼市中常見的貨物。在冬季，人們對柴火需求量增加，有的人從山上砍下樹木枝幹，用來生火做飯或者取暖，也有人去購買，但是嫌東市、西市中柴火貴，於是便去鬼市上購買便宜的柴火。

鬼市無疑是違規的，於是一般在半夜管理最鬆懈的時候進行，天明即結束。長安務本坊的西門內，有當時著名的鬼市，選擇風雨交加、天色昏暗的時間進行交易。當巡夜人來時，提前得到消息的人會收拾好物品離開躲藏，等巡夜者走後繼續擺攤販售。

鬼市這種地攤經濟的出現，也算是唐人社會經濟多元化的表現，雖未被法令承認，但是客觀上得到了買賣雙方的認可。唐人的夜市，經過千年變遷已經成為現代人的地攤經濟，只不過現代人可以公開叫賣和購買，在規範安排中進行交易。

經濟決定政治，而政治又會被戰爭影響。安史之亂後，唐朝一些城市被嚴重損毀，城市的內部供給出現問題，大量物資從外地湧入，客觀上促進了手工業和商業的恢復，也衝擊著原有的「圈地式」坊市制度。

據《唐會要》記載，唐文宗時期的大和五年（八三一），京城坊門鼓還沒有開始響時，就已被私下開啟，甚至較晚的情況下，城門也未關閉。唐昭宗時期，軍人百姓均能在夜禁之後隨意行走。雖未有明確規定宵禁制度停廢，但這些記載足以說明宵禁已有鬆弛。

宵禁鬆弛，是歷史大趨勢，因為這時一些唐人因土地兼併失去了賴以維生的土地，進入城市從事手工業、商業謀生。中原的商業經濟萌芽已開始衝擊原有的生活體系，大量人員湧入城市，原來的坊市模式已無法滿足時代帶來的巨變。到宋朝，宵禁廢弛；明清兩朝，宵禁又被啟用。直至辛亥革命，在中國延續近三千年的宵禁制度，終告別了歷史舞臺。

二、古人重視垃圾處理嗎？

——唐人的垃圾處理

從古至今，垃圾處理始終是人類城市生活中無法繞開的問題。當下，又隨著垃圾分類政策的全面實施嘗試解決這一問題。那麼，遙想當年，唐人是如何面對垃圾問題的呢？

古人垃圾問題嚴重

古人沒有垃圾分類的管理方法，更沒有對垃圾嚴重危害的認知。但是，古人至少認為亂扔垃圾是不對的。商朝人若把垃圾傾倒在街道上，被官府抓到後會被斷手。秦朝規定，平民百姓亂扔垃圾，要在臉上刻記號和文字，並塗墨水，即「棄灰於道者黥」。在現代人看來，秦朝對亂扔垃圾的處罰比較殘酷。如此嚴酷的處罰，除了因為沒有找到更有效的辦法，最關鍵的原因還是垃圾問題過於嚴重。

古代大部分地區的排水設施並不完善。雖然隋朝的街道兩邊已有排水溝、路溝和明溝，大型建築群也有排水渠，但是，整個城市的排水設施不完善，這是要人命的事。汙水的排放怎麼辦？挖掘滲井。結果，汙水直接下滲或者匯入地表水之後下滲到潛水層，汙染地下水，整個城市的用水就成了大問題。

除了設施不完善，隨著經濟的繁榮發達，雖說農業一直是古代經濟的重點，但是手工業、商貿的繁榮已不可逆。在古代城市中，生活與生產垃圾、糞便是城市地下水的主要汙染源，給城市管理帶來巨大壓力。統治者使用了各種懲罰的手段，卻收效甚微。

先拿與唐朝鄰近的隋朝舉例。從漢朝到隋朝的長安城，已有八百年歷史，地下水變得鹹苦不可食，垃圾問題嚴重影響到城中人的正常生活。隋煬帝下令在長安城東南部新建大興城，搬家到新城，多渠道引水入城解決用水的問題。各種垃圾被隨意掩埋，甚至堆積在住宅旁邊，生活汙水透過廢井、廢坑重新滲入地下。有些豪強家庭，為了解決汙水問題，甚至專門挖掘了傾瀉汙水的深井，但是效果終究不明顯。

唐朝建國後，沿用隋朝的大興城，將其改名為長安。在其鼎盛時期，長安城占地面積達到八十多平方公里，擁有一百多萬人口，可想而知，垃圾問題讓朝廷非常頭疼。

唐人的垃圾處理辦法

實際上，唐朝和唐之前各朝代的垃圾分類並不複雜，畢竟那時沒有化學用品，更沒有一次性餐具、塑膠袋等不可分解的垃圾。唐人要面對的垃圾，主要是廚餘垃圾、土石、木屑、廢銅爛鐵、糞便等。當時的長安城，手工業、商業發達，還是絲綢之路的起點，每天都要產生堆積如山的垃圾，唐人是如何解決這些問題呢？

歷朝歷代都重視垃圾處理的問題，頒布一連串嚴苛的政策，這是「堵」的做法。同樣，唐朝也有堵的做法。唐律規定，在街道上隨便扔垃圾者，杖責六十，若管理部門履職不力，要與亂扔垃圾者一起接受處罰。另規定，在牆上打洞排出汙穢物（或指屎尿之類）到街巷的，杖責六十，只排放清水的無罪，管理者不清查處理，和排汙者同罪。

除了堵，朝廷也嘗試用「疏」的方式解決問題。唐朝重視排水溝的建設，同時也加強排水設施的修繕。長安城除大道旁修有排水溝外，里坊與兩市之間的街道旁也有修築排水溝。但是，長安、洛陽有人隨便取土挖坑，汙穢之物便會直接流入排水溝，為此，唐玄宗發出詔令，要求整頓舊溝渠，不得在街巷挖坑取土。

此外，唐朝建立了嚴格的垃圾處理流程。他們指定了垃圾傾倒的位置，集中處理，這樣處理的好處在於減少汙染，由專業的人解決垃圾問題。實際上，因為無化學用品，那時的一些垃圾可經過加工處理後二次利用。

唐人的環保意識，體現在一種叫「曦廄」的東西上。長安居民隨身攜帶的「曦廄」，我們可以認為是垃圾袋。不隨手扔垃圾的意識古人也有。環保意識還表現在餐桌上。他們把肉骨魚刺等垃圾，用專門的容器收納，這東西叫作「渣斗」。客觀來說，唐人已有將廚餘垃圾分類的超前意識。渣斗盛於唐宋，寬沿，深腹，喇叭口，可根據口徑大小來選擇用途：大的置於桌席間，盛餐桌垃圾；小的盛茶渣、廢水。

垃圾致富

網路上有訊息稱，上海垃圾分類的檢查員收入達萬元人民幣，也有人代收垃圾，月入過萬。這些工作辛苦是辛苦，但總歸是勞動所得。無獨有偶，也有唐朝人因為垃圾回收走上了致富之路。

唐朝已出現了專門回收垃圾、處理糞便的職業。一位名叫裴明禮的人收取居民廢棄的生活用品，分門別類，做好標籤，久而久之還存下了一筆錢，這是歷史上因為垃圾回收走上人生巔峰的第一人。後來，他又從事了一連串與垃圾有關的產業，前前後後的一些經營行為傳到唐太宗李世民的耳朵裡，皇帝認為這人還是蠻有智慧的，便將他封為御史。唐高宗年間，裴成了太常卿。這是一個靠著撿垃圾逆襲的人生。雖然此人的出現具有偶然性，但的確是變廢為寶的超前意識讓他發財致富。又如，長安的羅會以收集糞便為生，最終家財萬貫。有人從事垃圾回收的營生，有錢可掙，民間參與的積極性高，客觀上促進了垃圾治理。

當代，全球垃圾問題日益嚴峻，已成為每個人必須要重視的問題。人類主觀上都喜歡良好的生存環境，垃圾處理也不僅是當代問題，更是未來的問題。瞭解古人垃圾處理的一些情況，也會明白：從古至今，人類不僅一直在與大自然搏鬥，自己的文明習慣也在進步。

三、唐朝如何管理住宅區？
——唐人的里坊制

唐代宗年間，長安城的街道上出現了侵街打牆、接簷造舍等違規行為，朝廷處罰相關人員後，要求馬上拆除。所謂侵街，是指居民把自己的住房向外拓展，侵占了坊內的街道，甚至侵占了坊外的街道。尤其是後者，嚴重影響了里坊制與宵禁制度。唐德宗年間，京城街坊牆有被破壞的現象；唐文宗年間，一些軍人建房子侵占了街道，朝廷下令全部拆除，委託街道使便宜處理。此類詔令、敕旨屢見不鮮。為何唐朝的街坊邊經常發生這樣的事情呢？這就涉及唐朝的里坊制。

里坊制的歷史和發展

現代城市的大街小巷，住宅區臨街一般是便民商業，有開店賣東西的，有開飯店的，有酒店，有理髮店……。在唐朝的大部分城市裡，能否像現代人一樣，在街邊開個小賣鋪發家致富呢？當然不行，因為當時長安城和各州縣的主要城市實行居民管理的里坊制。唐朝城市管理制度，不允許人們在路邊開店，要開店，就到東市或西市。其他城市，也有朝廷規定的市場交易地點，而在里坊外，不允許這樣做。

整個城市被分為若干方格狀的封閉式空間，其中，住宅區被稱為「里」或「坊」。在唐朝的不同時期，里坊數量不一樣，通常認為，長安一百零八坊，洛陽一百零三坊，揚州約六十坊。唐高宗時期到開元初，長安城有一百一十坊。

為何要建立里坊？秦漢時期「百戶一里」或「五十戶一里」，隋前一般稱為坊，隋煬帝於大業三年（六〇七）將坊改為里，唐又將里改回坊。「坊」原與「防」同義，後合稱為「里坊」，其根本或有「防」的意思。高垣聳立，壁壘森嚴，對城中居民而言，可防範違法分子的侵擾；對統治者而言，則有加強管理的意思，可以防民，在城坊戰中又利於防守。當然，對於改「坊」的原因，唐人還有另外一個說法：他們認為，「坊者，方也。」唐朝的坊間不是方方正正的嗎？坊內的十字布局，正如一個方正的棋盤。不管哪一種解釋，坊間的布局是為了集中管理，這有利於統治者，卻給居民的生活、交際帶來一些不便。

到了唐中期，破壞里坊制的事時有發生，頻頻有侵街的現象。此外，出現了里坊內設置店鋪的現象。唐長安城設東市、西市作為專門交易地點，到了唐中後期，一些商鋪就開在坊內，居民不用跑老遠去東市、西市買東西。例如，長安城中宣陽坊開設彩纈鋪，延壽坊私售金銀珠寶，屢禁不止。

里坊制為何頻遭破壞？

一方面，是因為手工業和商業的發展。唐朝中後期，隨著手工業和商業的發展，市場已無法滿足日益發展的經濟需求，地攤經濟也出現了，宵禁制度受到極大挑戰。於是，人們就有了打破里坊制、改變城市生活現狀的需要。

另一方面，科舉考試發揮了決定性作用。唐朝的科舉與前朝有所不同，朝廷有意識地提拔一些平民進入朝堂。這些人從民眾中來，最為瞭解民眾的需求，更能體會到里坊制已制約了經濟發展，在歷史大勢下推動了這件事。到了北宋，里坊制被徹底打破，街巷制出現。它和長安那種封閉式的坊不同，城中沒有坊門、坊牆，沒有圍牆，沒有限制，每一個房就是獨立的管理單位。街巷邊上的店鋪發展起來，正式宣告里坊制退出歷史舞臺。

但是唐人沒有想到，里坊制的影響深遠。日本京都平城京模仿長安城建設，幾乎完全一致，位置一樣，東、西市名稱一樣。這是遣唐使帶回去的成果，是唐朝文化傳播的見證。

唐朝里坊規定

唐朝的里坊外有高大的圍牆，坊牆厚度一般為二至三公尺不等，各坊內一般都開闢十字街，四面各開一坊門，規模大一點的坊內開四個門，規模小一點的開兩個門。門很高，牆也很高。門是每天早晨五更開。唐律對普通民眾加以限制，不允許他們在街道邊開個門，所以從街道上看不到自己的家門。當然，也有例外的情況，三品以上的官員有權利把門開在街道的牆上。

坊內有商店嗎？一般情況下，里坊四周沿街不准開設商店，居民在規定時間去東、西市買東西。唐中後期，一些坊內才有了店鋪，供坊內居民交易。

坊內有自來水嗎？沒有，但是有其他水源。坊內的中間位置，一般都有水井，坊內每條道路都可以通到井邊。這口井解決了居民日常用水的問題。

坊內的路是什麼樣的？坊內的路，被稱為巷。古代建築中經常看到巷，有的可過一人，有的可過車，大小不一，沒有一定的規格，很容易迷路。

坊內有娛樂設施嗎？有。基本每個坊都有宗教場所、小酒館、小旅店、小作坊等，不出坊就可以享受各種娛樂。

坊內的安全如何保障？朝廷制定了坊里鄰保制度，要求鄰里之間相互監督。同時，官府安排人巡邏。尤其是晚上，坊門關閉，想出去很難，牆又很高，違法分子翻牆而入的難度太大。

坊內有官員嗎？有。坊內居住的官吏，可以直接在坊內辦公。據《唐六典》記載，百戶為里，五里為鄉。兩京及州縣之廓內分為坊，廓外為村。里及坊、村皆有正，以司督查。唐朝在里坊中設置了一些官吏機構，後續還有坊主、坊佐、里司、坊正等職。其中，坊正就是長安城各坊的直接控制者，是一個沒有官品的管理者，主要工作是驅趕不符合要求的人員，維護坊內秩序。

白居易用「百千家似圍棋局，十二街如種菜畦」形容一個城市的樣子，長安城是唐朝大部分城市的里坊制的標竿。盛在唐朝，衰在唐朝，里坊制最終完成其歷史使命。但在民間，依稀能在一些歷史遺蹟中找到「街坊」、「坊門」、「坊間」的痕跡。

四、唐人購物哪裡最強？

——東市西市購物指南

無論什麼時代，人們始終繞不開商品交易這一行為。唐人是否像現代人一樣，走出家門就能購物呢？或是每隔幾天，便可趕集購買生活所需？其實，唐人購物既沒有臨街購物的便利，也沒有逢集趕集的熱鬧。唐代歷史上的購物場所，以長安城的東市、西市為標竿。在這裡，唐人可以買到自己想要的東西，可以喝酒，可以娛樂，還可以見到很多少數民族百姓和外國友人。東、西市有何魅力？東市和西市各有什麼特點？它們與現代的商業市場又有什麼差異呢？

東、西市發展史

在長安城，唐人多在東市和西市購物。朝廷規劃長安的城市建設時，選擇建設東市、西市的原因主要考慮到四點原因：市場與住宅分開、地理位置對稱、市場規模一致和人們購物距離較為方便。事實上，除了東、西市，朝廷還設置了中市、南市和北市三個市場。

中市起於唐高宗時期，據《長安志．安善坊》記載：「高宗時併此坊（安善坊）及大業坊之半，立中市，署領口馬牛驢之肆，然已偏處京城之南，交易者不便，後但出文符於署司而已，貨鬻者並移於市。至武太后末年，廢為教弩場。」官府設置的中市、南市和北市都沒有禁得起時間的考驗。論繁榮和名氣，還是東、西兩市。

接地氣的西市

在長安城，西市提供給普通民眾，以國際貿易為主，交易的大多是來自西域、日本的商品。西市的商鋪曾有七萬多家，考古學家曾在僅五百多平方公尺的範圍內，發掘出了三條道路、三條水溝、十七口古井和四百五十多件各類文物。考古發掘的成果，對於再現大唐西市的盛況有著重要意義。

西市的地理位置也決定了其人群與東市有所差異——它是一個大眾市場。眾所周知，外來人口較多的地方因為人口稠密，容易形成市集。據宋敏求《長安志》，西市固定商鋪四萬多家，「商賈所湊，多歸西市」。這裡是絲綢之路的起點，胡商雲集。這要得益於唐朝是那個時代的全球「王者」。西域諸國打仗歸打仗，商人往來幾乎不受影響，來唐朝學習、交流、朝拜、傳教，甚至有人就地定居，一些胡商就在西市安家落戶。

相比東市，西市接地氣多了，供給柴米油鹽醬醋茶等生活用品，有藥品店，有酒肆，有食店，有帛肆，有絹行，有青樓，有秤行……，是一個國內購物的主戰場，更是一個國際貿易區，又被稱為「金市」。崔顥《渭城少年行》提及：「……五陵年少不相饒。雙雙挾彈來金市，兩兩鳴鞭上渭橋。」

那麼，除了買東西，人們到西市還能做點什麼呢？

西市是個殺人地，圍觀群眾可以按官府的詔令觀看全過程。據《御史臺記》，「上令狀出，誅俊臣於西市。人竟臠其肉」，寫的就是人們圍觀處決酷吏來俊臣的情景。

長安的酒肆也多分布在西市中，經營者多為胡人。波斯人和粟特人，在唐人看來都是胡人，後世就沿用了這個模糊的稱呼。李白的《少年行》有句：「……五陵年少金市東，銀鞍白馬度春風。落花踏盡遊何處，笑入胡姬酒肆中。」這首詩寫於唐玄宗天寶三年（七四四），據說是在抨擊長安紈褲子弟的生活。我看未必，這可能是李白內心所想。

對於很多男人來講，西市最吸引人的是胡人酒肆，有能歌善舞的西域妹子陪他們喝酒。酒肆就是美酒和美色合二為一的地方。胡姬在酒肆的任務主要有二：一是當壚賣酒、陪酒，二是歌舞表演。李白在《前有一樽酒行二首》中說：「胡姬貌如花，當壚笑春風。笑春風，舞羅衣，君今不醉將安歸。」提到了在酒肆看胡姬表演的場景，還提到了胡姬的工作內容。

哪些人經常光顧西市的酒肆呢？中外商人。他們在這裡放鬆心情，談事情、溝通感情，費用不高，交流通暢。還有大唐比較流行的遊俠，他們喝酒豪氣，東市高端大氣上檯面的酒樓消費不起，西市是一個消遣的去處。當然也有應試的舉子們，三五成群少年行，有點類似如今的大學生，西市也是他們聚會的場所。此外，並非所有達官貴人都有錢，有些當官的，在不太忙的情況下每天只上半天班，下午休息，邀幾個同僚去西市喝點酒，也算職場社交了。

除了看殺人、逛酒肆，西市還可以招聘人才。據《太平廣記》記載，宰相李林甫知道自己壞事做得太多，天下怨聲載道，必有災禍，便找到一個術士打聽如何免災。術士說，可在長安城裡找一個善於射箭的人以備不測。李林甫就從西市招募來一個。

西市有藥店，還可以買藥。《柳宗元集》中記載：「宋清，長安西部藥市人也。」關於藥店的記載不多，但可推測，那時藥店是一條街上必不可少的。

服裝店也算是西市的一個特色。《太平廣記》記載：「經十許日，鄭子遊，入西市衣肆，瞥然見之，曩女奴從。」

當然，西市必須有飯店。《太平廣記》記載：牛生先取將錢千貫，買宅，置車馬，納僕妾，遂為富人。又以求名失路，復開第二封書，題云：西市食店張家樓上坐。

簡而言之，西市針對民眾、少數民族和流動人口的不同需求，商品豐富，消費層次以大眾水準為主。西市的繁華已成歷史的塵埃，但是在當今再現歷史場景的影視劇中，在現在西安的「復古」西市中，依舊能見到曾經的一抹亮色。

富人專屬的東市

東市周邊多是達官貴人，屬於權勢階層。《長安志》記載：「……公卿以下居止多在朱雀街東，第宅所占勛貴。」大明宮和興慶宮，這兩個宮殿是皇帝聽政地，恰又偏東位，為了上朝方便，唐玄宗時期及以後的官員們紛紛在東市附近置房產，自然而然形成了聚居區，所謂「物以類聚，人以群分」。

據《長安志》記載，東市中四方奇珍，皆所積集。在商業區中，任何奢侈品牌都有分店，可惜那時唐朝的皇帝們根本就沒有想到收奢侈品稅這件事。據史料記載，東市屬於高消費區，有大量名貴商品和奇珍異寶銷售。例如，在東市可以買到年分比較久的靈芝和人參，也可以買到漢朝的硯臺。

東市有多大，沒有一個明確的記載，從《入唐求法巡禮行記》記載中可見端倪：「會昌三年六月二十七日，夜三更，東市失火，燒東市曹門以西二十四行四千餘家，官私錢物、金銀、絹藥等，惣燒盡。」四千餘家的東市，可見商家和貨物之多，算是一個巨型的超級市場了。我們能從史料中解讀出來的東市，其特點是：東西貴、稀有、富人專屬。

《太平廣記》記載了陳子昂的成長史。一個沒沒無聞的人，想要被認識，就得做一些出格的事情。陳子昂選擇了在東市賣胡琴，特別貴的那種，最終成功了。試想，如果陳子昂跑到西市去折騰這樣一圈，效果未必好。

當然，在東市還可以租賃毛驢，有鐵行，有筆行，有雜戲，也有琵琶名手，還有兩家印刷廠和錦繡財帛行……，還有更多店鋪已消弭於歷史。

現代大城市都有核心商務區，遙想當年，唐朝的商業在多方受限的情況下仍如此發達，還形成了當時頂級的商務區，令人心嚮往之。

第九章

制度保障

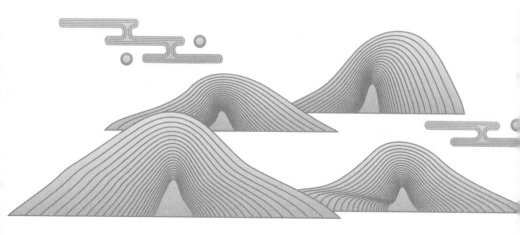

一、唐人是用銀子購物的嗎？

——唐朝的通用貨幣

白居易的《賣炭翁》中有這樣一段話：「一車炭，千餘斤，宮使驅將惜不得。半匹紅綃一丈綾，繫向牛頭充炭直。」有人不禁疑問，在唐代不是用銀子換東西嗎？難道那時還有以物易物這件事？用絹帛換東西已超出了現代人的認知，而這些認知，很多恰是源於古裝戲用銀子或銅錢支付的畫面。實際上，白居易如實寫出了唐人的實際生活。要知道，在唐朝，絹帛是通用貨幣之一，而銀子尚未以通用貨幣的身分流通，更沒有銀票這回事。至於所謂「腰纏萬貫」的銅錢，成為通用貨幣的發展之路是較為坎坷的。

絹帛也是貨幣

唐及唐以前，農業社會的人們能自給自足，買東西這件事放在那個時代，在用銅錢、黃金和銀幣買東西或以物易物兩者之間，他們會堅決地選擇後者。以物易物的消費慣性，再加上朝廷鼓勵男耕女織，絹帛成為有價值的物品，所以，朝廷把絹帛作為貨幣流通，深受民間歡迎。這樣的交易方式自然、不突兀。朝廷多次下詔，規定了錢帛並行的貨幣政策，唐人在公私交易上都可絹帛、銅錢共用，但絹帛作為唐朝通用貨幣，其社會地位高於錢幣，朝廷認為貨幣為末，絹帛為本，千萬不能本末倒置。開元二十年（七三二），唐玄宗下詔，綾羅絹布雜貨可以用於交易，哪個商家堅持用銅錢是要被處罰的。貞元二十年（八〇四），朝廷規定民間進行交易時，綾羅、絲絹、布匹、雜貨與錢幣兼用。元和六年（八一一），朝廷規定，十緡[15]以上的交易，必須要摻雜絹帛。太和四年（八三〇），對摻雜絹帛的數量也做了限制，百緡以上的交易，必須要摻雜一半的絹帛。

除了用於交易，絹帛還可以交稅。史料記載，天寶年間的稅收中，有布絹綿二千五百餘萬端屯疋，這足以說明絹帛作為稅收為唐朝廷所承認。

絹帛是人們生活中不可缺少的東西，它的貨幣化也說明了絹帛是有價值的。生產絹帛的過程就能帶來價值。除了官方生產，官府並未禁止百姓生產絹帛等，平民百姓生產的絹帛若是符合標準，也可以參與流通。

不過，絹帛參與市場流通是有條件的。朝廷規定了使用的尺寸，且進入市場的絹帛不能裁減。《通典》記載，在開元二十二年（七三二）五月，唐朝布帛的官府定式為闊八寸，長

15 緡，古代穿銅錢的繩子，引申為成串的銅錢。在唐及之前，每串一千文，十緡等於一貫。

四丈為疋，布五丈為端。一旦發現不合格或者被裁減過，絹帛就不值錢了。到了唐後期，貨幣流通混亂，絹帛的貨幣地位下降。之前的絹帛一匹能換三千二百錢，而到後唐德宗時期，一匹降為一千六百錢，價格腰斬，且經常波動。

事實證明，以物易物的方式仍太原始。絹帛缺乏統一性，優劣判斷較為複雜。唐後期，絹帛不像中前期那麼受歡迎，人們回到將銅錢作為主流貨幣的軌道上。

為什麼人們較多地使用絹帛而較少使用銅錢？除了以上提到以物易物的習慣使然，還有一個最重要的原因：唐朝缺銅。有白銀的礦山一般都有黃銅。唐憲宗時期，朝廷規定，五嶺以北的地方，私自開採白銀一兩要被流放，當地官府也要被處罰。核心不在銀，而是銅礦太少。大和三年（八二九），朝廷允許以金銀裝飾佛像，不能使用銅。整體來說，唐朝官府對絹帛情有獨鍾，唐朝的大部分時期，民間使用絹帛的地方遠遠多於用錢的地方，但是官府從來未放棄使用銅錢。

銅錢的使用

唐初期，仍沿用隋朝的五銖錢和其他古錢。唐高祖武德四年（六二一），唐朝廢除了隋文帝開皇年間所鑄的五銖錢，重造新幣，史稱「開元通寶」。此後，民間私鑄錢幣之風不斷，劣幣攪亂了唐朝得之不易的貨幣市場。朝廷認為這種風氣不能助長，於是制定嚴令，擔綱盜鑄者，殺無赦，沒收所有財產。私鑄錢幣利潤大，且朝廷並無防偽措施。民間私自鑄造貨幣的現象並未因為朝廷的嚴刑峻法而有所減少。

劣幣驅逐良幣，唐高宗希望發行新錢解決私自鑄幣的問題。乾封元年（六六六），唐高宗發行「乾封泉寶」，一枚新錢等於十枚開元通寶，價值高。唯一的缺點是平民百姓不認，市面上幾乎不願意用。乾封泉寶從創意到實施，壽命八個月，政府不得已下詔宣布恢復舊制，「仍令天下置爐之處，並鑄開元通寶錢」。唐高宗的新幣計畫就此夭折。

李治造錢以失敗告終後，武則天曾要求懸樣錢於市，要求百姓按這樣錢的模樣用錢，而那些加入鐵、錫的劣質錢幣不得使用。但是，「盜鑄蜂起，濫惡益眾」。江淮之南，盜鑄錢幣的情況非常嚴重。永淳元年（六八二），朝廷敕令，私鑄者殺頭，相關人員根據情況處以杖、流放等刑罰。不過情況並未好轉，洛陽、西安兩地的「惡錢」仍舊氾濫。

民間的那些鑄幣者是官府的競爭對手，劣勢也非常明顯，畢竟鑄錢技術掌握在朝廷手中，民間那些技術專家的能力不夠，造出來的錢幣品相不佳，良莠不齊。整體來說，私自鑄幣弊大於利，不僅攪亂了市場，還與官府分利，這是唐朝皇帝們一直堅持打擊私人鑄幣的原因。

唐玄宗發行開元通寶，保證品質，提升錢幣重量，類似加量不加價。唐平民百姓經過「貨比三家」後發現，開元通寶比民間的私鑄錢好上許多。解決了鑄錢品質問題，唐玄宗也明白了民間私自鑄造錢幣的部分原因在於官府錢幣發行不足。據《新唐書》載，開元年間，國內錢爐增至七十餘座，天寶年間達到九十九座，全國鑄造量每年可達三十二萬七千多貫，這是唐朝鑄錢業的高峰時期。新錢保值空間大，供應量充足，有效遏制了惡錢。

唐朝的白銀和飛錢

在唐朝，白銀非流通貨幣，到了宋朝才作為貨幣在市場上流通，但仍非法定貨幣。不過，唐朝廷確實鑄造過銀製的開元通寶。開元十九年（七三一），庸調銀十量，存世量不大，它面世後並不用於流通，而是在小範圍收藏，也可以作為禮物相互贈送。

唐朝沒有紙幣，但是有紙幣的前身——飛錢。由於跨區域交易攜帶絹帛和銅錢非常不方便，路途成本高，且不安全，也是為了防止銅錢向外流失。據《新唐書》，貞元初年，地方各州縣發出公告稱，錢不得流出本地界。禁令導致各地錢幣無法流通，而民間「錢益少，繒帛價輕」。這樣的情況下，浙西觀察使李若初向朝廷建議，允許銅錢外地交易，朝廷採納了這個建議。然而，一管就死，一放就亂，錢幣出境者不可勝計。不得已的情況下，唐憲宗元和四年（八〇九），朝廷下令禁止銅錢過嶺南，防止銅錢由貿易口岸流出。

唐朝茶業等交易興起，商人需要錢，官府不讓錢幣出境，飛錢就在這樣的背景下誕生了。飛錢的出現解決了唐朝錢幣缺乏、跨地區交易和錢幣不易攜帶的問題。當時的飛錢由官方操辦，商人在京城把錢給指定機構「進奏院」，「進奏院」收到錢後開具「文牒」或「公據」，一聯交給商人，一聯寄往地方，商人可憑藉此證明到指定地方取錢。元和七年（八一二），唐憲宗下令，飛錢業務要收百分之十的手續費，即每貫（一貫一千文）付費一百文，由朝廷統一經營。由於參與辦理的商人較少，最終改為免費。

在唐朝歷史上，曾經三次禁止飛錢的發展。因為飛錢的發展太快，導致錢荒更加嚴重了。民間囤積錢幣，盡可能使用飛錢，影響了貨幣市場。此外，那時唐朝根本沒有防偽措施，一張票開出去，沒有技術驗證真偽，出現了兌換信用的問題，商人不敢使用匯兌。直到北宋鑄錢量增加，錢幣問題得到緩解，飛錢完成了它的使命，正式走下了歷史舞臺。整體看來，飛錢有利有弊，但不可否認的是，它的誕生將唐朝的貨幣歷史向前推進了一大步。

在唐朝，絹帛可以用來交易，它不僅有實用價值，也在相當長時間內承擔了貨幣價值；而錢幣的推廣使用一直困難重重，民間的惡錢與官方貨幣的鬥爭史，為後世貨幣發展積累了經驗；在唐憲宗時期誕生的飛錢豐富了貨幣的形式。唐朝是中國貨幣史上承上啟下的朝代，絹帛與銅錢的並行，飛錢便捷推動了快速支付，在貨幣史上留下濃墨重彩的一筆。

二、為何唐朝每三年一次人口普查？

——唐朝的戶籍制度

籍帳編造即人口普查，而人口普查是戶籍制度的重要數據基礎。為何唐朝這麼頻繁地進行人口普查？唐朝的戶籍制度究竟是什麼模樣？

戶籍制度越發完善

戶籍制度源遠流長，可以追溯到殷商時期；戶籍是我們在這世界上的身分證明。從有文字開始，就有了戶籍的概念。據甲骨文記載，早在商代出現了「人登」或「登眾」這些內容。這是史料中已知最早的人口登記制度。春秋戰國時期，官方明白「欲理其國者，必先知其人，欲知其人者，必先知其地」（《管子》），於是，官府強化了戶籍管理，將轄下人口的戶籍與土地綁定在一起。經秦漢到魏晉南北朝，戶籍制度一再完善。唐初治世，透過對各種法律的修訂，戶籍制度得到進一步地完善和發展。

管控嚴格是唐朝戶籍制度的一大特色。首先，唐朝官吏經「貌閱」確定平民百姓申報戶口的真實性。「貌閱」，顧名思義是相貌審閱，可以理解為根據現在的相貌進行描述，然後記錄下來。例如，左下方有個痣，瘦，身高多少，諸如此類的訊息。一旦定貌後不得更改，官吏根據看到的訊息和登記的訊息進行比對，若有差異，被查實欺騙，是要被處罰的。

其次，人員外出須經過嚴格申報。要想出去可以，必須持有通行證。

最後，依託血緣關係控制戶籍。血緣關係的管理是中華五千年歷史的傳統，此做法一直從原始社會延續至今。在唐朝，一個直系血緣近親群體為一戶，家長是責任人，承擔交徵稅役的責任，要是脫漏戶口，家長會被處以徒刑三年。

從史料中可以看出，唐朝頻繁進行人口登記，這成為其戶籍制度另一大特色。在沒有科技手段、交通並不便捷的唐朝，實施一次全唐「人口普查」有多難可想而知。但唐朝從建國到大曆四年共一百五十二年間，共計五十五次籍帳編造，即平均三年一次，足見對其重視程度之高。

唐朝不斷完善其戶籍制度，與時俱進求變。從春秋戰國時期形成的戶籍與土地綁定的戶籍制度，執行到了唐朝中期，大批勞動力已從農業中脫離出來，與土地綁定的戶籍制度明顯不合時宜。此時，選擇適當放寬戶籍綁定，將唐人進行區分，並不完全與土地掛鉤。唐人被分為士農工商，也分為課戶、不課戶。此舉在客觀上促進了人口流動，為後續商品經濟發展、手工業經濟繁榮帶來了便利。

編戶、非編戶等級劃分

自隋起，戶籍制度除了標明籍貫、人口等，還增加了「編戶」與「非編戶」的身分標籤。其中，編戶是良民，也叫自由民；非編戶是非良民，非自由民。朝廷把非編戶稱為賤民。

唐朝的賤民分為兩類。一是給官府服役的官賤民（工戶、樂戶、雜戶）；二是依附於門閥世族的私屬賤民（部曲、奴婢）。賤民沒有資格被編戶，更沒有資格擁有自己的財產，只能依附於主家。唐律規定，奴婢是主人的私人財產，換句話說，奴婢可以像貨物、畜產一樣交易，可以被明碼標價、轉讓贈送和自由買賣。

編戶和非編戶是身分象徵，兩者之間就像有條不可跨越的鴻溝。編戶不能娶奴婢為妻妾，一旦違反要被判刑。男良民一般要做兩年苦役，為妻或妾的奴婢繼續為奴婢。此外，唐朝對賤民的限制很多。以「樂戶」為例：非編戶樂工不能與平民通婚，男性不能讀書、不能考科舉入仕，手工業者的後輩也得學習手工業，不能輕易改行脫籍等，真可謂「一入賤籍深似海」。

那麼問題來了，難道他們一輩子都得是賤民嗎？理論上是這樣。唐朝賤民要想改變身分，門檻非常多，其過程非常複雜，說起來也沒有現實意義。賤民想要恢復為良民戶籍，可能需要幾代人的努力，還得是祖上燒了高香，遇見好家主或好機會才能實現。

唐朝戶籍制度保證了等級劃分，是維護統治者和門閥士族利益的重要手段。隨著五代十國動亂和門閥士族瓦解，以及商品經濟萌芽，到了宋朝，城市戶口（「坊廓戶」）和農村戶口（「鄉村戶」）的時代到來了，此政策延續至今。我們相信，隨著農村城市化的變遷，城市戶口和農村戶口這樣的戶籍制度非常有可能在歷史長河中消亡。

申報戶口手續

現代人沒有戶口名簿、身分證寸步難行。在唐朝，若平民百姓沒有申報戶口，影響可大了，可能會影響到分田地，影響鄰居連坐，也影響出行，好多事情無法順利辦理。在唐朝，每人都必須履行戶口申報的義務。

唐人須如實申報戶籍。唐朝沿襲了秦漢以來平民百姓自己申報（自占）戶口的辦法，即手實制度。申報內容包括戶口、年紀、田地、與戶主關係等，里正（戶籍管理官員）定期安排所轄範圍的戶口情況，州縣據此編製戶籍，上報尚書省戶部。

官府安排人員核實相貌，簡稱「貌閱」。武德時期的史料中有「團貌」、「貌審」的說法。在敦煌出土的唐朝籍帳殘卷中，曾有「右足跛，耳下小瘤，面有黑子」之類的文字，可能即為唐人「貌閱」的記錄。唐人申報戶籍訊息時，除登記年齡、與戶主關係等相關訊息外，還須在資料中記錄相貌特徵，如同是現代人身分證上的照片。當時戶籍檔案通常記錄的體貌特徵有膚色、身高、臉部特點及其他特徵等內容。「貌閱」制度的產生，初衷估計是防止作偽，也可能是民戶脫籍逃亡後的追捕線索。

此外，還須登記年齡。與現代人相比，唐人的年齡登記有點粗略，並不登記具體出生年月，而是在戶籍檔案上注明「黃小中丁老」的字樣。在唐朝，三歲以下，登記為黃，這較容易理解，「黃口小兒」，即為年幼的意思；四到十五歲，登記為小，男孩為小男，女孩為小女；十六到二十歲，登記為中，男性為中男，女性為中女；二十一到五十九歲，登記為丁，男性為丁男，女性為丁女，成丁即意味著要承擔賦役；六十歲以上，登記為老。

朝廷已將戶口登記這件事考慮得較為周詳，定期安排人口普查，整理資料，登記訊息。限於技術條件，未必精準，但是從程序上，與現代彷彿一致。

外出需報批

按人口流動區分，戶籍制度將人口分為土戶和客戶。當然，客戶不是現代意義中的「客戶」，唐朝的客戶特別指離開居住地的人口。這種區分方法直接反映統治者對人口流動的態度，即嚴禁流動，希望平民百姓在一定區域內活動，經常性外出，本身就是不安定因素。

但是，旅遊、串親戚、外出辦事的唐人想要外出怎麼辦？需要申請通行證，完成登記、申請的程序。申請資料包括：姓名、年齡、相貌特徵、去哪裡、做什麼、帶什麼東西、同行者還有誰、誰做擔保。申請資料寫完後，交給里正，經州縣官府蓋章簽字後繼續上報，經州官府蓋章簽字，才可以發放通行證。一來一回需要多久，史料並沒有記載，但考慮到當時的交通情況，效率不容樂觀。

申報獲批後，可以臨時變更行程嗎？答：不行！實際的行程要與申報行程嚴格一致，否則一旦被發現，或面臨牢獄之災。在唐朝，沒有監視器的監控，更沒有大數據行程卡跟蹤，只能說，土方法執行起來雖然麻煩，可在統治者看來，能管理起來就是好事。

三、唐人重視未成年人保護嗎？

——唐朝的未成年人保護制度

在唐朝，對未成年人的保護尤為重視。唐人為何重視未成年人保護，又是如何做的呢？

歷朝歷代的未成年人保護

有一個有意思的現象是，在我們的社會中，有一件事被一以貫之地完善和執行，即未成年人保護，並在歷朝歷代從輿論、道德要求、立法懲治約束等方面，不斷推行。

人口增長的需要是重視未成年人保護的主要原因。對於古人而言，天災、戰爭是巨大的人口絞肉機，人們沒有技術，甚至沒有能力對抗天災和戰爭帶來的傷害，人口損失嚴重。而人口體現了國力。本書提到的唐朝政府重視寡婦再婚問題、重視大齡剩女結婚問題，說到底都是為了人口的增長。

此外，儒家思想的尊老愛幼是保護未成年人的思想根源。儒家文化追求和諧社會，這樣有利於家庭穩定。同時，對於大部分統治者和官員來說，他們非常重視道德評判，對未成年人的仁慈能贏得民心。這是他們的道德需求，也是中華民族官員們自我道德底線的要求。

唐朝之前，已有未成年人保護的政策和史例。先秦年間，時人提出「幼吾幼以及人之幼」，這是保護幼兒的思想；同時，在刑罰方面，官府規定未滿八歲的孩子可以免除連坐罪行。戰國時期的未成年人保護工作，仍延續原有政策，各諸侯鼓勵平民百姓多生孩子，也拿出了一些措施。越國的平民百姓生了雙胞胎，官府安排專門機構幫忙。隨後一些朝代紛紛頒布政策，秦朝對棄子行為採取法律處罰。兩漢時期，懷孕的婦女可免除勞役。南北朝時期，建立了孤獨園收養單身老人和孤兒……。大部分朝代都重視並拿出了未成年人保護的措施。

到了唐朝，這個中國封建王朝的鼎盛時代，對老弱病殘群體的關注度更高。唐朝是如何展開未成年人保護的呢？

未成年人保護法

唐朝編製《唐律疏議》，以法律方式確立了關於未成年人保護的法規。這是中國歷史上第一部以法律形式明定未成年人保護的法典。法令中，劃定了刑事責任的年齡，明確救助措施，形成了未成年人保護制度，這些都較前朝的未成年人保護更加完善和系統化。換句話說，前朝雖然也有政策，但是零碎，唐朝編製了集前朝法典之大成而形成的新法典，系統性實施保護的措施。

唐朝還設立了專門機構，負責未成年人保護工作。成立機構並非唐朝獨創，但唐朝機構設立後，自上而下系統化地展開保護工作卻是首例。該機構有撫卹孤幼的職能。官府規定，不能自理的孤兒（隋朝那段時間戰爭多，孤兒數量大）由近親收養，無近親收養的，由鄉里[16]安恤。在唐朝出現了專門救助兒童的機構——悲田養病坊。這是一家慈善機構，收養孤

16 鄉里，相當於村官府、鄉官府之類行政區劃。

寡老人、窮人、病人、孤兒。百餘年間，悲田養病坊由佛教負責，可以理解為慈悲為懷的意思，直到唐武宗時代開始大肆滅佛，悲田養病坊被取締。

除了官方救助，朝廷倡導發揮民間救助的力量。失去雙親的未成年人，由宗親領養，實在沒有近親，就交給鄉里撫養。當然，唐朝也有友朋撫孤的情況。

唐朝嚴禁未成年人拐賣。拐賣未成年人是從古至今的社會大問題。唐律規定，拐賣未成年人為他人奴婢者，拐賣者處「絞」；拐賣十歲以下者，即便自願也不行，按拐賣罪論罰；拐賣弟妹的，徒三年；拐賣子孫的，徒一年半。整體看來，唐朝對人口販子最輕的處罰是三年徒刑，情況嚴重的直接判處死刑，足見朝廷的重視。

即便不是強奪販賣未成年人，隨著天災頻發，有的百姓活不下去了，就會買賣孩童。朝廷會派人把家裡賣出的孩子給買回來，還給他們父母，據《貞觀政要》記載，貞觀二年就發生了這樣的事情。那一年，關中發生了大饑荒，唐太宗對身邊的大臣們說：「水旱不調和，是因為國君缺乏道德，蒼天應當責罰我，百姓有什麼罪過，要遭受這麼多苦難！聽說有賣兒賣女的人，我很憐憫他們。」於是，唐太宗派御史大夫杜淹巡察災區，拿出皇家府庫的錢財贖回那些被賣的孩子，還給他們的父母。

當然，唐律中也有對未成年人的連帶保護和相關福利。例如，保護孕婦腹中的胎兒和剛出生的嬰兒。孕婦和產婦觸犯了刑律，待她們產子一百天後才能處以刑罰，這樣可以確保生育和哺乳期。值班的公務員也得到優待，妻子分娩期間不用值班，必須回家照料妻兒。

法律還規定，擅殺子孫要負刑事責任。封建王朝父權至上，直系親屬對子孫有管教的權利，因子孫不孝和違反相關要求，直系親屬傷害了子孫或者將其殺害，法律一般給予的懲罰較輕，甚至免於處罰。但是無故殺害，要承擔一定的刑事責任，嚴重者要被處以死刑。

加害者是未成年人的司法問題

當代，有時爆出未成年人殺人或傷害別人的新聞，一時間會成為網路熱議事件。若在唐朝，遇到未成年者是加害者的案例，處理方式是什麼呢？

首先，得判斷這位加害者是否為未成年。對未成年的判斷，各朝代情況不一樣，秦朝是以身高為標準確定行為人的刑事責任，身高不足六尺，相當於現代人一公尺多，年齡大約八、九歲，這樣的兒童是可以免於刑事責任的。到了漢朝，採用年齡判斷，年齡不到八歲，除非親手殺人，一般免於處理。

到了唐朝，對未成年人作為加害者的規定更加詳細。若加害者為十至十五歲的未成年人，應負刑事責任，但可以減輕其刑事責任，並可以用贖金方式代替刑罰。若加害者為七至十歲的未成年人，犯反叛、謀逆、殺人等應判處死刑的，由皇帝核准後才能判處死刑；對偷盜等罪行，可用以贖代罰等方式；其他犯罪行為，一律免於處罰。若加害者為七歲以下的未成年人，不負任何刑事責任，因祖父、父親犯反叛、謀逆等罪而受株連等情況除外。唐朝對未成年人的刑罰處理，一直從唐朝延續到宋、元、明、清，後世有小更動，但無大改動。

唐朝的未成年人保護措施，是以傳統儒家文化為基礎的社會制度。一方面，因時代限制，還存在諸多問題和不足，沒有有效杜絕人口販子拐賣、民間賣兒賣女的情況，倚重民間救助和保護更多一點。另一方面，我們也能看出，唐朝的未成年人保護法較前朝更豐富、更有系統，這也是後世朝代一直沿用其政策的主要原因，至今仍有重要的歷史意義和借鑑作用。

四、朝廷對老人有哪些福利待遇？

——唐朝的養老政策

每個人都會老去，希望老有所養、終有所送，體面地離去，是人們的願望。養老問題也是自古就有。古人如何養老？唐朝作為封建王朝鼎盛時代，那時的老人都有哪些福利待遇呢？

養老標準

何謂老？在中國古代，老人年齡的界定標準與戶口制度、賦稅制度是有緊密關聯的。換句話說，封建統治者為方便賦稅的徵收，按年齡把百姓分為不同的群體。漢朝，二十歲可得到官府授予的田地，六十歲歸還。到了唐朝，改為十八授田，六十為老還官，同時免去賦稅勞役。由此推算，六十歲在唐朝就算老年人了。

唐高祖武德六年（六二三），朝廷下詔，規定老人年齡標準為六十歲。神龍元年（七〇五），韋皇后下令將標準調整為五十八歲。查閱唐朝史料後發現，除了韋皇后外，其他時期均以六十歲作為老人的標準。按唐朝兵役徵發的規定，徵兵到六十歲停止。男子年滿二十歲，就成為預備役的士兵了，六十歲後免除兵役，進入老人行列。

年齡劃分好了，哪些人屬於養老的對象呢？唐朝有三類養老對象：一是退休官員和普通老人。唐朝官員退休標準為七十歲，享受法定的退休福利，中高級官員的福利待遇要遠遠優於六品以下官員。普通老人中，那些無家可歸、失去勞動力的，官府會提供一些救助措施作為輔助，但主要由家庭和民間承擔養老工作。二是其子孫為國難而死，符合年齡標準的老人。唐朝戰爭頻繁，家族中的孩子為捍衛朝廷利益戰死，其長輩理應由朝廷贍養，類似照顧烈士家屬。這一點，既符合朝廷利益，也體現了孝道治國的傳統。三是「三老五更」者。朝廷舉辦養老禮時，皇帝會向老人代表祝賀。接受祝賀的代表，是從退休（致仕）的高級官員（三品以上）中推舉、遴選的。參加養老禮的老人代表被稱之為「三老五更」，屬於朝廷法定的養老對象。

家庭養老

家庭養老，顧名思義是指以血緣關係為紐帶，以家庭為養老場所的養老模式。贍養老人是子女的義務。對於唐人而言，家庭養老是其養老的主要形式。唐律規定，禁止兒子與父母分居，從而避免分家後老人被遺棄的情況。如果祖父母、父母的身體不好，家裡沒有兩名壯丁，按唐律規定可免除兵役。因生活所迫，孩子賣身為奴婢的，由官府出錢把孩子贖回家，專心贍養老人。

子女是養老的主力，沒有子女的老人怎麼辦？朝廷規定，允許老人收養義子，或者從他人那裡過繼、買賣子女。允許這樣做的最終目的，是讓百姓老有所終。養子在老人家中，一旦拋棄老人，按規定給予流放三年的徒刑。至於是否有處罰，史料無考。除了兒子養老，唐人也有女性養老的情況。一方面，男人平均年齡低於女性，男人去世後，由家中的女性輔助養老也是順其自然的。另一方面，從禮法的角度看，唐人認為女性贍養老人符合對女性道德的要求，值得稱讚。

那麼，具體如何養老呢？唐人提出了「色養」，將家庭養老從外在要求而內化，提出了更高要求。這一觀點的提出，體現了唐朝家庭養老邁上一個新臺階。通俗一點說，「色養」就是和顏悅色地贍養老人，使其精神愉悅，不能惹老人家不高興。唐朝規定，如果兒媳婦不能「色養」公婆，鬧得公婆不高興，允許丈夫以此理由休妻。據記載，唐睿宗時期，官員鴻臚卿李向秀的妻子經常辱罵婆婆，李向秀便以不能「色養」為名，毫不猶豫地休掉了妻子。

官府養老

唐朝設立了「給侍」制度，以法律形式保障老人的養老問題。天寶八年（七四九），唐玄宗下令，七十五歲以上的男性，七十歲以上的女性，各配一名「中男」給侍。發布詔令時，唐人把十八歲以上、二十二歲以下的男性稱為中男。給侍政策，是給某個年齡段的老人安排保姆，服侍其生活，做此類工作的人叫作「侍丁」，這或許是一種陌生人陪護的方式。後世認為，這是社會化養老的鼻祖。後來，朝廷又逐步增加了保姆人數，九十歲的老人，配置兩名保姆，要是活到一百歲，配置三名保姆。

哪些唐人能成為「侍丁」？唐律規定，優先選擇老人的子孫，其次選擇親戚、鄰居，前兩者都沒有的話，再選擇一個不相關的人。「侍丁」要保證承擔贍養義務，朝廷也給予其本人一些權利保障，即「侍丁」無須服勞役，可以免租，在刑罰方面也可以享受赦免和通融。

「侍丁」犯錯，只要不屬於十惡不赦的死囚犯，有充分的給侍理由，可以請求皇帝恩准，緩期執行。在朝廷的法規中，養老問題與罪犯處罰相比，似乎前者顯得更加重要。後來，慈善機構在宋朝繁盛，給侍制度正式告別了歷史舞臺。

此外，朝廷會給老人賞賜物資，這是唐人的傳統。在皇帝即位、冊立太子、立皇后、立皇太后、祭祀、改元、生辰、豐收等時段內，依皇帝意圖決定是否賞賜。賞賜物一般是布、肉、帛、絹、粟、酒、米、醫藥、枴杖、農耕用品等。此外，唐朝的均田法規定，老人和殘疾人可以擁有四十畝田地，但不需要交稅。

沒有想到的是，唐朝還給老人授官。當然，這些官職相當於榮譽稱號，沒有實權。唐高宗弘道元年（六八三），朝廷大赦天下老人，百歲以上者授下州刺史，婦人授郡君，九十歲以上者授上州司馬，婦人授縣君，八十歲以上授縣令。刺史、郡君、司馬、縣君、縣令都是唐朝官職，雖是虛職，但是對於很多平民百姓而言，這是一生可望而不可即的高官。頒布這樣的政策，可能是政府為了提高老人的政治地位，這也成為官府養老大政方針中的重要組成部分。

五、為何官員不願意退休？

——唐朝官員的退休制度

在《朝野僉載》中記載了這麼一則故事：武則天時期，某一天朝堂上，兵部侍郎侯知一上了一個奏章，「朝廷給予敕放致仕，不伏」。朝廷規定七十歲退休，但侯知一不願意，為了表示自己還能再做幾年，他在大庭廣眾之下「踴躍馳走，以示輕便」。至於侯知一是否被勒令退休，史書沒有記載。但時人把他和其他三位官員編成了一段順口溜——「侯知一不伏致仕，張悰自請起復。高筠不肯作孝，張棲貞情願遭憂」，然後評價這四位「皆非名教中人，並是王化外物」。這樣的評價太糟糕了。無法否認的是，退休這事是非常重要的事。

即使被咒罵也不願意辭職，這真是「萬死不辭」。為何侯知一這位七十歲高齡的老人寧願上班也不願回家休息？是唐朝官員的退休標準很低嗎？我們一起聊聊唐朝官員的退休制度。

退休年齡

古代把官員退休稱為致仕。自漢朝形成制度，致仕年齡一般為七十歲。唐律也規定官員年滿七十歲，應致仕。白居易也在其詩作中提到「七十而致仕，禮法有明文」。綜合史料，唐朝把七十歲作為退休的分水嶺，但大部分唐官員不到七十歲就退休了。因為唐太宗時期的宰相大部分死於五十至七十歲，活到七十歲的較少，官員死在工作崗位上的情況較為普遍。即便活到七十歲，還得身體較好，或者朝廷缺之不可，才可能有機會繼續工作。不過從唐朝的輿論環境來看，延遲退休並不受歡迎。白居易就寫過詩諷刺官場上那些「愛富貴」、「戀君恩」、年高不退休的官員，認為不願意退休的官員勢必會影響後輩的成長。唐朝官員的退休年齡比平民百姓養老標準整整晚了十年，推測有兩方面原因：一是官員生活條件優於平民百姓，勞心者壽命比勞力者要高一些；二是公務員體系內的官員數量不足，推遲十年再退休也可以理解。

一般情況下，退休申請流程是這樣的：五品以上高級官員要向皇帝提出申請，稟告自己職場生涯即將結束，感恩皇帝照顧。六品以下的官員，向尚書省遞交申請書。流程結束後交接工作，正式退休。可是現實的情況是，並非所有官員都能撐到七十歲。對此，朝廷又規定：官員生病無法勝任工作的，經官府批准可以提前退休。

史料中，有年事已高、氣力稍減的公務人員仍希望堅守崗位，但其下場落得令人嘆息。柳公權以八十歲高齡，被一群官員以德高望重的理由給推選出來，代表文武百官給唐宣宗恭賀新年。按道理身體不行，拒絕就好了，年邁體弱的他竟然把「聖敬文思和武光孝皇帝與天同休」中的「和武光孝」給記錯了，記成了「光武和孝」，惹得皇帝大怒。皇帝不管你是八十歲還是七十歲，罰了柳公權三個月的俸祿。裴廷裕在《東觀奏記》中評價道：「七十致仕，舊典也，公權不能克遵典禮，老而受辱，人多惜之。」

當然，也有官員被動退休的。即未達到法定退休年齡，身體健康，自己也未曾想過要交出工作，但因一些原因被要求退休。唐玄宗看到兵部侍郎盧絢風流倜儻，器宇軒昂，就問這人是誰。李林甫得知，第二天便把盧絢叫過來，給他三個選擇，其中一條是退休。盧絢無奈之下，顧不得唐玄宗的垂青，只能交出工作，退休避禍。李林甫當政下，一手遮天，大臣們寧願得罪皇帝也不敢得罪他。

退休待遇

就退休待遇這塊，漢朝之前不太好，離開就離開了，並無退休金的記載。到了唐朝，為鼓勵官員按時退休，朝廷曾規定可賜予退休官員散官階，雖無實權，但作為精神鼓勵和「獎狀」，是對他們仕途生涯的認可。唐太宗貞觀時期，允許退休的高級官員參政議政。唐玄宗時期，重申退休官員可參政議政的恩賜。退休後能特恩參政的，僅限於三品以上高官。唐玄宗時期曾下詔令，取消退休官員不許佩戴魚袋的禁令，官員在職時的魚袋不用交回朝廷，或許這樣的做法是考慮到退休人員的精神需求吧。

除了政治待遇，在經濟待遇方面，不同時期各有差異。整體來說，唐代退休官員的待遇依據級別而定，五品以上的退休官員享受原俸祿的一半和一定數量的賜物，個別生活困難的，也可向朝廷申請補貼。唐玄宗時期，曾下詔令給宋璟、盧從願和楊於陵等官員特恩全俸祿賞賜，這屬於退休待遇中的特例。

下級官員的退休待遇怎麼樣呢？天寶九年（七五〇），唐玄宗詔令：原退休政策規定，六品以下官員退休後只可拿四年的半祿待遇；自本詔令發布後，退休的六品以下官員，可以享受終身半祿的待遇。大和元年（八二七），唐文宗下令取消六品以下官員的退休待遇。

簡單來說，五品以上的中高級官員退休待遇有保障，較前朝有所改觀，但是下級官員的退休待遇不受保障，退休後待遇基本全無，難怪唐朝一些官員遲遲不願意退休。

退休後，大部分的官員選擇告老還鄉，喝酒吟詩，享受怡然自得的人生時光。他們有的投身道家、佛家，尋求精神寄託；有的具有「處江湖之遠仍念廟堂」的精神境界，重入廟堂。例如，劉仁軌因為身體原因退休，在咸亨元年（六七〇）重新進入仕途，後拜宰相。

六、唐人生病了怎麼辦？

——唐朝的醫療制度

據專家自五千多個墓誌中唐人的死亡時間推算，得出唐人的平均壽命為五十九歲的結論。但是，這個數據有待商榷。因為留下墓誌的墓主人一般為皇室、貴族和富人，而占人口絕大多數的普通百姓去世後不太可能留下墓誌。

據二〇二〇年第七次中國全國人口普查，人口平均預期壽命達到了七十七，而唐人壽命較現代人短的原因有很多，除如戰爭導致的非正常死亡外，大多數人因生活困難、身患疾病沒能得到及時醫治而去世，是其中一個重要原因。當然，由於醫療技術不發達，對現代人來說不嚴重的疾病，對唐人而言可能是絕症。探索唐人的醫療情況，從中探究影響唐人壽命的原因，可以看到那個時代的醫療制度，並感受到時代的變遷。

唐人壽命短的原因

受知識水準局限，在治病一途，古人更迷信權威。唐朝貴族圈子中流傳有一種名叫「五石散」的神藥（一說五石更生散）。該藥自兩晉開始使用，是貴族圈子的靈丹妙藥，一般人想都不敢想。貴族們不管有病沒病都要來點「五石散」改善體質。據孫思邈記載，這種「五石散」的藥物成分包括：石硫黃、白石英、鐘乳石、紫石英、赤石脂，再加點中草藥。整體來說，成分以礦物質為主。

唐人也迷信類似「五石散」的丹藥。韓愈給朋友李虛中寫的墓誌銘，提到李虛中相信長生不老，「於蜀得秘方，能以水銀為黃金，服之」，結果適得其反，服用丹藥而亡。不科學用藥成為古人壽命較短的一個重要原因。

在唐朝，以「五石散」治病、養生的風氣盛行。唐玄宗就曾送給宰相宋璟鐘乳，宋璟把這些交給醫生去煉化成藥。其他人認為這是不對的：皇帝賜的東西，你不把它當成寶，還給變成了藥。宋璟說，我光明磊落，怕什麼猜忌呢？暫不論宋璟的坦蕩，這裡提及的故事，史料可靠性應較強，說明拿鐘乳煉藥是當時社會上流行的養生方法。

藥王孫思邈發現丹藥未必能治病。他認為吃這種藥後果嚴重，「服食者形神沮喪，等死不悔」。「等死不悔」是慢性自殺，但以唐人的認知水準，未必能意識到。

醫療條件不足是影響唐人壽命的另外一個原因。在現代某些可以治癒的疾病，在唐朝卻是死亡率較高的病種。瘧疾是唐朝最流行的傳染病，現代人俗稱其為「打擺子」，在唐朝治療不了，唐人談瘧色變。又如，天行病，是唐朝另外一種流行性傳染病，死亡率高。卒病，現代人稱之為心腦血管疾病，是一種慢性病，常見於唐朝記載。例如，《唐代墓誌彙編・開元篇》中記有，雍氏四十五歲「忽染於風，卒於私亭」。又如，敬家有遺傳性的心腦血管疾病，兄弟先後患「風疾」去世。現代社會雖然無法根治這種病，但基本上可以做到透過藥物治療和保養，不至於因此早早去世。唐人死亡率高的病症中還有腫病，是由某種病引起的水腫。以上的絕大部分疾病，在現代社會都可以治癒和預防，威脅不大，卻是令唐人恐懼的致命性疾病。

唐人壽命短，有胡亂吃藥的原因，也受醫療條件的制約。但是，如果回到那時的歷史條件中，可以發現唐人已在努力地建設醫療體系，一些醫療措施也日臻成熟。

中央醫療機構

唐朝的醫學環境比前朝更進步，建立了被稱為世界歷史上最早的醫學院，出版了第一本國家藥典《新修本草》（又被稱為《唐本草》），以孫思邈為代表的名醫輩出。唐朝的醫療水準在當時領先世界。

唐朝中央設置了太醫署、殿中省尚藥局、藥藏局三個部門，這些醫療機構成為唐朝醫療的核心部門。其中，太醫署於隋朝成立，隸屬太常寺，最高長官稱為太醫令。唐沿隋制，保留了該機構。太醫署的職能複雜，不僅要負責醫療管理（行政），還要負責醫療研究（醫療），它還是最高的醫療教學機構（教學），各科專業都招收學生，學習年限三至七年不等。此外，太醫署還有自己的藥園，培植中草藥，供學習、採藥、製劑和用藥（醫工）。太醫署綜合了行政、醫療、教學和醫工四個部門，成為當時最強大的醫療組織。

唐朝太醫署的服務對象有官員、禁軍、宮女等，在特殊時期還要參與處理疫情。雖然機構名稱叫太醫署，但是唐朝根本沒有「太醫」這個工種。據《唐六典》記載，太醫署中有醫生四十人，這是官職，類似醫官、醫師、醫士、醫工、醫匠、醫正。

太醫署的醫療部門中有四大專科，分別是醫科、針科、按摩科、咒禁科。醫博士、針博士、按摩博士和咒禁博士是相應科種工作人員的職務稱謂。從名稱可以看出，醫博士，屬於醫科，正八品上，負責掌管體療、瘡腫、少小、耳目口齒、角法的教授和考核；針博士，屬於針科，從八品上，負責針灸之術教授；按摩博士，屬於按摩科，從九品下，負責按摩和正骨；咒禁博士，屬於咒禁科，從九品下，負責講授禱告、符咒等方法，不排除心理暗示的療法在內。

太醫署是個綜合部門，而殿中省尚藥局是皇帝的私人醫院。而藥藏局是東宮官署，負責皇太子的醫藥、診視。這三者，構成了唐朝中央醫療體系的三巨頭。

中央醫療機構的設立雖說為唐人服務，但最主要的服務對象仍是皇帝。剖析一下皇帝治病吃藥的過程，可瞭解唐朝社會皇家醫療的特權。若皇帝生病了，醫生診斷後開了藥方，抓藥後的製藥過程須有宰相（中書門下長官）、禁軍各部長官、尚藥局長官及其副手現場監督，缺一不可。監督環節對於皇帝非常必要。隨後進入嘗藥環節，在各相關官員的監督下，製藥的「醫生」們先品嘗，嘗完後，參與人要簽名聯保。嘗藥醫生在確認沒有出問題的情況下，藥品（藥湯）過關。此時，要在包裝上注明藥方、製藥日期等內容，所有在場人員再次簽字確認。

大家認為這樣一來皇帝就可以吃藥了吧。其實沒那麼簡單，包裝開封後，還要進行一次嘗藥。畢竟，之前包裝好的藥品可能存在被替換的風險。嘗藥分為三次：第一次，底層醫生嘗；第二次，這位醫生的上級「殿中監」嘗；第三次，太子必須要嘗。這三次嘗藥結束後，藥才能給皇帝吃。

地方醫療團隊

建立中央醫療體系，能保證自上而下有了指揮棒，也有了培養人才的基地。框架搭建出來，後續各項工作就能按部就班地推進。那麼，朝廷是如何建立地方醫療體系的？除了官府力量，民間有類似現在的民營醫療機構嗎？

朝廷在建設中央醫療機構的同時，也在推進州縣醫療機構的建設工作。在地方醫療機構中，一般設置醫藥博士一人、助教一人，他們中的大多數人沒有品級，有品級者也多屬流外入流者。另有學生二人，下放到地方負責「掌州境巡療」。唐朝地方醫療機構有點類似現在每個地方的官方醫院，醫學博士、助教和學生代表了權威。此外，各州縣也有專員負責採藥、製藥之事，製成的藥有兩種用途：本州所用和上貢朝廷。

官方機構的弊端在於，工作人員少而病人太多，難以滿足平民百姓的治療需求。所以，地方醫療的主力軍仍是民間醫生，世稱遊方郎中。遊方郎中、官方醫療人員組成了地方的醫療團隊。他們的醫術水準和口碑怎麼樣呢？

在《朝野僉載》卷四中記有這樣一則軼事：武則天時期，一名叫魏光乘的大臣為人刻薄，喜歡給其他同僚取外號，給兵部尚書取了「趕蛇鸛鵲」的外號。因為舍人呂延嗣頭髮長，就叫人家「日本國使人」。魏光乘未放過御史，給開元初年任左拾遺的蔡孚取了一個「小州醫博士詐諳藥性」的外號。暫不論人品，他取的每一個外號似乎都比較形象。為何要給中央官員取這個外號呢？因當時地方醫生口碑不佳，被歧視是常有的事情。

不過，朝廷鼓勵民間發展醫療，彌補了官方醫療力量的不足。唐朝醫者任職時無須醫師執照，民間學醫的氛圍濃厚。但是事實上，有的唐人有病不治，要麼是因為財力物力不足，要麼是害怕被庸醫胡亂用藥治死。整體來說，唐朝看似名醫輩出，但醫生人數過少，無法滿足泱泱大國患者的所有需求。

七、遇到天災人禍怎麼辦？

——唐人的社會救助

時至今日，每到地震、疫情等重大災難發生時，社會救助方案隨即啟動，很少有人擔心災後吃不上飯。人們有底氣，大抵來自全社會的救助。國家的救助工作，是在生產力相對發達、國力強盛、醫療事業發達和人民群眾生活相對比較富足的情況下施行。那麼，在災難頻仍的唐朝，社會救助工作是如何實施的呢？

大災救助

史料顯示，在社會救助方面，唐朝的朝廷制定了較為完善的救助政策和保障政策。手中有糧心不慌，唐人已有建立倉儲應對災害的風險意識。據《貞觀政要》記載，唐太宗李世民認為，糧食充足是朝廷存在的基礎，一旦糧食缺失，就會導致平民百姓流離失所。在這一思想引導下，朝廷為了應對災難，從中央到地方建糧倉，包括太倉、正倉、常平倉和義倉等，保證糧食儲備。其中，義倉為救災專用，太倉、正倉和常平倉作為義倉賑災的補充備用。

設在京城長安的太倉，是當時全國最大的糧倉。太倉的糧食除了供皇帝和京城官員使用，其另一重要作用會在災難時期啟動：用於平抑糧價，賑濟長安、洛陽周邊的災民和飢民。開元二十一年（七三三），關中大災，太倉撥出二百萬石糧食救濟災民。大曆四年（七六九），太倉賤賣糧食救濟災民。

同時，州縣設置正倉，不僅作為地方主要物資儲備，更是作為災後賑災的備用儲備。義倉設立前，正倉承擔賑災職能。常平倉，是朝廷設在縣以下的用來調劑豐收、歉收、平抑糧價的小型糧倉。義倉是備荒自救的一個倉儲。貞觀二年（六二八），大臣戴冑上奏，建議由朝廷恢復義倉，在災荒之年提供救濟。唐太宗接受了這個建議，自貞觀二年起，「天下州縣，始置義倉，每有饑饉，則開義倉賑給。」且按朝廷規定，義倉僅用於荒年救災，不得他用。義倉在唐朝的災難救助中發揮了非常重要的作用，有史料記載的三百六十五次災害中，朝廷賑濟了一百三十六次，義倉賑濟一百零六次。到了唐朝中後期，義倉和常平倉功能重疊，合併使用，有時從義倉出糧，有時從常平倉出糧。

當然，除了設置倉儲以備賑災使用，朝廷還在災區以工代賑、賤價賒糧、賑貸。這是一種有償賑災的形式。官府招募災民興辦工程，對恢復災後經濟和滿足人們的糧食需求有所幫助。同時，允許平民百姓賤價買糧或賒糧。如天寶十二年（七五三）八月，由於陰雨連綿，京城米價上升，朝廷下令出太倉米十萬石，減價賣給百姓。另外，官府推出賑貸政策，無息借給災民糧食和種子，等到豐收時再歸還朝廷。為了幫助災區恢復生產，朝廷往往會減免賦稅，減免程度也會根據受災情況的不同而稍有差異。

除了朝廷出面救助，唐朝的寺院、社團等民間組織在災難面前也發揮了救助的作用，形成官方民間互補的方式，這一點與現代災難發生後國家救助和民間捐款相似。

殘疾救助

唐朝社會救助對象廣泛，包括傷殘人士、老人、婦女、兒童。傷殘人士的救助工作在唐朝有明確規定。朝廷認為的傷殘，是指那些因為生理缺陷導致勞動能力全部喪失或部分喪失。最輕的是「殘疾」，再重一點是「廢疾」，最為嚴重的是「篤疾」。《唐律疏議》中指明了三種殘疾的差異：殘疾的標準是一隻眼失明、兩隻耳朵失聰、缺少兩個手指、缺少三個腳趾等；廢疾的標準是腳斷了一隻、侏儒、腰脊折等；兩眼全部失明、兩腿全斷、有治不好的病（「惡疾」）、癲狂等，屬於「篤疾」。

針對殘疾分類，朝廷開展了針對性救助。政府對殘疾者以實物、田地、賦役減免、收容侍養、配給侍丁等方式救助。實物救助方面，朝廷賜予殘疾者糧食、帛等生活用品。在田地分配方面制定了相關標準。在這些基礎上，還制定了賦稅減免的政策。唐律規定，廢疾不必繳納賦稅，但是對殘疾者，給予一定範圍內的減免而非全免。唐朝的殘疾人社會救助最為突出的一面，是在照顧之餘，更鼓勵自養。例如，朝廷為了幫助殘疾人生存，會為他們提供一些工作機會。

對於傷殘戰士，朝廷規定提供醫藥、終身衣服、糧食等方面救助。對於老弱、患有疾病而失去戰鬥能力的將士，朝廷資助他們回家，給予終身優待，為其中的無家可歸者提供田宅。對傷殘戰士的優待和補償，體現了唐初尚武、重軍功的風氣。武則天下詔令，對陣亡的將士，應送其骸骨回故鄉，若將士有孤弱子弟，也可由軍隊出資撫養，戰亡者的家屬可以享受免除賦稅的優待；家中缺乏勞動力的兵士家屬，也能得到相應救助。

婦幼老救助

老人、婦女和兒童是社會的弱勢群體，如何救助他們，是社會的主要問題之一。唐朝的朝廷提倡和鼓勵民間善待老人，輿論上倡導尊老愛幼，也為此制定了措施。一是對有老人的家庭提供實物救助，希望以此鼓勵家中的孝子賢孫、義夫節婦能盡孝道。朝廷規定，八十歲以上的老人，官府賞賜米、絹、綿和酒等。二是免除部分賦役。家裡有老人的，家屬優先得到救助和免除部分賦役。例如，當兵的家裡有七十歲以上老人，可以回家奉養老人；家裡有八十歲以上老人的，可免一子從征、免一子徭役。

孤兒救助分為兩種情況。一是家族有其他成員的情況，多由宗族、姻親救助。這樣的例子較多：例如，王矽侍奉寡婦嫂子，撫養失去父親的孤侄，恩義極隆重，恩重如山；又如，陽嶠撫孤侄，如對待自己親生兒子一樣。這一切，得益於唐人的孝道風氣。二是家中無人或無力撫養孩子的情況，由朋友幫忙撫養遺孤。例如，盧藏用、陳子昂、趙貞固三人是好朋友，陳子昂、趙貞固去世得早，盧藏用便撫養了朋友們的孩子。這樣的情誼，為時人稱道。

老人、兒童作為弱勢群體，得到了國家和民間宗親的照顧，那麼婦女的救助如何實施？法律規定，地方官吏不得自徵婦女從事力役。此外，朝廷為寡婦提供田地，減免其賦稅，鼓勵她們自食其力。

朝廷也救助宮女、叛亂者妻女。內侍省下轄奚官局，供應宮人醫藥，在宮城中還有「坊所」，專門集中隔離和治療重病宮女。據記載，與史朝義作戰得勝，擒其將士妻子老幼四百八十人。皇帝要求把他們安排到勝業佛寺，提供糧食。其間若有家屬來相認，須得歸還；若無家屬相認，「任其所適，仍給糧逅過」。由已故者生前的親朋好友對寡婦施行救助，也是民間婦女救助的方式之一。孟郊去世，鄭餘慶送錢數萬，還救助他的妻子和孩子數年。

不可否認的是，唐朝的社會救助工作較前朝有所發展、進步，救助對象包括老人、婦女、兒童、病人、殘疾人以及特殊人員。施行救濟的主體不僅有政府，也有民間力量，對救濟措施也進行了制度化探索。在千年之前，已屬非常難得。

第十章

友鄰邦交

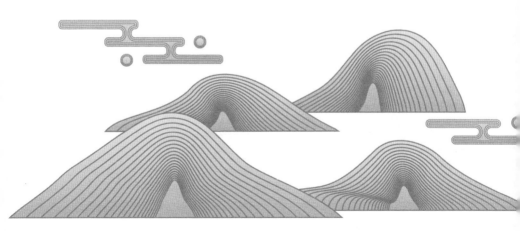

一、唐朝為何頻繁和親？

——唐朝的外交和親之路

唐朝三百年間，中原與周邊部落政權的和親活動極為頻繁，達二十八次之多，最終成行十七次（另有一說十九次）[17]。其中，有六位和親公主來自皇家，其他為宗室之女或功臣之女。和親起於漢朝，盛於唐朝。唐朝分別與吐谷渾、吐蕃、突厥、奚人、契丹、西域拔汗那、回紇等和親，和親已成為政權之間往來的重要部分，其範圍、次數獨樹一幟。這也引發後世猜想，唐朝為何頻繁和親呢？

和親類型

和親是政權之間出於政治目的的聯姻活動。唐朝與回紇之間和親八次，居和親次數榜首；與突厥和親五次；與契丹和親四次，其他一般為四次及以下。按和親目的來說，可分為安撫型、平衡型、分化型三種類型。

呂思勉先生在《中國通史．婚姻》中表達自己對古代和親的看法，認為「在古代，和親的交際，限於血緣上有關係的人。異姓間的婚姻，雖然始於掠奪，其後則漸變為賣買，再變為聘娶，彼此之間，無復敵意，而且可以互相聯絡了」。所謂「無復敵意」，指唐政權與周邊政權相互承諾「絕不戰爭」，安撫型和親即源於此。東突厥歸降大將阿史那忠，「誘執頡利可汗而以歸國」，作為瓦解東突厥的功臣，唐太宗李世民拜其為左屯衛將軍，並將定襄縣主嫁給他。阿史那忠宿衛四十年，忠於唐朝。安撫型是透過和親緩解周邊政權關係一種方式，相當於給周邊政權的首領吃了定心丸。他們感受到了唐朝朝廷的善意，而唐朝使用和親安撫的方式「以夷制夷」，即讓和親對象管理所轄區域。從史料記載看，在短時期內，和親對彼此均有好處，至少贏得了一段時間的邊疆安寧。

平衡型和親，是在多種政權關係中尋求平衡。唐朝與吐蕃的多次和親都偏向平衡型。在吐谷渾、吐蕃、唐朝三家關係中，唐朝透過和親微妙地維持平衡。唐太宗時期文成公主、唐中宗時期金城公主的和親安排，即基於此需求，事實上也為當時的唐朝贏得了發展國內經濟的時間和機會。

除了安撫、平衡兩種方式，分化型和親也被使用過。唐初，由於經濟發展不足，軍事方

17 《唐會要》卷六之《和蕃公主》列十五人。《新唐書》、《舊唐書》列三十一人，其中未成行者有四人：兩名為男性，另外兩名女性為新興公主、金山公主。

面不足以抵擋周邊侵擾，於是，朝廷冊封宗室女子為公主，計劃將該公主下嫁給西突厥統葉護可汗。聽到這一消息後，東突厥頡利可汗非常擔心，因為西突厥和唐朝聯姻一旦成功，便會實力大增，東突厥就會處於西突厥和唐朝的聯合夾擊中。於是，東突厥的頡利可汗希望攪黃這次和親。

在與唐朝交涉無果後，頡利可汗給西突厥統葉護可汗寫信說，「汝娶唐公主，要須經我國中過」。統葉護可汗在沒有辦法的情況下，寫信給唐朝拒絕了和親。雖然和親沒有成功，但是東西突厥因和親之事心生嫌隙，客觀上發揮了分化的作用。

前面提到過，唐朝有宗室女子或者功臣女子替代公主出嫁的情況，可能的原因有：一是和親時朝廷並無適齡公主；二是皇帝不捨得親生公主遠嫁他鄉；三是適齡公主自己不願意，寵愛公主的皇帝有時會顧及女兒的意願。真公主也好，假公主也罷，她們均是帶著唐朝的和親任務，都要履行和親的程序。

和親流程

客觀來說，遠嫁和親對女子來說是個災難，在當時落後的交通條件下，女子要想回娘家，幾乎是不可能的。另外，但凡雙方政治關係不穩定，嫁出去的公主可能性命不保。據《資治通鑑》，天寶四年（七四五），奚族和契丹族首領在起兵之前，把和親僅半年的兩位公主押到三軍陣前，砍下她們的人頭「祭旗」，表達反叛之心。

和親的基礎是政治關係，雖與唐人結婚的情況並不一樣，但該走的流程還是要走。在古人看來，結婚流程的複雜和隆重，是表達對女子婚姻的重視，也表達了娘家莊重的態度。與唐人結婚流程相比，和親刪減了四個步驟，多了兩個動作。一般情況下，唐人結婚包括納彩、問名、納吉、納徵、請期、迎親等六個步驟。和親去掉了問名、納吉、納徵、請期，保留了納彩和迎親，或是由於路途遙遠和風俗不同的緣故才這樣調整。

此外，和親另增加送親和改漢為胡這兩大禮儀。一般情況下，送親儀式非常隆重，唐朝朝廷講究排場，詔令京城官員聚在一起歡送公主。唐人認為這是宣揚國威、普天同慶的大事，需要大肆宣傳。公主會帶走一部分唐人，他們陪護著遠在他鄉的公主。和親隊伍在唐朝境內每到一處，官府都會安排專人接送，除留下陪護的人員外，其他送親人員抵達並安置好公主後，仍要返回唐朝。和親使者不僅要護送公主到達目的地，還要代表中原政權。

改漢為胡禮儀是和親特有的禮儀，具體要做以下事情：換當地衣服、採用當地習俗。有的風俗是丈夫去世後，妻子再嫁給自己的兒子或下一個繼位者。繼婚方式在中原看來無法接受，卻是改漢為胡中的一項內容。唐玄宗的堂妹燕郡公主與契丹首領鬱於成婚不久，鬱於去世，按契丹風俗，燕郡公主又成為契丹繼位者鬱於的弟弟吐於的妻子。作為中原女子，入鄉隨俗，要忍受與中原不一樣的文化習俗。

和親原因

為什麼唐朝會頻繁和親呢？

主要是因為唐朝的輿論環境包容和親，上自皇室貴族，下到平民百姓，並沒有人認為和親是恥辱，對和親並不排斥，他們把和親當成閨女遠嫁。唐人能包容其他民族，唐朝是一個包容的政權，長安的西市能成為國際性的商業市場即能說明。若在明朝，別說和親了，在與周邊政權關係上，只要大臣言語上稍微示弱一點，立馬會被其他大臣噴成篩子。這是因為明朝奉行「不和親、不賠款、不割地」的祖訓，朝野上下視和親為巨大恥辱，言官輿論壓力較大。所以，明朝的歷史記載中未發生過一次和親事件。而唐朝國力強盛，和親就是嫁個女子而已，而且和親在漢朝就有先例，唐朝不過是沿用而已。

當然，決定和親最關鍵的因素，還是政治需要。唐朝女子的地位雖較其他王朝有所提升，但在政權利益面前必須服從。畢竟對於朝廷來說，和親是低成本的解決問題方案。貞觀十二年（六三八），松贊干布擊敗吐谷渾、党項、白蘭羌，逼近唐朝松州，要求和親，朝廷不同意，於是，雙方開戰。唐軍擊敗了吐蕃，松贊干布大懼，遣使攜帶禮金謝罪，李世民將一宗室女封為文成公主出嫁。這便是文成公主和親的歷史背景。松贊干布作為吐蕃的君主並不傻，沒有強盛的國力背書，何至於非常恭敬地向唐朝的一個臣子行子婿之禮。聖曆三年

（七〇〇）、長安二年（七〇二），唐軍兩次擊敗吐蕃軍。唐中宗景龍元年（七〇七），吐蕃攝政太后派遣使者進貢，向唐中宗請求聯姻，中宗下旨封李奴奴為金城公主下嫁吐蕃。以上的幾次和親有一個共通點，即朝廷打敗對手，處於強勢的情況下同意和親。

歷史上的絕大部分和親能帶來一段時間的和平，給彼此都留出喘息的時間。借上層的和親政策，出現了頻繁互市、交易互通、各取所需的情況，推動了民間的貿易流通。此外，和親公主可能會攜帶工具和工匠，改善了落後政權的技術水準。文成公主入吐蕃後，也帶去了唐朝的醫療、文學、宗教、農業、手工業，教會了吐蕃人提高生產力的方法，縮短了周邊政權與唐朝的技術水準差距。

「天下熙熙，皆為利來，天下攘攘，皆為利往。」和親未能從根本上改變利益的爭奪。西元六三八年，唐與吐蕃在邊境開戰，吐蕃被擊退，臣服於唐；西元六六二年至六六七年，唐與吐蕃邊境衝突，吐蕃吞併吐谷渾，成為唐朝最強勁的對手；西元六七〇年至七〇二年，唐與吐蕃發生戰爭，唐軍先敗後勝，保住了安西四鎮，吐蕃臣服於唐。文成公主於西元六四一年下嫁給松贊干布，到西元六八〇年患天花去世，其中的兩次戰爭，都發生在其和親後去世前。

西元七一四年至七二九年，唐與吐蕃發生戰爭，唐軍勝利，吐蕃臣服於唐；西元七三七年至七七九年，唐與吐蕃發生戰爭，唐軍先勝、中敗、後勝，河西隴右之地盡喪，吐蕃曾攻陷長安，而後屢攻屢敗，雙方言和；西元七〇七年金城公主下嫁吐蕃並於七三九年去世，在其在世期間，多次力促盟約，短期內平息了戰亂。隨後的西元七八六年至八〇二年，西元八四七年至八六六年，唐與吐蕃發生兩次拉鋸戰，最終以吐蕃分裂而告終。打是為了立威，和親是為了安撫。打一巴掌給一顆甜棗，唐朝朝廷這一招用習慣了。

整體說來，公主和親推動了和平的到來，但從來都無法阻止戰爭的爆發。利益當前，唐朝朝廷和周邊政權從來沒有顧及兒女私情。對於唐朝的和親，不建議誇大其成效，當然也不能否認它的影響。

唐朝與周邊政權的聯姻，有利於中原與周邊互通有無，也推動了下層民眾的交流，對商業和文化交流有一定的促進。

二、唐朝的留學生為什麼那麼多？

——遣唐留學生的那些事

在唐朝，有一群熱衷交流學習的外國人，他們跟隨遣唐使來到中原，有人在遣唐使完成任務後隨其返回本土，被稱為「還學生」；也有人留在大唐繼續學習，被稱為「留學生」。為何唐朝的周邊國家熱衷於向大唐派送人員來學習？朝廷是如何管理留學生的？留學生在唐朝能學到些什麼呢？

留學盛況

隋朝是中國歷史上有記載的第一個接收外國留學生的朝代。到了唐朝，其他國家為了學習大唐文化，曾多次派遣唐使和學生來中國。其中，日本表現得比較積極。在中日白江口戰役[18]中，日本戰船全部被焚毀，數萬名日軍死亡。遭受慘敗後的日本，認識到唐王朝的強

18 一說白村江戰役，發生於西元六六三年。

大，此後近百年間的執政者連續派出十三批遣唐使。遣唐使的主要任務是向唐朝學習政治、經濟和文化知識。而周邊的其他鄰居，新羅、百濟、高句麗、高昌等也不甘落後。新羅依附於唐朝，在唐留學生數量居高不下。西元八三七年，新羅到唐朝學生達二百一十六人之多，三年後，歸國一百零五人。這些留學生中，有一些留在中國參加科舉及第進入仕途。

到唐朝學習的人如此之多，主要無外乎與學習福利、本土賞賜、學習時長等三方面有關。

首先，遣唐留學生在唐朝的福利相當不錯。例如，在國子監學習。要知道，國子監是官方實力最強的學校。朝廷還規定，外國留學生享受類似後世的公費學習，所有在校的學習費用、食宿與四季服裝，均由朝廷負責，而書本費由派遣國負擔。

這樣的福利待遇如果還不夠吸引留學生的話，派遣國本土對留學生的賞賜或能加把力。考慮到大部分留學生最終要回國建設本土，日本天皇就非常給力地拿出一系列獎勵辦法。例如，對學子的賞賜僅次於遣唐大使和副使，也就是參加學習的學子，除了能接受公費學習，在本土受到的禮遇僅次於官員。

對於愛學習的留學生來說，第三個福利最為重要。唐朝給留學生安排的學習時長一般為九年，並非淺嘗輒止混幾年就回國。大唐文化博大精深，起步九年，機會難得，相信只要靜下心學習，足以學懂弄通。日本奈良時期的留學生在唐朝一待就是十年、二十年，這幾乎成為那段時期留學時長的標準配備了。

簡而言之，唐朝的福利好，本土的賞賜大，可長時間學習而非淺嘗輒止，這三大福利，充分吸引了外國學子到大唐學習，扎根交流。

留學生管理

遣唐留學生的管理工作由鴻臚寺統一管理。對留學生的管理，一般分為三個步驟：第一步是註冊學籍。凡是留學生，須去鴻臚寺走一趟辦理相關手續，未按要求註冊的學生視為黑戶。第二步，是會同禮部商量入學事宜，按要求入學。第三步是履行期滿回國的程序。唐朝指定機構會跟蹤學籍登記檔案，掌握其學習年限，期滿後，各國留學生由鴻臚寺向朝廷彙報，待批准後才能回國。唐中後期，有的留學生期滿不願意回去，也有一再延遲的情況。

遣唐留學生名額有限。受限於各方面條件，唐朝的辦學規模是額定的，國子監首先要保證國內貴族子弟的就學要求，再去滿足遣唐留學生。史料記載，新羅先後被退回了二百零九名學生。

所以，唐朝建立了入學資格審查制度。各國遣唐留學生須提前提出申請，等待鴻臚寺審查篩選後方得准許入唐。篩選中，若發現漢語不好的學生，不予錄取。篩選通過後，經過入學一段時間，若某些學生仍學不好漢語，也可能被勸退。有的日本留學生因不精通漢語而無法進入國子監，於是只能在長安訪問名家求學，可見當時選拔制度的嚴格。在資格審查制度中，朝廷將儀表端莊、學術修養作為考察的項目。據日本史料記載，到唐朝留學的，鮮有高官家的孩子，大部分留學生是實力和家境居於中等以下的官僚子弟。日本官府選擇他們到唐朝，是因為他們的學業可堪造就，這也對應了唐朝審查制度中的「學術修養」一項。

除了資格審查，唐朝還規定了遣唐留學生的五個「不得」：不得私自與官員、百姓交往；不得隨意與州縣官員接觸；不得在唐朝從事間諜工作，一旦發現，處以死刑；不得穿唐朝服裝；不得私為婚姻或攜婦歸國。其中，留學生不能像唐人一樣身著唐朝服飾的規定，至於能否執行就另當別論了。

唐朝對留學生的婚姻也有相應管理規定。唐律規定，遣唐留學生提出申請，要報朝廷批准後他們才能在唐朝娶妻納妾。留學生業滿學成後，不能攜在唐朝娶的妻妾回國，否則要接受處罰。還有一種說法是，結婚後就留下來作為大唐子民。或者兩種情況都有吧。

留學生學制

總算留下來了，留學生們正式進入學習階段，必須遵守唐朝的風俗習慣和學業規定。留學生所用教材和學習時間的安排與中國學生相同，其中，《孝經》、《論語》、《尚書》、《春秋公羊傳》、《春秋穀梁傳》、《周易》、《禮記》、《左氏春秋》都有學習時間限制，一年到三年不等。例如，《禮記》、《左氏春秋》各三年。在考試方面，根據學制要求，留學生必須參加旬考、月考、年考、畢業考。顧名思義，旬考每十天一次，由各主講老師主持。這個制度在現代的一些學校中仍有保留。月考是唐肅宗元和年間發生的事情，由國子監祭酒馮伉提議，唐肅宗批准，學生們有了月考測試。月考後，就會有年考。唐朝的年考一般都在年末，考試成績出來後，學生的等級分為上等、中等、下等。

最後一次考試是畢業考，按規定，所學全部課程統考一次，成績及格者可順利畢業。若九年結業尚未修完規定課程，或連續三年考試均為下等，或出現吵架、凌辱師長等過失，或一年中有一百天以上請假者，均會被勒令退學。

留學生可參加科舉考試，若及第且符合官員選拔任職要求者，朝廷會毫不吝嗇地授予其官職。開元三年（七一五），阿倍仲麻呂被選為日本遣唐留學生，後來留在了中國，深得唐玄宗、唐肅宗等皇帝信任，官至三品秘書。在唐期間，他與李白、王維等人成了好朋友。「抽刀斷水水更流」這首詩，就是李白誤認為阿倍仲麻呂去世後寫下的，未料鬧了個烏龍。大曆五年（七七〇），阿倍仲麻呂在長安逝世，朝廷追封其為二品。

日本的多名遣唐留學生在唐朝學習了中國文化，回日本引進了唐朝的法令，將學到的知識報效本土。如粟田真人等回日本後，主持編纂了日本法律《大寶律令》，這成為日本第一部律令法典。

三、為何我們會有「強唐弱宋」的印象？

——唐朝與周邊政權爭端的解決之路

熟悉歷史的讀者對「強唐弱宋」這詞應不陌生。後世人對唐朝強盛的印象，源於唐朝一直在開疆拓土，氣勢強；認為宋朝羸弱的原因是，宋朝老被欺負，割地、賠款是家常便飯。

但是，若以綜合國力的強弱衡量，卻有另一個結論：宋朝比唐朝更富裕。另有現代資料顯示，宋朝鼎盛時期，比唐朝鼎盛時期要富裕七倍。南宋李燾編《續資治通鑑長編》記載：北宋人認為宋朝的京師與漢朝、唐朝的京師相比，民眾要富裕十倍。基於這些史料，「強唐弱宋」的說法並非以經濟實力作為衡量標準，而是以當時的國際地位而論。

政權之間的相處之道

六世紀末、七世紀初是中原的大動盪時期。北方突厥實力強大，李淵稱帝建唐前曾向突厥稱臣納貢，以求其保護和支持。唐建國九年後，李淵一直在為當初的稱臣納貢買單，一邊努力維持與突厥的關係，一邊剷除國內的殘餘勢力。李世民登上皇位後，用了兩年的時間才將國內殘餘勢力基本消滅。但是，突厥對大唐的牽制從李淵開始延續到李世民的時代，並無收斂。

從李世民的所作所為和史料記載可以推測出，在國與國之間的外交政策中，李世民始終堅持「實用策略」，以應對當時的變化和惡劣的外部局勢。史料中雖未記載李世民對李淵被突厥牽制的態度，但其後種種行為可說明李世民是「馬上皇帝」，絕非浪得虛名。

西邊有突厥，東邊是高句麗、新羅、百濟，均與唐朝關係複雜，時好時壞。有的趁火打劫，有的「狼子野心」。唐初，契丹、奚奉突厥為主與唐朝為敵，支持河北割據勢力頭目多次騷擾邊境。七世紀，契丹、奚對唐由敵對轉為歸順，再至反叛。而自李世民起，對周邊政權的態度變為不服就打，歸順就收。

貞觀三年（六二九），唐滅東突厥，國威大振，李世民被尊稱為中原以北和西北的部落首領的「天可汗」。貞觀十四年，唐滅高昌，這是中原王朝在政治意義上第一次滅國，標誌著唐朝統治從此進入了西域地區，開始對西域施行行政管理和統治。唐高宗總章元年（六六八），唐滅高句麗，唐太宗李世民、唐高宗李治兩朝均參與了這場曠日持久的戰爭。最終高句麗被滅，標誌著唐朝在東北亞地區一國獨尊的地位正式確立，維護了大一統王朝的宗藩制度。

對於唐朝統治者而言，征服只是開始，萬國來朝才是他們追求的大國心態。安史之亂前，唐人喜歡看到外族人進入長安，拜見皇帝，順帶住上一段時間，感受唐朝的繁華。安史之亂後，朝廷為了平息內亂向回紇借兵，希望藉此平定叛軍，而回紇的介入，導致唐朝在東亞的地位受到了衝擊。內憂外患之際，與鄰國結盟、增強自身地位，在外交上解決了一時之痛，但無異於飲鴆止渴。但不管如何做，唐朝在很長一段時間內，留給當時世界的印象依舊是霸氣和不屈。

滅東突厥，讓可汗成為舞王

武德三年（六二〇），東突厥頡利可汗每年侵擾唐朝，十分傲慢，而唐高祖因天下初定委曲求全，沒有想到頡利可汗變本加厲，於武德四年入侵代州、原州等地。武德五年，頡利可汗親自帶領數萬騎兵，與劉黑闥聯合包圍新城，唐將李大恩戰死，士兵陣亡數千。當年六月，頡利與劉黑闥分兵入汾、潞等州，掠男女五千餘口。李世民出兵，以失敗告終。

自武德七年（六二四）開始，連續三年，頡利可汗一再侵擾唐朝。武德七年，「頡利、突利二可汗又入寇原州，連營南上」。武德八年，「頡利領十餘萬騎，大掠朔州，又襲將軍張瑾於太原，瑾全軍沒，脫身奔於李靖」。武德九年七月，「頡利又率十餘萬騎進寇武功，京師戒嚴」。

頡利打到家門口，李世民設疑兵之計，率領高士廉、房玄齡等在渭水隔河與頡利可汗談判。對長期在戰場上鬥爭、在官場上玩心眼的李世民來說，頡利不算精明。當見到李世民帶領的軍隊士氣旺盛，頡利不禁大懼，率突厥全體騎兵返回。李世民權衡再三，不得不簽下了被他視為恥辱的渭水之盟。突厥退兵後，鐵騎還時常在大唐邊境滋擾劫掠，弄得百姓們敢怒不敢言。

渭水之盟在李世民心裡始終是一根刺，在其後的執政生涯中多次提及。貞觀三年（六二九），唐滅東突厥，生擒頡利，送於京師。李世民說自己「志滅匈奴，坐不安席，食不甘味」，即源於渭水之盟的恥辱。自此，原東突厥部分領地成為唐朝領土。

頡利可汗到長安後，被安排為李世民和李淵獻舞，自此開始了「長安舞王」的職業生涯，而他沒有想到的是，唐朝這些皇帝對周邊君王跳舞這件事上癮了。在跳舞方面，頡利起了一個壞頭，唐朝的周邊鄰居一旦被抓，要是僥倖活命，一般被安排學習跳舞這項新技能，以舞娛人，成為他們失去土地、失去臣民、歸順大唐後的必選動作。就這樣，頡利可汗成為長安第一任異族舞王。所謂好死不如賴活著，與高昌王麴文泰相比，他無疑是幸福多了。

收高昌，置安西都護府

高昌地處天山南麓，臨近西域東部，居民以漢人為主，在歷史上與中原王朝關係較為密切。在西漢、東漢、西晉等時期，高昌一直是中原王朝的領地。北魏和平元年（四六〇），漢人建立獨立的高昌王國，建國後與中原政權保持良好關係。隋煬帝把兩個宗室女子嫁給了伯雅和其子文泰。但凡西域有什麼動靜，麴文泰第一時間秘密向李世民彙報，以此行徑表示自己忠於唐朝，絕對不會做出對唐朝不利的事。從後面歷史進程來看，李世民一開始是信任他的。

貞觀三年（六二九），高昌王鞠文泰來到長安。此行中，麴文泰的妻子宇文氏向李世民申請回歸宗籍，李世民賜宇文氏李姓，封她為常樂公主。兩年後，麴文泰突然改變了態度，安排人在路上攔截，阻止西域小國給唐朝進貢，還出兵攻打唐朝的附國焉耆（西域國名，現在新疆境內）。高昌國的大臣們擔心這些行為得罪唐朝，紛紛勸阻，但麴文泰不聽。不過，雖然麴文泰小動作不斷，但尚未上升到公開對抗，仍屬於小打小鬧。麴文泰也有自己的打算，西突厥的支持讓他變得有恃無恐。事實證明，麴文泰高估了自己的實力，也低估了李世民的決心。

貞觀十一年，唐朝和高昌王國關係繼續惡化。高昌國繼續攻打焉耆，攻打五城，焚燒了所有能燒的房屋，搶奪男女約一千五百人。貞觀十二年，高昌王國又聯合西突厥攻打唐朝伊州。李世民痛斥，麴文泰表示自己要「鷹飛於天」。李世民詔其入朝，麴文泰稱病不見，這標誌著唐朝與高昌恩斷義絕，徹底決裂。

從地理位置上可以發現，伊州本是高昌與唐朝之間的屏障，在貞觀四年（六三〇）被納入唐朝版圖，開通了從西域到唐朝的道路，從而取代了原來高昌從西域到唐朝必經之路的地位。歸根結底，經濟利益和政治利益的衝突引發了對抗。

西域國家與唐朝的關係時好時壞。貞觀十二年（六三八），李世民安排侯君集攻打高昌，周邊政權首領紛紛表示願意加入討伐隊伍。焉耆國使者多次入朝要求參戰，薛延陀可汗願做嚮導。這有點超出麴文泰的想像。聽說唐軍兵至，麴文泰惶惶不可終日，一病不起。

即位後的新高昌王麴智盛企圖挽回敗局，希望透過外交手段談判僥倖過關。他向侯君集上書表示不降唐，說得罪天子（唐皇帝）的是先王（父親）不是我，他人已死了，我即位不久，請可憐可憐我吧。侯君集收到後表示，要是真心悔過就束手就擒吧。麴智盛堅決不投降，聯合西突厥與唐朝繼續作戰。貞觀十四年（六四〇），高昌被滅，李世民設置安西都護府，大唐開始進入西域。

實際上，高昌國對於中原佛法的傳播有間接幫助。唐初，玄奘要去印度取經，在未得官方公文的批准情況下，於貞觀元年孤身西行，途經高昌國並逗留了一段時間。在這段時間，玄奘與高昌國王麴文泰結下了深厚的情誼。當唐玄奘即將離開高昌時，麴文泰親手寫了送給西域二十四個國家的文書。玄奘這一路能通行無阻，與這些文書有較大關係。此外，麴文泰還為玄奘準備了大筆金錢、大量馬匹、二十多名奴僕以及換洗衣物。這些行為，客觀上成全了玄奘西行取經的一段佳話。

征高句麗，維穩東北邊疆

唐朝統治時期，作為藩屬國，朝鮮半島上的新羅、百濟和高句麗的三家政權對唐朝的態度不一。在三家中，新羅實力弱小，為避免被另兩家吞併，緊跟唐朝步伐；百濟和高句麗認為自己的實力較強，可聯手自保，表面上稱臣納貢，私底下時常搞點小動作。唐朝認為，朝鮮半島從秦漢起就被朝廷視為統治下的一部分，而維繫與該地的宗藩關係為唐朝一貫的外交主張。

於是，自認為能與唐朝抗衡的高句麗和百濟，決定聯合起來攻打新羅，這也有試探唐朝態度的意圖。貞觀十六年（六四二），高句麗榮留王被大臣淵蓋蘇文殺死，淵蓋蘇文擁立寶藏王高臧。淵蓋蘇文是個強硬派，根本不理會李世民的勸告，聯合百濟進攻新羅。順帶提一下，「淵蓋蘇文」這個名字在中國封建王朝的史書上是不存在的。因要避唐高祖李淵諱，《舊唐書》等史料將淵蓋蘇文統統改為泉蓋蘇文。

高句麗與百濟無視唐朝宗主國地位的做法，增加了唐朝東北邊患，為維護王朝的和平，唐太宗不得不「御駕」親征。貞觀十八年（六四四）秋天，唐朝開始部署對高句麗的大規模軍事行動，張亮被任命為平壤道行軍大總管，帶領五百艘艦隊和四萬三千名戰士橫渡渤海，在遼東半島登陸。一個月後，李勣被任命為遼東道行軍大總管，帶領六萬步騎出發，與張亮的隊伍在平壤城會合。貞觀十九年，唐軍開始攻打高句麗，李世民親征，在安市城指揮，未料安市城攻克失敗，兵糧將盡，只好撤兵。此後，李世民多次派兵攻打高句麗，均以失敗告終。唐高宗繼承李世民的政治主張，繼續攻打朝鮮半島。唐高宗顯慶五年（六六〇），蘇定方滅百濟，唐高宗在此設置都督府管理百濟舊地。一年後，百濟在日本幫忙下復國了。好景不長，劉仁軌打敗日本援軍，百濟再次被滅國。對於唐朝來說，一個非常重要的轉折點終於到來了。乾封元年（六六六），淵蓋蘇文病死，其子奪權。乾封三年，在薛仁貴的帶領下，高句麗被滅國。

李世民、李治兩位皇帝均積極參與對高句麗的持久戰。這場戰爭後，唐朝的綜合國力雖然受到了戰爭的一時影響，但重新樹立了宗主國的形象，對威懾其他藩屬國、穩定邊疆都發揮了非常積極的作用。

唐潮：唐人的不厭世生活與流行

作　　者　李永志
責任編輯　夏于翔
協力編輯　黃暐婷
校　　對　魏秋綢
內頁構成　李秀菊
封面美術　江孟達工作室

發 行 人　蘇拾平
總 編 輯　蘇拾平
副總編輯　王辰元
資深主編　夏于翔
主　　編　李明瑾
業　　務　王綬晨、邱紹溢
行　　銷　曾曉玲
出　　版　日出出版
　　　　　地址：10544台北市松山區復興北路333號11樓之4
　　　　　電話：02-2718-2001　傳真：02-2718-1258
　　　　　網址：www.sunrisepress.com.tw
　　　　　E-mail信箱：sunrisepress@andbooks.com.tw

發　　行　大雁文化事業股份有限公司
　　　　　地址：10544台北市松山區復興北路333號11樓之4
　　　　　電話：02-2718-2001　傳真：02-2718-1258
　　　　　讀者服務信箱：andbooks@andbooks.com.tw
　　　　　劃撥帳號：19983379　戶名：大雁文化事業股份有限公司

印　　刷　中原造像股份有限公司
初版一刷　2023年2月
定　　價　480元
I S B N　978-626-7261-17-0

原簡體中文版：《唐潮：唐朝人的家常與流行》
作者：李永志

國家圖書館出版品預行編目（CIP）資料

唐潮：唐人的不厭世生活與流行／李永志著. -- 初版. -- 臺北市：日出出版：
大雁文化事業股份有限公司發行, 2023.02
352面；21×15公分
ISBN 978-626-7261-17-0（平裝）
1.CST: 社會生活　2.CST: 生活史　3.CST: 唐代
634　　112000348

圖書許可發行核准字號：文化部部版臺陸字第111141號
出版說明：本書由簡體版圖書《唐潮：唐朝人的家常與流行》以中文正體字在臺灣重製發行。